本书由
中央高校建设世界一流大学（学科）
和特色发展引导专项资金
资助

中南财经政法大学
中央高校基本科研业务费专项资金资助
(2722021AJ004)

此文系教育部哲学社会科学研究重大课题攻关项目"司法管理体制改革研究"的系列成果之四（项目编号：14JZD024）

中南财经政法大学"双一流"建设文库
创新治理系列

司法财物管理体制改革研究

徐汉明　等著

中国财经出版传媒集团
经济科学出版社
Economic Science Press

图书在版编目（CIP）数据

司法财物管理体制改革研究/徐汉明等著. —北京：经济科学出版社，2020.7

（中南财经政法大学"双一流"建设文库）

ISBN 978-7-5218-1685-3

Ⅰ.①司⋯ Ⅱ.①徐⋯ Ⅲ.①司法机关－体制改革－研究－中国 Ⅳ.①D926

中国版本图书馆 CIP 数据核字（2020）第 117029 号

责任编辑：孙丽丽 胡蔚婷
责任校对：蒋子明
版式设计：陈宇琰
责任印制：范 艳

司法财物管理体制改革研究

徐汉明 等著

经济科学出版社出版、发行 新华书店经销
社址：北京市海淀区阜成路甲 28 号 邮编：100142
总编部电话：010-88191217 发行部电话：010-88191522
网址：www.esp.com.cn
电子邮箱：esp@esp.com.cn
天猫网店：经济科学出版社旗舰店
网址：http://jjkxcbs.tmall.com
北京季蜂印刷有限公司印装
787×1092 16 开 16.5 印张 270000 字
2022 年 12 月第 1 版 2022 年 12 月第 1 次印刷
ISBN 978-7-5218-1685-3 定价：68.00 元
（图书出现印装问题，本社负责调换。电话：010-88191545）
（版权所有 侵权必究 打击盗版 举报热线：010-88191661
QQ：2242791300 营销中心电话：010-88191537
电子邮箱：dbts@esp.com.cn）

《司法财物管理体制改革研究》课题组

首席负责人
徐汉明

首席专家
武　乾　曹永新

成员（以姓氏笔画为序列）
王玉梅　孙逸啸　杨中艳　张　荣　徐　晶　覃冰玉

总 序

"中南财经政法大学'双一流'建设文库"是中南财经政法大学组织出版的系列学术丛书,是学校"双一流"建设的特色项目和重要学术成果的展现。

中南财经政法大学源起于1948年以邓小平为第一书记的中共中央中原局在挺进中原、解放全中国的革命烽烟中创建的中原大学。1953年,以中原大学财经学院、政法学院为基础,荟萃中南地区多所高等院校的财经、政法系科与学术精英,成立中南财经学院和中南政法学院。之后学校历经湖北大学、湖北财经专科学校、湖北财经学院、复建中南政法学院、中南财经大学的发展时期。2000年5月26日,同根同源的中南财经大学与中南政法学院合并组建"中南财经政法大学",成为一所财经、政法"强强联合"的人文社科类高校。2005年,学校入选国家"211工程"重点建设高校;2011年,学校入选国家"985工程优势学科创新平台"项目重点建设高校;2017年,学校入选世界一流大学和一流学科(简称"双一流")建设高校。70年来,中南财经政法大学与新中国同呼吸、共命运,奋勇投身于中华民族从自强独立走向民主富强的复兴征程,参与缔造了新中国高等财经、政法教育从创立到繁荣的学科历史。

"板凳要坐十年冷,文章不写一句空",作为一所传承红色基因的人文社科大学,中南财经政法大学将范文澜和潘梓年等前贤们坚守的马克思主义革命学风和严谨务实的学术品格内化为学术文化基因。学校继承优良学术传统,深入推进师德师风建设,改革完善人才引育机制,营造风清气正的学术氛围,为人才辈出提供良好的学术环境。入选"双一流"建设高校,是党和国家对学校70年办学历史、办学成就和办学特色的充分认可。"中南大"人不忘初心,牢记使命,以立德树人为根本,以"中国特色、世界一流"为核心,坚持内涵发展,"双一流"建设取得显著进步:学科体系不断健全,人才体系初步成型,师资队伍不断壮大,研究水平和创新能力不断提高,现代大学治理体系不断完善,国际交流合作优化升级，综合实力和核心竞争力显著提升，为在 2048 年建校百年时，实现主干学科跻身世界一流学科行列的发展愿景打下了坚实根基。

"当代中国正经历着我国历史上最为广泛而深刻的社会变革，也正在进行着人类历史上最为宏大而独特的实践创新"，"这是一个需要理论而且一定能够产生理论的时代，这是一个需要思想而且一定能够产生思想的时代"①。坚持和发展中国特色社会主义，统筹推进"五位一体"总体布局和协调推进"四个全面"战略布局，实现"两个一百年"奋斗目标、实现中华民族伟大复兴的中国梦，需要构建中国特色哲学社会科学体系。市场经济就是法治经济，法学和经济学是哲学社会科学的重要支撑学科，是新时代构建中国特色哲学社会科学体系的着力点、着重点。法学与经济学交叉融合成为哲学社会科学创新发展的重要动力，也为塑造中国学术自主性提供了重大机遇。学校坚持财经政法融通的办学定位和学科学术发展战略，"双一流"建设以来，以"法与经济学科群"为引领，以构建中国特色法学和经济学学科、学术、话语体系为己任，立足新时代中国特色社会主义伟大实践，发掘中国传统经济思想、法律文化智慧，提炼中国经济发展与法治实践经验，推动马克思主义法学和经济学中国化、现代化、国际化，产出了一批高质量的研究成果，"中南财经政法大学'双一流'建设文库"即为其中部分学术成果的展现。

文库首批遴选、出版二百余册专著，以区域发展、长江经济带、"一带一路"、创新治理、中国经济发展、贸易冲突、全球治理、数字经济、文化传承、生态文明等十个主题系列呈现，通过问题导向、概念共享，探寻中华文明生生不息的内在复杂性与合理性，阐释新时代中国经济、法治成就与自信，展望人类命运共同体构建过程中所呈现的新生态体系，为解决全球经济、法治问题提供创新性思路和方案，进一步促进财经政法融合发展、范式更新。本文库的著者有德高望重的学科开拓者、奠基人，有风华正茂的学术带头人和领军人物，亦有崭露头角的青年一代，老中青学者秉持家国情怀、述学立论、建言献策，彰显"中南大"经世济民的学术底蕴和薪火相传的人才体系。放眼未来、走向世界，我们以习近平新时代中国特色社会主义思想为指导，砥砺前行，凝心聚

---

① 习近平：《在哲学社会科学工作座谈会上的讲话》，2016 年 5 月 17 日。

力推进"双一流"加快建设、特色建设、高质量建设，开创"中南学派"，以中国理论、中国实践引领法学和经济学研究的国际前沿，为世界经济发展、法治建设做出卓越贡献。为此，我们将积极回应社会发展出现的新问题、新趋势，不断推出新的主题系列，以增强文库的开放性和丰富性。

"中南财经政法大学'双一流'建设文库"的出版工作是一个系统工程，它的推进得到相关学院和出版单位的鼎力支持，学者们精益求精、数易其稿，付出极大辛劳。在此，我们向所有作者以及参与编纂工作的同志们致以诚挚的谢意！

因时间所囿，不妥之处还恳请广大读者和同行包涵、指正！

中南财经政法大学校长

序

"推动省以下地方法院、检察院人财物省级统一管理"的司法管理体制改革，是党中央第三轮"关于全面深化司法体制改革"战略部署的重要棋局，事关保障中央司法事权统一公正高效行使，事关现代司法管理体系和管理能力现代化的加速推进，事关中国特色社会主义司法制度的发展完善。意义重大而深远。

第二次世界大战后，人类司法文明制度创新最具标志性的事件是新中国的成立及其人民司法制度创建。与此相伴的是司法人财物管理体制和运行机制的配套设立。其经历了从多元管理体制下的司法人财物管理；同审判权、检察权运行体制相适应的司法人财物管理"统"与"放"运行；审判机关、检察机关自行管理司法人财物事务；"文化大革命"实行军事管制；审判机关、检察机关人财物管理"统"与"放"模式恢复运行；司法人财物由审判机关、检察机关自行管理与公共财政部门相结合的"分权控制"管理等六个历史阶段。这种司法财物管理体制和运行机制在各个历史阶段为保障审判权、检察权行使发挥了一定的作用。但是，伴随着国民经济社会的快速发展，这种传统司法人财物管理模式、管理体制、运行机制存在诸多弊端，即司法人财物管理权的性质地位不清晰；改革开放以来司法财物一直实行由同级地方公共财政、计划投资部门供给保障，形成"分灶吃饭、分级负责、分级保障"的运行模式，使得统一的中央司法事权被地方财物保障体制分割；因地方财力参差不齐与保障能力的局限性，其结果不仅使统一的中央司法事权异化为地方事权，地方政府不停顿地提供"土政策"，倡导、鼓励、支持司法机关办案为钱、为钱办案，助长司法机关插手经济纠纷、办案受"利益驱动"，导致司法不公、不严、不廉，严重损害司法公信力，败坏党和国家的形象，成为全面深化司法体制改革绕不开、躲不过的重大难题。

司法财物管理理论的构建涉及核心范畴、司法财物管理权的性质地位、历史沿革、域外比较等方面所构成。司法财物管理内涵解释与外延界定关涉司法财物管理等核心范畴，其蕴含着中央司法事权与中央财政事权各自内在的规定性，两项权利的相对独立性与契合性，其行使主体各自相对独特性，进而凸显中央司法事权统一性、权威性、高效性的主导地位与司法财物保障性、服务性及其监督制约性的特性；司法财物管理权由管理主体、客体、内容所构成，其权能体系包括对人员经费、办案费、装备费、信息技术管理费、外事费、基础设施建设费、设施设备购置维护费等管理所构成的权能与对固定资产监管权能；司法财物管理的地位是与立法、行政、司法管理相区别所独立存在的，具有特殊的地位。本课题组的创新之处在于对司法财物管理权的性质地位，在理论与实践结合的基础上，对司法财物管理事权的性质进行系统反思，这包括：司法财物管理事权的属性反思——以中央财力保障统一性为主、辅之地方保障性，规定性反思——以司法保障性为主、辅之监督性，专业性反思——以职业性为主，辅之服务性，规范性反思——以程序性为主，辅之规定性，统一性反思——以自治性为主，辅之合作性。从而为推行司法财物省级统管改革，型构现代司法财物管理模式，推进司法管理体系和管理能力现代化，保证公正司法，提高司法公信力提供了理论准备与智力支持。

作为中央财务事权重要组成部分的司法财物管理事权，与中央司法事权依法独立公正行使构成了密切联系，即保障与服务、协调与制约的关系。梳理前两轮司法管理体制改革，其结果未能破除财政"分灶吃饭、分级负担""财政保温饱、小康自己找"的司法财物保障体制性障碍，消解"办案为钱，为钱办案""收支挂钩""以案养案"滋生司法腐败的机制性困扰，亦未能铲除"利益驱动""地方保护""插手经济纠纷"的司法财物保障性束缚的土壤。因此，深化财税体制改革，建立省以下地方法院、检察院人财物实行"省级统管"保障体制改革由后台被推到前台。试点省份对标中央关于司法体制改革框架设计要求，形成了以司法人财物"省级统管"为主体的"类型化"司法财物统管模式。这包括：(1)"省级统管"模式，以北京、上海、重庆、湖北、吉林、海南等20个省、直辖市为代表。(2)"省地结合统管"模式，以安微、广东、辽宁、福建为代表。(3)"市州统管"模式，以贵州为代表。(4)维持传统管理模式，以江西、宁夏、广西为代表。回溯推进司法人财物实行"省级统管"改革实践，其复杂性、艰巨性、曲折性超乎人们的理性判断与合理预期。深化省以下地方法院、检察院人财物"省级统管"改革，意味着在明晰和保障中央司法事权统一性、权威性的前提下，中央、省（自治区、直辖市）与市（州）、县（区）对中央司法人事事权、中央财务事权的优化配置与再分配，必然突破传统司法人财物管理体制的束缚，革除地方把中央司法事权、中央司法人事事权、中央财务事权当做地方事权，甚至把其作为地方保护工具而形成的"利益藩篱"，打破"地方保护"的"坛坛罐罐"；亦意味着全国3 000多个公共财政对司法财务保障的"地方小灶"削减、合并、提升为"省级统管"的30多个"省级大灶"，其改革的攻坚量达百倍之多；亦意味着须直面司法人员经费、公用经费、办案费、信息技术装备费、办案用房等基础设施建设费的来源与支出基数"庞杂"，中央司法专项编制、地方编制、事业编制、临时聘用人员管理"四个账簿""混杂"，司法机关的土地、财产、罚没收入等单位产权、地方产权与国有产权"混淆"，以及司法投入自筹资金、地方罚没收入返还、中央专项资金多渠道所形成的历史性"债务包袱"等问题。为此，试点省（自治区、直辖市）务必贯彻顶层制度设计方案与地方实际相结合，适时推出具有改革特征、地方特色、渐进推进特点的若干举措，包括：（1）对省以下三级法院、检察院的"经费决算支出基数""非税费收入""资产设施设备购置""在职人员"以改革启动上一年度（第一、第二、第三批分别为2013年、2014年、2015年）年终决算统一核定上划，建立"省级统管"的"四个账簿"。（2）实行省级、市（州）、县（区）法院、检察院自行管理为主导、地方财政与发改委及医疗卫生、住建部门协同的分类管理规范。（3）建立"一级预算、三级责任、五个统一"的监管机制，即改省、市（州）、县（区）"三级预算、分灶吃饭、分层监管"为省一级预算，取消市（州）、县（区）对财物管理的中间层次，三级法院院长、检察院检察长为直接责任人，省级主管部门与其层层签订财物保障责任状；建立"保高托低、相对提高、正常增长"的财物保障运行机制；建立司法人财物"省级统管"的制度规范。（4）制定司法人员经费、日常公用费、办案业务费、技术装备费、基础设施建设费等"省级统管"的保障标准。（5）建立省级财政专网，搭建便捷规范的招投标、采购、经费集中统一收付的信息管理平台。（6）对司法财物预算与支出实行过程控制、同步监督、节点考核、财政监管、审计监督、"三公经费"开支监察同步跟进的全方位、全流程的管理和监督体系。从而切断了司法不公不严不廉的保障体制性机制性根源；铲除了"司法地方保护""办案为钱，为钱办案""插手经济纠纷"赖以生存的"土壤"；讲了多少年的"罚没收入与经费保障脱钩"的财税事权与司法事权规范运行机制得以落地见效；司法财物保障正常增长机制得以建立，财物保障总量成倍增长；以省（自治区、直辖市）为主体的省以下法院、检察院财物保障"相对均等化"的司法目标在全国20多个省份得以实现；司法机关存在的"大手大脚、铺张浪费"等奢靡之风、滥用查封、扣押、冻结等司法强制措施，与涉案企业、市场主体"争夺利益"的违法办案顽症得到有效治理。

如何深化司法机关人财物管理体制改革，破解影响和制约统一公正高效行使司法权的财物体制性障碍、机制性困扰、保障性束缚的难题，四十年来历经持续改革的曲折发展历程，即从"两高"20世纪80年代中后期自主提出加快法院、检察院财物改革，力求实现法院、检察院业务经费单列立项，为公正司法提供经费和物资保障，到深化法院、检察院人事财物管理制度改革的提出；从中央主导改革和完善司法人财物管理体制改革，切实解决基层法院、检察院财物保障到加强司法经费保障四项改革任务的部署。这些改革举措的推行，虽然在某些地区、某些时段缓解了基层法院、检察院财物保障的困境，但建立法院、检察院人财物实行统一管理，保证公正司法、提高司法公信力的改革目标任务，尚未达到预期目标，尤其是关涉法院、检察院人财物保障体制的改革推进缓慢。究其原因是多方面的。一方面，我国长期处于社会主义的初级阶段的基本国情，生产力发展水平的不平衡性带来公共财力增长的缓慢性，成为制约司法财物保障统一性、均等性和精准性的客观现实；另一方面，长期以来对司法财物管理权性质定位不准、权能不清、运行机制不健全，对这些影响和制约公正司法的体制性障碍、机制性困扰，保障性束缚根源等基本理论与实践问题，我国学术界对此鲜有关注，对以司法财物管理制度为主题的系统性、全面性、深入性的研究甚少，有关司法财物管理的专著更是凤毛麟角，这使得对传统司法财物管理改革缺乏强有力的理论支撑与智力支持；再一方面，改革实践存在"盲人摸象""碎片化"现象，缺乏整体性、系统性、科学性、战略性思维，把事关中央司法事权统一公正高效行使的司法财物保障制度改革"矮化"为"钱""物"

具体会计事务，缺乏顶层制度框架设计与严格实施的路线图、时间表。

从党的十八大到党的十九大，是包括法院、检察院人财物实行省级统管司法财物管理体制改革在内的全面深化司法体制改革取得历史性成就的五年。以习近平同志为核心的党中央在统筹推进"五位一体"总体布局，协调推进"四个全面"战略布局进程中，以"努力让人民群众在每个司法案件中感受到公平正义"为目标，以"保证公正司法、提高司法公信力"为主题，围绕完善确保依法独立公正行使审判权和检察权的制度，优化司法职权配置、健全司法权运行机制，推进严格执法，保障人民群众参与司法，完善人权司法保障制度，加强对司法活动的监督，研究制定了82项司法改革项目清单、路线图和时间表。与此同时，围绕构建现代司法管理体制，推出了"司法人员分类管理、员额制、司法责任制、省以下人财物统一管理"的四项改革任务：围绕改革项目清单的实施，以坚毅的决心、开拓的勇气，抓铁有痕的作风，第一批选择7个省（直辖市）试点，第二批试点改革复制推广到11个省份；第三批试点11个省份。通过渐进性的试点，扎实稳步推进司法体制改革，办成了过去许多年想办而未办成的事情，司法体制改革取得历史性成就。从司法财物管理体制改革看，其改革推进的速度、落实的力度、取得的效度是前所未有的：一是产生了引领和指导新时代司法财物管理体系和管理能力现代化的标志性成果——习近平总书记关于司法体制改革的重要论述；二是以法院、检察院财物"省级统管"目标改革为攻坚点，"类型化"的司法财物省级保障体系初步建立；三是，以省会城市保障标准为基点、"保高托低"的司法人员经费、公用费、办案费、装备费、基础设施建设费的保障标准体系基本建立；四是以司法财物专网平台"一级预算、分级管理""四个账簿"（人员编制工资账簿，"五类"经费如公用费、业务费、装备费、基础设施建设费、技术装备及设施设备维护保养费标准预决算账簿，资本产权账簿，非税费收入账簿），"五项制度"（省法院、检察院财物统一管理《实施办法》，法院、检察院非税收入省级统一《管理办法》，政法系统涉案款物统一管理《实施办法》，法院、检察院基础设施建设债务清查及化解《办法》，法院、检察院资产划转《管理办法》）为内容的管理规范体系全面建立；五是，司法财物人员专业化、规范化、职业化管理队伍全面建立。

围绕中共十九大关于实现"两个一百年"奋斗目标、十九届四中全会部署深化司法体制综合配套改革，这给直面第三轮司法财物管理体制改革进程存在的"诸多短板"和"薄弱环节"，把加快推进司法管理体系和管理能力现代化作为司法体制"深化""综合""配套""共时性"改革的发力点提出了新的更高要求。为此，必须以习近平总书记关于司法体制改革的重要论述为指导，对司法财物管理的基本理论、改革实践进行系统性梳理，型构保障中央司法事权统一行使的司法保障制度的理论体系、学术体系、话语体系；对传统司法财物管理制度进行深刻反思；对司法管理体制改革的经验进行创新性总结；对域外和我国港澳台地区司法财物管理有益经验进行创新性转化；对新时代司法财物"省级统管"体制改革的成效进行系统性提升；对如何坚持以习近平总书记关于司法体制改革的重要论述为指导，坚定不移地深化司法财物综合配套改革，构建"科学完备、集中统一、相对均等、保障有力"的现代司法财物保障体系，实现司法财物由"省级统管"向"全国统管"跨越，为人类司法文明保障制度提供"中国道路""中国方案""中国智慧"。

围绕"司法财物管理体制改革研究"，课题组撰写了第一章司法财物管理的概述；第二章司法财物管理权的性质地位；第三章我国司法财物管理的沿革与发展；第四章域外和我国港澳地区司法机关财物管理研究；第五章我国司法财物管理体制改革；第六章司法财物管理改革的成效、困境与原因；第七章司法财物保障体系的优化路径。其出发点和落脚点在于诠释中国特色社会主义司法财物保障制度的内核；对我国悠久司法财物管理文化进行创新性挖掘，吸收其可传承的优质基因；对新中国成立70年来司法财物管理体制的历史沿革予以厘清，在挖掘其创立、曲折发展的历史条件、时代背景过程中进行理论升华，使之成为型构我国司法财物管理制度的学术体系、理论体系、话语体系提供些许支持。与此同时，适应新时代对保证公正司法、提高司法公信力的要求，自觉践行习近平总书记关于司法体制改革的重要论述，为推进中国特色司法财物管理体系和管理能力现代化提供智力支撑。

是以为序。

徐汉明
于武汉市东湖高新区绣球山庄

目 录

导言

第一章 司法财物管理的概述
第一节 司法财物管理的内涵　26
第二节 司法财物管理的基本特征　31
第三节 司法财物管理的基本原则　35

第二章 司法财物管理权的性质地位
第一节 司法财物管理权的构成　43
第二节 司法财物管理权的权能　45
第三节 司法财物管理权的地位　58
第四节 司法财物管理的基本流程　67

第三章 我国司法财物管理的沿革与发展
第一节 古代司法财物管理　80
第二节 近代司法财物管理　98
第三节 新民主主义时期的司法财物管理　100
第四节 新中国成立以来我国司法财物管理的发展历程　102

第四章 域外和我国港澳地区司法机关财物管理研究
第一节 大陆法系国家司法机关财物管理　110
第二节 英美法系国家司法财物管理　113
第三节 俄罗斯司法财物管理　121

第四节　我国港澳地区司法财物管理　　　　　　　　　124
第五节　域外和我国港澳地区司法财物管理的启示　　　128

第五章　我国司法财物管理体制改革
第一节　我国司法财物"省级统管"体制改革的概述　　136
第二节　省以下司法财物"省级统管"体制改革的区域实践　149
第三节　共性与差异：司法财物"省级统管"体制改革的
　　　　比较分析与经验借鉴　　　　　　　　　　　　172

第六章　司法财物管理体制改革的成效、困境与原因
第一节　司法财物管理的变化　　　　　　　　　　　　180
第二节　司法财物管理的成效　　　　　　　　　　　　185
第三节　"省级统管"司法财物管理体制改革以来司法财物
　　　　管理的现实困难　　　　　　　　　　　　　　191

第七章　司法财物保障体系的优化路径
第一节　发展完善司法财物管理保障体系的理论导引　　198
第二节　现代司法保障体系建构中的核心要素　　　　　208
第三节　现代司法财物管理体制的优化路径　　　　　　216

参考文献　　　　　　　　　　　　　　　　　　　　　236
后记　　　　　　　　　　　　　　　　　　　　　　　243

导　言

一、司法财物管理体制改革的背景及意义

（一）司法财物管理体制改革的现实背景

伴随司法体制改革的全面推进，与之相配套的省以下地方法院、检察院财物管理体制改革也随之推行。作为新一轮司法体制改革的重要组成部分司法财物管理体制改革是现阶段党中央作出的一项重大改革举措，是深化司法体制改革的重要内核。其改革目标是满足不断完善司法财物管理体制的现实需要，适应保证公正司法、提高司法公信力对司法保障体系和保障能力现代化的新期待、新要求。其中，省以下地方法院、检察院人财物统一管理体制改革，牵涉省以下地方法院、检察院三个层级的人财物保障与地方公共权力部门的隶属关系、利益格局的调整，因而，引起社会各界高度关注，也寄予厚望。

从社会变迁的角度来看，司法财物管理体制变迁是一个伴随着司法体制改革进程并适应司法现代化要求的演进过程。现行的司法体制形成于新中国成立之初及其后的计划经济时期，我国省以下地方法院、检察院的人财物由与其相对应行政区划的人事、财政部门管理和保障。虽然，这种管理体制的产生受制于当时经济社会发展水平与经济行政管理、行政区划等具体制度安排及其制度环境。但其弊端之一是导致司法权的中央事权属性与管理保障上的地方性产生矛盾冲突，与建立统一公正高效的社会主义司法制度不相匹配、不相适应。基于此，自20世纪90年代起，党中央根据经济社会发展现实情况，不断提出改革司法体制，完善工作管理监督机制，保障司法机关依法独立行使司法权、维护社会公平正义的战略部署安排。如，1997年，党的十五大报告首次正式提出司法改革这一命题，强调指出：推进司法体制改革，要"从制度上保证审判机关和检察机关依法独立公正地行使审判权和检察权。"[①] 党的十六大提出了司法改革的任务："按照严格执法的要求，完善司法机关的机构设置、职权划分和管理制度，健全权责明确、相互配合、相互制约、高效运行的司法体制。从制度

---

① 《高举邓小平理论伟大旗帜，把建设有中国特色社会主义事业全面推向二十一世纪》——江泽民在中国共产党第十五次全国代表大会上的报告（1997年9月12日），中国共产党历次全国代表大会数据库。

上保证审判机关和检察机关依法独立公正地行使审判权和检察权。""改革司法机关的工作机制和人财物管理体制,逐步实现司法审判和检察同司法行政事务相分离"①。党的十七大报告中强调"深化司法体制改革……保证审判机关、检察机关依法独立公正地行使审判权、检察权。"② 由此,拉开了全面推进司法体制改革的序幕。

  党的十八大、党的十八届三中、四中全会提出的一系列新的司法体制改革要求③,把我国司法体制改革引向深入。2013年,党的十八届三中全会提出建设"法治中国",必须深化司法体制改革,加快建设公正高效社会主义的司法制度。全会在部署全面深化司法体制改革中对改革司法管理体制提出了具体的要求。此次会议通过的《中共中央关于全面深化改革若干重大问题的决定》提出:"改革司法管理体制,推动省以下地方法院、检察院人财物统一管理,探索建立与行政区划适当分离的司法管辖制度"。④ 2014年,党的十八届四中全会在此基础上,再次强调:"改革司法机关人财物管理体制,探索实行法院、检察院司法行政事务管理权和审判权、检察权相分离,"进一步细化了司法管理体制改革的具体举措。⑤ 2016年,中央全面深化改革领导小组第三次会议审议通过的《关于司法体制改革试点若干问题的框架意见》明确提出了改革路径,即对人的统一管理,主要是建立法官、检察官统一由省提名、管理并按法定程序任免的机制。对人财物的统一管理,主要是建立省以下地方法院、检察院经费由省级政府财政部门统一管理的机制。无疑,司法行政事务即人财物保障和服务等管理权向上级集中,实行司法机关人财物"省级统管"并最终实现全国统管,是司法体制改革在"去地方化"方面的一项重要举措,对于维护中央司法事权的统一性和权威性具有重大现实意义。⑥

  包括司法财物管理体制改革在内的司法体制改革的全面深入推进,是我国

---

① 《全面建设小康社会,开创中国特色社会主义事业新局面》,参见《十六大报告》(辅导读本),人民出版社2002年版,第32页。
② 《高举中国特色社会主义伟大旗帜,为夺取全面建设小康社会新胜利而奋斗》——胡锦涛在中国共产党第十七次全国代表大会上的报告(2007年10月15日)。
③ 《坚定不移沿着中国特色社会主义道路前进,为夺取全面建成小康社会新胜利而奋斗》——胡锦涛在中国共产党第十八次全国代表大会上的报告(2012年11月8日)。
④ 《中共中央关于全面深化改革若干重大问题的决定》,引自《中共中央关于全面深化改革若干重大问题的决定》(辅导读本),人民出版社2013年版,第33页。
⑤ 贺小荣:《依法治国背景下司法改革的路径选择》,载于《人民法院报》,2014年10月31日。
⑥ 谢鹏程:《司法省级统管改革路径》,载于《中国改革》,http://www.rmlt.com.cn/2014/0212/229259.shtml,访问时间:2018年12月29日。

正处于发展的重要战略机遇期,也是在推进经济体制、政治体制、文化体制、生态体制各项改革的攻坚阶段这一大背景下进行的。现阶段我国司法财物管理模式转换、体制深层次改革正在加速进行,我国司法财物管理的风险和难度加大,改革越深入,涉及面越广,触及的利益深层问题也越多,导致新旧问题交织,利益关系错综复杂。司法财物管理制度作为我国司法制度的一项重要内容,在司法体制改革中具有基础性地位,是深化司法体制改革的难点之一,对于保障司法机关依法独立公正地行使职权具有"牵一发而动全身"的作用。然而,长期以来,受传统"分灶吃饭、分级负担"的财政管理体制与司法财物管理的定位等制约和影响,我国司法财物管理体制呈现出以地方管理为主的地方性色彩,管理队伍数量偏少,管理人员老龄化,管理水平低下,管理结构也表现出同级管理、内部决策、上级有限参与等特点。[①] 尽管这些固有的结构性特征有着深刻的经济社会物质生活条件的制约。但无疑也对当前深化司法体制改革,对实现公正司法的目标有着不容忽视的阻碍和影响。因此,司法财物管理体制改革这一重大部署的提出具有很强的时代契合性、价值导向性与实践推动性。

纵观我国司法体制历史发展进程,我国司法体制改革是全面铺开、整体推进的体制性改革,走的是从易到难、从局部到全局、从增量到存量的改革发展路径,是全面深化改革的重要组成部分。与前两轮司法体制改革不同的是,在当下进行的司法体制改革中,针对长期以来地方财政对地方司法系统的不当干预而引起的"行政化与地方化"等现实困境,这一轮的司法体制改革触动了更深层次的利益变革与地方政治格局调整,标志着我国的司法体制改革进入了一个前所未有的深化发展阶段。从国家层面而言,国家出台上述各类相关政策予以积极回应支持司法财物管理体制改革。就地方实践来说,省级(自治区、直辖市、新疆生产建设兵团)司法机关结合地区实际情况和自身特点,因地制宜地探索司法财物省级统一管理体制改革,一些地区的司法财物管理体制改革取得了初步成效,但也遭遇到一些新的困境。

鉴于此,对于已进入攻坚期和深水区的司法体制改革来说,司法财物管理体制改革是重要支撑,特别是实现财物管理由省以下"分灶吃饭、分级负担"向省级统管的转型是司法体制改革必须牵住的"牛鼻子"。因此,如何以实现司

---

① 左卫民:《中国基层法院财政制度实证研究》,载于《中国法学》2015年第1期;左卫民:《省级统管地方法院法官任用改革审思——基于实证考察的分析》,载于《法学研究》2015年第4期。

法财物管理的专业化、标准化、制度化为基本目标，关照和解决这些实践问题，契合司法体制改革的大势，更好地为司法工作提供服务保障，探索建立中国特色的司法财物管理体制和机制，是一个值得深入研究探索的课题。

（二）司法财物管理体制改革的理论背景

作为司法机关运行重要维度的司法财物管理体制改革，其层级管理结构和运行体制机制理应受到学术界的广泛关注。尽管目前理论界对司法财物省级统管相关问题的关注度一路持高，但令人遗憾的是，对这一问题的研究尚未深入进行。以"司法财物管理"为主题词在中国知网进行文献检索，改革开放四十年来有关"司法财务管理"的文献资料仅有32篇。其中期刊类文献19篇；博硕类文献11篇；报纸类2篇。按年度划分，1979～1990年鲜有作者关注这一领域的研究，直到20世纪90年代初才有作者关涉这一领域问题的研究，20世纪初学者们关注这一领域问题的研究逐渐增多。其中代表作如检察理论的奠基人王桂五撰写的《中国特色社会主义检察制度》（1991年）专章涉及财务管理内容；王春芳撰写的《建立司法独立预算制度的构想》（2001年）；张仁善撰写的《略论南京国民政府时期司法经费的筹划管理对司法改革的影响》（2003年）；贾新怡、唐虎梅撰写的《借鉴有益经验 构建符合我国国情的司法经费保障机制》（2006年）；贾新怡、唐虎梅撰写的《以效益为核心 提高司法经费管理水平》（2006年）；陈文兴撰写的《我国司法经费保障体制的弊端与完善》（2007年）；徐汉明撰写的专著《检察（政法）保障体制改革研究》（2008年）；吴燕撰写的《理想与现实：南京国民政府地方司法建设中的经费问题》（2008年）；陈永生撰写的《司法经费与司法公正》（2009年）；陈训秋撰写的《加强经费保障 促进司法行政工作全面发展》（2010年）；陈铁撰写的《对于建立现代法院司法政务管理制度的构想》（2010年）；徐汉明、李满旺、刘大举撰写的《中国检务保障理论与应用研究》（2012年）；彭胜坤的专著《检察管理专题研究》（2013年）；程建撰写的《刑事诉讼涉案财物集中管理的实证调研和制度构想》（2013年）；朱孝清撰写的《对司法体制改革的几个思考》（2014年）；徐汉明、林必恒等撰写的《深化司法体制改革的理念——制度与方法》（2014年）；徐汉明、张巍、金鑫的专著《检察官职务序列研究》（2015年）；王亚新撰写的《"省级统管"改革与法院经保障》（2015年）；陈书平撰写的《省以下地方检察院人财物统一管理模式研究》（2015 年）；左卫民撰写的《省统管法院人财物：剖析与前瞻》（2016 年）；朱大旗、李帅撰写的《法治视野下的司法预算模式建构》（2016 年）；陈春梅撰写的《德国法院经费管理制度》（2016 年）；曹云清撰写的《涉案财物管理机制构建研究》；周艳撰写的《被害人涉案财物返还程序研究》（2017 年）；刘栋、卢玺撰写的《适应司法责任制要求强化涉案财物管理》（2018 年）；唐虎梅撰写的《省以下法院财物统管改革的现状与展望》（2018 年）；唐虎梅、史为栋撰写的《全面深化改革背景下人民法院内设财物管理机构改革问题探讨》（2018 年）；苏泽林撰写的《人民法院内设财物管理机构改革问题研究》（2018 年）；国伟撰写的《省以下检察院人财物统一管理改革研究》（2018 年）；李晓旭撰写的《建立涉案财物集中管理中心可行性之探析》（2018 年）。这些研究主要涉及司法权与司法行政事务权分离管理、司法财物"省级统管"、涉案财物管理、内设财物管理、司法预算模式、南京国民政府时期司法经费管理、经费管理与司法公正、现代司法保障体制构建、域外司法经费管理比较等。这些研究成果虽然总量偏少，但涉及问题具体，为新一轮省以下地方法院、检察院人财物统一管理仍然提供了智力支持、理论范式和实践导引。

1. 我国司法财物管理研究概况

以《CNKI 中国学术期刊网络出版总库》为平台和资料来源，截至目前，以"司法财物管理"为主题的文献总量仅为 13 篇，相关研究零星分散于一些学术论文之中，并没有引起专家学者们的太多关注。不得不说，相较于司法改革中"司法经费"的研究而言，司法财物管理目前仍是司法改革管理各研究目录中的一门隐性学科，然而其重要性却并丝毫不因受关注程度低而减弱。相比较而言，自"省以下地方法院、检察院人财物统一管理"的这一司法改革措施提出以来，自 2013 年起，以"省统管人财物"为主题词进行检索时其文献数量已达到 30 余篇，可见，对于司法机关省级统管人财物的研究虽起步较晚但数量逐渐增多。

总体来说，随着党的十八大以来，建设公正高效权威的社会主义司法制度被提上了法治中国的重要议程，司法人财物"省级统管"改革以一种重要的正式司法改革形式赢来一股研究热潮。特别是党的十八届三中全会、四中全会将司法改革纳入国家治理现代化、法治化等国家重大发展战略部署中，为学术界在新的历史条件下进一步探索司法机关人财物"省级统管"改革的可持续发展提供了多重视角的研究路径及研究环境。此后，学术界从司法人财物"省级统管"改革理论与制度构建角度进行了论证与分析,较为全面地阐释了司法机关人财物"省级统管"改革的必然性和实践性等问题。随着学术界对这一议题研究的日益深入,国内相关学术成果可谓汗牛充栋,观点纷呈,并形成了大批富有见地和卓有成效的研究成果。现有司法财务管理体制改革的研究从其内容层面主要涉及司法财物"省级统管"、涉案财物管理、内设财物管理、司法预算模式、司法经费管理、经费管理与司法公正、现代司法保障体制构建、域外司法经费管理比较等。具体如下:

(1) 关于司法财物管理的研究。

域外司法财物管理制度比较研究。既有研究表明世界各国司法财物管理模式各有不同,学者们通过梳理分析域外国家司法财物管理制度,总结其模式主要有:"司法机关自行管理模式""司法委员会管理模式""司法行政机关管理模式"及"政府管理模式"[1]。纵观各国司法财物管理制度可以发现,在大多数国家或地区,尽管其立法权与行政权在中央和地方之间进行了比较清晰的划分,但其司法权无一例外地由司法机关依法独立行使,不容地方染指。为确保国家司法权统一,这些国家在司法机关经费保障体制上都采取了一些必要的措施,如:司法经费由中央预算(联邦制国家由联邦和州分别预算)单独列支,经费充足,司法经费在财政支出中占较高比例等[2]。这对改革完善我国司法财物管理体制具有借鉴意义。

司法财物管理体制改革研究。长期以来,我国司法机关人财物保障一直实行"分灶吃饭、分级负担"的体制[3]。司法机关设置和行政区划相对应,司法机关财物管理以地方党政部门管理为主、上级司法机关管理为辅,地方司法机关的财物保障依赖于地方,受制于地方,司法权易受地方干扰[4]。为破解司法财物保障"分灶固化"的弊端,实务界和理论界提出"垂直管理模式""国家统一管理模式"[5]和"'二步走'模式"[6]等改革建议。新一轮司法体制改革背景下,既有研究主要围绕"省以下司法机关人财物统一管理"的试点改革方案展开。

---

[1] 贾新怡、唐虎梅:《借鉴有益经验构建符合我国国情的司法经费保障机制》,载于《财政研究》2006 年第 4 期。
[2] 谭世贵:《中国司法改革的回顾与反思》,载于《法治研究》2010 年第 9 期。
[3] 徐汉明、林必恒、徐晶等:《深化司法体制改革的理念——制度与方法》,载于《法学评论》2014 年第 4 期。
[4] 董治良:《法院管理浅论》,载于《国家检察官学院学报》2005 年第 5 期。
[5] 罗昌平、顾文虎:《检察机关案件管理的要素与构成》,载于《法学》2010 年第 5 期。
[6] 谭世贵:《深化司法体制改革的几个问题》,载于《中国司法》2014 年第 6 期。

在有关省以下地方司法机关财物统一管理模式设计方面，有学者认为，省以下地方法院、检察院的财物统一管理，应根据我国司法管理的实践、借鉴国外经验进行制度顶层设计，无论采用哪一种模式，均应在管理委员会之下成立管理局，负责执行管理委员会做出的决策。不同模式各有利弊，应当在经过试点，取得经验后再加以普遍推广①。在有关司法经费预算方面，有学者提出由省以下地方法院、检察院自行制作司法预算，报省级法院、检察院的司法预算委员会审核后，统一向省财政部门提交，预算审核通过之后，由省级财政直接下拨经费②。有关司法机关经费保障方面，有学者提出建立"相对均等化"的经费管理制度。有学者提出经费保障要兼顾灵活性，一是要考虑各地经济社会发展实际，承认保障差异；二是要"提低填谷"，坚持"不低于现有标准"的原则。③ 也有学者提出司法人财物管理模式的改革应当分阶段推进，把省以下各级地方法院收缴的诉讼费和检察院收缴的罚没款统一上交省财政，中央财政的转移支付款也统一划拨给省级财政，由省级财政统筹保障地方法院、检察院的经费。④

财物管理工作在司法机关整体工作中的地位和作用十分重要。随着司法体制改革的全面推进，尤其是财政改革和政法经费保障体制改革不断深入，人民法院、人民检察院业务工作量剧增，所需经费数量迅速增长，财务管理工作的要求越来越高。而司法机关财务管理基础状况与所担负的财务工作任务以及司法工作的要求相比，存在明显差距，特别是财务管理能力亟待提高，如财务机构不健全、职责不清，财务人员匮乏、素质偏低，使财务人员供需矛盾尖锐。⑤ 为解决司法机关财务工作中存在的与司法机关工作科学发展要求不相适应的问题，学者提出，应建立健全经费保障和财务管理长效工作机制、科学设置财务机构，明确财务机构职责、合理配备财务人员、优化财务工作机制、推进经费保障和管理系统化等方面入手，建立现代司法政务管理制度作为当前各级司法机关的重要工作。⑥

（2）司法经费保障体制研究。

司法经费一直是理论界和实务界关注的焦点，我们可以将司法经费研究分

---

① 谢小剑：《省以下地方法院、检察院人财物统一管理制度研究》，载于《理论与改革》2015年第1期。
② 张智辉：《司法体制改革的重大突破》，载于《理论视野》2012年第2期。
③ 朱孝清：《对司法体制改革的几点思考》，载于《法学杂志》2014年第12期。
④ 王庆丰：《省以下地方法院人财物统一管理中的四个关系》，载于《人民司法》2015年第5期。
⑤ 唐虎梅：《全面深化改革背景下人民法院内设财物管理机构改革问题探讨》，载于《人民司法》2013年第13期。
⑥ 陈铁：《对于建立现代法院司法政务管理制度的构想》，载于《学理论》2010年第33期。

为三类,具体来说:对于经费来源和充足性问题研究;对于经费分配和使用效率的研究;对于独立性的研究。就世界范围来看,各自司法体制的特点,形成了灵活多样的司法经费保障体制。尽管当今世界许多国家属于不同法系,虽然在政治体制、结构形式、经济发展程度、财政体制、诉讼模式等方面千差万别,司法体制和司法机构设置也不尽相同,但在司法经费保障方面,都具有管理相似保障充分的共同特点。既高度重视对司法部门的经费保障和投入,又十分重视经费投入及其使用的效益。例如,英、德、美、巴西等国家都高度重视司法部门经费投入,司法支出不仅规模较大,而且占公共支出的比重也较高。同时,十分重视资源整合和共享,通过资源整合、司法改革等途径,努力节约司法成本,提高经费使用效益,保证司法机关有效执法和公正司法。[①] 此外,这些国家的司法经费保障法制化水平也较高,以司法经费保障独立与充分的相关规定在相关法律法规中皆有所体现。[②] 从司法经费的管理模式来看,当今世界大致有两种模式:第一种模式是法院、检察院自行掌管司法经费;第二种模式是由司法行政机关,如司法部、法务部等掌管法院、检察院的司法经费。从世界范围来看,第一种模式更有利于保障司法经费独立而得到越来越多的国家采用。[③]

在过去的几十年里,主导我国司法财物管理的研究主要是对司法经费保障和分配问题的探讨,从内容层面上主要涉及司法财物管理、经费管理等方面。南京国民政府时期司法经费改革问题对当前我国司法改革具有一定的经验意义,如张仁善从司法经费与司法改革的关系入手,指出司法独立必须要有可供司法机关独立支配的经费,然而,由于南京国民政府时期司法改革缺乏厚实的经济支撑,经费问题不仅成为国民政府司法改革的瓶颈和司法独立的障碍,成为司法腐败的渊薮之一[④],也使最高司法当局一直勉力争取中央统一解决地方司法经费的理想在现实中未能达成。[⑤]

(3)司法体制改革背景下的人财物"省级统管"体制改革研究。

新一轮司法改革明确了人财物省级统一管理模式。我国司法地方化和司法

[①] 贾新怡、唐虎梅:《借鉴有益经验 构建符合我国国情的司法经费保障机制》,载于《财政研究》2006年第4期。
[②][③] 陈永生:《域外司法经费:管理相似保障充分》,载于《检察日报》2015年3月3日第003版。
[④] 张仁善:《略论南京国民政府时期司法经费的筹划管理对司法改革的影响》,载于《法学评论》2003年第5期。
[⑤] 吴燕:《理想与现实》,载于《近代史研究》2008年第4期。

行政化问题历经多轮司法改革仍未能得到彻底解决，司法权依法独立公正高效行使仍缺乏相关科学的人财物制度保障，现行司法管理体制不符合司法权运行规律是其重要原因之一。① 自党的十八届三中全会以来，中央启动新一轮司法体制改革，其中重要内容就是推动省以下地方法院、检察院人财物统一管理。学者对财物统一管理的模式和配套制度的完善进行了论述。"财物"这个方面的改革，意味着省级以下地方各级法院、检察院的经费支出不再依靠同级地方财政，而改由省级财政统筹，中央财政则通过转移支付及专项资金等予以补充。② 关于省以下人财物统一管理模式的具体设计，有学者主张在中央和省级成立国家和省级司法委员会，与党委政法委合署办公，对外作为国家的一个机构，由该机构负责管理该省司法机关的人财物③。有学者主张统一由省级党委政府管理，构建省级以下司法机关人财物由省级党委政府统管、司法机关上下协管体制的管理新模式④。也有学者提出省以下司法机关人财物统一管理须实行人财物管理与司法业务相分离，人财物具体管理与人财物决策相分离，并引入相对中立的社会性机构参与管理的机制；在经费管理上由省级财政部门和省级法院、检察院机关行使建议权和日常管理权，省级人大权力机关行使决策权⑤。

（4）涉案财物管理体制改革研究。

涉案财物管理一直是加强罚没收入管理，保证公正司法、提高司法公信力的一项重要内容。党的十八大以来，涉案财物管理的程序问题得到前所未有的关注。2014 年 12 月 30 日，中央全面深化改革领导小组审议通过了《关于进一步规范刑事诉讼涉案财物处置工作的意见》，对涉案财物处置做出了最高指示，成为当前司法管理体制与财政管理体制改革的一个重点和亮点，各地司法机关与财政部门对于探索完善涉案财物管理模式的热情空前高涨。目前，依托互联网技术建立涉案财物管理公共财政信息平台成为各地探索创新的主流，并逐渐形成了"相对集中"与"绝对集中"两种管理运作模式。"相中集中"模式是指在一定的行政区域内建立集中统一的网上涉案财物管理系统，实现涉案财物从进入司法程序到脱离司法程序的全程公共财政集中统一收付平台的网络化、

---

① 徐汉明、王玉梅：《司法管理体制改革研究述评》，载于《现代法学》2016 年第 5 期。
② 王亚新：《"省级统管"改革与法院经费保障》，载于《法制与社会发展》2015 年第 6 期。
③ 徐汉明：《论司法权与司法行政事务权的分离》，载于《中国法学》2015 年第 4 期。
④ 陈书平、王晓辉：《省以下地方检察院人财物统一管理体制构建模式探究》，载于《理论前沿》2014 年第 9 期。
⑤ 蒋惠岭：《未来司法体制改革面临的具体问题》，载于《贵州法学》2014 年第 8 期。

规范化管理,且不同的司法机关之间也能实现信息共享。"绝对集中"模式是指在省级行政区域内,在已经建设统一的涉案财物信息管理平台的基础上,开辟专门场地建设涉案财物集中管理中心,涉案财物实物的管理和保存均由管理中心集中负责,在不同的诉讼阶段不再进行实物的移送,而只从信息平台上进行管理操作。这一模式的特点在于"线上线下都集中"。实践中,上海、山东、湖北、海南、四川等地均建立起涉案财物管理信息平台;黑龙江省大庆市、上海市浦东新区等已经建成"绝对集中"模式的涉案财物管理中心,这一模式以大幅节约司法成本,减少流转环节,提高保管安全性,统一保管场所和方式,避免出现管理混乱,有效降低运行成本减少司法腐败,提升司法效率等特点成为今后改革努力的方向。① 有学者提出,应建立独立于公、检、法机关之外单独的涉案财物管理机构,在省级以下司法行政管理机关内设置涉案财物管理中心。②

2. 对司法财物管理改革研究的述评

回望历史,经过几十年的发展,我国司法财物管理体制改革研究取得了一定的成果。对司法财物管理体制改革的研究从包含夹杂于司法体制改革的混合研究范式中,逐步分离成为相对独立的研究领域,研究方法亦呈现出类型化、集中化、体系化的特点,不同学术观点的交织碰撞争鸣中以及对司法财物管理的理论与运行实际问题的探索中不断深入丰富,不少研究成果为这一领域丰富了新的理论增长点。

展望未来,机遇与挑战并存。虽然,学界对司法财物管理体制改革研究取得了些许成就,但仍需要清醒地认识到,目前学界对司法财物管理理论与实践的研究内容仍缺乏专门性、系统性、科学性;其对基础理论研究仍显薄弱,例如对于司法财物管理"是什么、为什么、怎么样"等一系列基础理论问题,目前学界大多尚未涉足。在实证研究方面,不少定量研究样本设计的典型性与普遍性关照度、综合性与系统性的关照度不够;有的样板模型往往对整体性、全局性的司法财物管理体制改革产生一种误导效应;一些根本性的理论问题还没有得到彻底解决。例如,(1)司法"地方化"的体制机制尚未根除,司法经费与地方政府存在着千丝万缕的关联,各地司法财物统一管理的执行力度与运行效力千差万别。(2)司法机关内部"行政化"强化的风险加剧,尤其是因法院

---

① 李晓旭:《建立涉案财物集中管理中心可行性之探析》,载于《法制与社会》2018年第12期。
② 曹云清:《涉案财物管理机制构建研究》,载于《江西警官学院学报》2017年第6期。

人财物实行统一管理导致审级监督制度受到重大冲击。（3）审判机关、检察机关依法独立行使审判权、检察权的"独立性"受到不同程度的干预；下级司法机关对于上级司法机关的依附性将可能强化，与司法管理体制改革的初衷相行甚远。① 特别是随着依法治国的进一步推进，司法财物管理改革仍面临着诸多亟待深入研究的命题，其基础理论研究及制度建构仍任重道远。

时至今日，学者对于我国司法财物统一管理的研究虽已达成共识，但是现实中，推进司法财物"省级统管"改革目标任务差距甚大。司法财物管理仍存在着严重的"区域差异"与相关的效率低下等问题。根据课题组调研的数据，我国中东西部地区司法经费保障存在"差异化"等问题，这意味着司法经费分配系统中分配不均衡情况十分突出。与此同时，管理能力、管理资源等难题成为推进"省级统管"的障碍，制约了省级管理权的充分落实。②

对于上述这些重要而又紧迫的现实问题，需要学界与实务界合力深入研究，提出更加完善的对策与建议。同时，需要对公共财政体制自身的问题有更加深入的了解，对中央与地方事权分配相关联的中央与地方财政行为进行更加全面的分析，依托于此，才能提出更加具有可操作性的公共财政对策建议。司法机关人财物管理模式的制度设计须关照司法机关内部"去行政化"的问题，防止上级司法行政事务管理权垄断导致司法权运行异化。③ 概言之，推动构建符合我国国情，防止司法权地方化，保障司法权依法独立公正高效行使的司法财物管理制度体系仍是理论界、实务界研究的重大选题。

3. 司法财物管理研究的价值

本课题研究在广泛深入调查的基础上，系统收集、梳理了我国近年来省以下地方法院、检察院实行财物统管改革的相关资料，围绕司法财物管理制度及其运行模式的规范性与实践性展开研究，以逐步消除长期存在的规范性与实践性的"二分"分野，努力为推动司法财物管理制度的创新与发展提供智力支持。其价值体现在：

（1）明晰司法财物管理的地位与作用。"司法的运转有赖于财政的支持"。④

---

① 周永坤：《司法的地方化、行政化、规范化——论司法改革的整体规范化理路》，载于《苏州大学学报（哲学社会科学版）》2014年第6期。
② 左卫民：《省统管法院人财物：剖析与前瞻》，载于《法学评论》2016年第3期。
③ 徐汉明、王玉梅：《司法管理体制改革研究述评》，载于《现代法学》2016年第5期。
④ 史蒂芬·霍尔姆斯、凯斯·R. 桑斯坦，毕竞悦译：《权利的成本：为什么自由依赖于税》，北京大学出版社2004年版，第28页。

司法机关的财物管理体制是司法资源配置的一项重要内容。从大历史的视角来看，既有研究成果阐释了中国司法财物管理体制的历史演进路径，界定了司法财物管理的功能地位，即指出司法财物管理作为司法机关内部的行政管理事务，在保障人民法院、人民检察院依法履行职能和各项工作的顺利开展方面无疑扮演着重要的角色。强调司法机关财物管理的优良与否直接关乎司法机关能否统一公正高效运行，能否充分发挥自身职能，是展现司法机关地位作用的关键一环。

（2）将司法财物统管改革作为司法综合配套改革的重要部分。既有研究描述，作为司法综合配套改革重要组成部分的司法财物管理体制改革，是深化司法体制改革的目标任务之一；推进省以下"法院、检察院人财物统管"改革，要求进一步探索推进适应我国司法体制改革总体要求的司法财物管理体制改革。学者探索了"两权适度分离"改革对司法财物"省级统管"改革的指导意义，这包括：探索建立与行政区划适当分离的司法财物管理制度，以消除财物保障"地方化"，有效防止"为钱办案、办案为钱"利益驱动，保证司法权统一公正高效行使，从而保证国家法律正确实施；进一步优化司法财物管理流程，加强管理与监督，强化责任落实，搞好关系衔接，落实要素保障，保证协调运转，减少外部环境干扰，切实提高保障能力和水平，增强司法财物管理绩效等。所有这些，都是推进司法体制改革进程中综合配套改革任务的理论支撑。

（3）丰富和完善司法财物管理理论。在实行省以下地方法院、检察院财物"统管改革"的情境下，传统的司法财物管理理论亟待更新。传统的司法财物管理模式已难以适应深化司法体制改革的时代需求。因此，既有理论成果从探索新形势下适合司法体制改革的财物管理的运行与发展出发，提出系列理论方案，这包括：省以下地方法院、检察院经费由省级财政部门统一管理方式；司法经费保障的基数和资产的统一上划；省级财政对司法经费的统一保障；建立诉讼费、罚没收入、赃款赃物统一上缴省级国库的机制；建立跨部门涉案涉诉财物管理平台；司法财物"省级统管"的配套制度安排；适应司法财物"省级统管"的财物管理队伍建设；在探索司法财物"省级统管"制度下所采取符合省级地方实际的司法财物管理模式等。这些理论研究、实务探索为司法财物省级统一管理体制改革提供了强有力的智力支持。

(三) 司法财物管理制度改革的研究意义

司法职权优化配置是近年来我国司法体制改革的重要命题。中央把省以下地方法院、检察院人财物统一管理作为深化司法体制改革的一项重要内容,作为保障法院、检察院依法统一公正高效行使审判权、检察权的重要举措。这不仅体现出中央对司法财物管理制度的进一步关注与重视,也是对我国依法治国方略的进一步深化。同时表明,新一轮的司法体制改革已触及司法体制核心领域和关键部门,着力解决影响司法公正、制约司法能力的深层次问题,由此进入了攻坚克难阶段。作为保障司法权统一公正高效行使的司法行政事务权的司法财物管理权,其合理配置直接关系到司法体制改革目标任务的实现。就此而言,如何对省以下地方、检察院的财物进行"省级统管"体制改革已成为当下司法体制改革的焦点问题之一。

现阶段,有关省以下法院、检察院人财物实行"省级统管"体制改革已呈现出"多元化"发展之势。受政治环境、经济水平、文化发展等多重因素影响和制约,各省(自治区、直辖市)在探索司法财物管理具体改革措施时,表现出显著的差异性,尤其是中部和西部地区与东部地区的保障差别很大。基于此,本书立足于省以下地方法院、检察院司法财物管理制度以及人财物"省级统管"的体制改革实践,通过选择东部的广东、中部的湖北、西部的贵州作为样本进行广泛调查和对比研究,对司法体制改革后财物管理的实践进行经验总结与问题探索,梳理出当前司法管理体制改革实践的区域性经验与共同特点,以更深层次的认识当前我国司法财物管理现状,为省以下地方法院、检察院财物统管改革提供理论支持与经验借鉴。

1. 完善司法财物管理模式的需要

深化司法体制改革,尤其是省以下地方法院、检察院统管人财物体制机制的确立与实施,不仅对司法机关的财物管理的目标定位、管理制度构建和管理质量提升都有了新的更高要求,而且以"全额保障、统一管理"的改革模式替代原有的"分灶吃饭、分级负担、分层管理"的管理模式,也给司法机关的财物管理带来了较大机遇与挑战。基于此,分析当前我国司法财物管理模式的主要特点和运行规律,重新梳理我国司法财物管理的业务流程,阐述现行财物管理模式存在的局限与弊端,革除和化解司法财物管理的不利因素,并在此基础上提出构建新形势下司法机关财物管理制度的运行模式，有助于通过实现财物资源的优化配置和有效整合，提高财物管理质量和水平，实现司法财物管理体系和管理能力现代化，以保障和促进依法履职公正司法、提高司法公信力的目标实现。

2. 提供样板典型比较选择的需要

司法财物管理制度是解决司法机关内部管理的一个重要着力点，其核心目标是以改革省以下地方法院、检察院司法财物保障体制机制，调整司法财物管理方式方法，达到根除司法地方化、司法行政化的改革目标，保障司法机关依法独立行使职权，努力维护和促进社会公平正义。实践中，第一批试点的上海、广东、湖北、吉林、海南、贵州、青海7个省（直辖市）和其后第二批、第三批试点改革的省（自治区、直辖市、新疆生产建设兵团）都结合当地实际，在司法体制整体方案中做了细化、实化对接部署。针对改革后司法财物管理体制的现状、特点，通过对广东、湖北、贵州进行抽样调查，对司法财物管理体制机制运行状况进行实证比较研究，从不同研究视角对司法财物省级统一管理体制改革样本从理论与实践结合上进行系统深入探究，具有较强的实际应用价值。

3. 司法财物管理改革与时俱进的需要

当前，我国司法体制改革已步入攻坚期。司法机关人财物利益格局的调整变动，在某种程度上也意味着司法改革转向了更深层面的综合配套体制改革，这一改革触及到了司法管理体制机制的根基。在以互联网为代表的高科技飞速发展的时代背景下，司法机关的财物管理制度必然须有系统性的全面改革，特别是推行省以下地方法院、检察院不仅会改善司法机关内部的财物管理体制机制，也会触动并调整既有的利益格局，重塑地方司法机关与地方党政之间的关系，加之司法资源配置均衡的目标与地区差异悬殊之间的矛盾重生等因素会带来一系列新的现实问题与挑战。因此，在理论分析与实践调研的基础上，针对一系列新的问题提出加强和改进司法财物管理的对策建议，适应新时代司法体系和司法能力现代化加速推进，保障司法机关司法办案的顺利运行，对于深化司法体制综合配套改革，推进司法管理体系和管理能力现代化也具有重要意义和推进作用。

4. 服务司法财物政策与决策管理的需要

经过一系列的政策演变和实践探索，省以下地方法院、检察院人财物实行"省级统管"体制改革取得了非常显著的成效。但同时存在实践的曲折性与差异性。如仍需解决"省级统管"模式下进一步提升司法财物管理质量与效率、消解区域地方差异、推动协调发展等一系列问题。在理论研究与实践探索的基础上，本书对改革试点的若干重点难点问题进行了梳理、比较、分析，从中既发现了个性问题，又查找了共性规律；既发现外部环境对司法财物管理带来的不利因素，又查找了各自在管理监督方面存在的制度缺陷，有助于帮助正确认识矛盾和解决矛盾，妥善处理局部与全局、外部与内部、共性与个性之间的辩证关系，提出了政策意见或政策取向，为中央和省（自治区、直辖市）实施新的决策选择，巩固和发展司法财物"省级统管"体制改革成果，为司法人财物统一管理体制改革向更科学方向跨越提供了一些可资借鉴的依据。

二、司法财物管理制度改革的价值取向

司法财物管理有着特定的历史变迁和现实场景，其价值取向有着深刻的历史背景与社会动因，同时它也是司法财物管理活动自身规律作用的必然结果。一方面，司法财物管理制度作为司法制度的重要组成部分，其价值取向与司法制度的价值取向在总体上是趋于一致的。另一方面，作为一种国家管理制度安排，司法财物管理有其自身特定的价值取向。究其本质，司法财物管理的根本宗旨是为司法权运行服务保障，即通过对司法机关内部经费、财产和资金的管理，维护司法机关正常运转，辅助司法机关实现新时代治国理政的战略部署，提升国家治理能力目的的直接活动，它是司法机关的一项必不可少的经济管理活动。基于司法价值理论分析，当前司法体制改革的价值取向具有多元性的特征。因此，确定价值取向是明确司法财物管理工作方向的前提。总的来说，它在具体运行中应主要遵循以下价值目标：

（一）保障司法权依法独立公正行使

党的十八大报告中提出要"进一步深化司法体制改革，坚持和完善中国特色社会主义司法制度，确保审判机关、检察机关依法独立公正行使审判权、检察权。"司法公正是司法的核心价值，司法财物管理作为审判机关、检察机关工作的不可或缺的重要组成部分，应当以司法公正作为其核心价值取向，司法财

物管理改革的建构与运行都应该围绕这一价值目标。以依法公正独立为价值导向进行司法财物管理体制改革，对于规范司法行政事务管理权、塑造司法财物管理的法治品格有着积极的推进作用。这一价值取向与联合国相关规则的价值理念也是契合的。如联合国《关于司法机关独立的基本原则》第7条规定："向司法机关提供充足的资源，以使之得以适当地履行其职责，是每一会员国的义务。"人财物保障不仅是司法机关履行职责必不可少的资源保障，而且是作为联合国安理会常任理事国之一的我国履行联合国义务的必然要求。只有获得人财物的充分保障，司法权才能正常运行，司法的独立性和公正性才能得到保障，司法的公信力才能逐步建立和提升。[①] 就我国实际情况而言，在推进司法财物"省级统管"体制改革的价值选择过程中，保证司法机关依法独立公正行使职权符合我国的法治逻辑，是建立司法财物省级统一管理体制改革所秉承最根本的价值取向和行为准则。

然而，在传统以"分灶吃饭、分级负担"的地方财政为主导的保障体制下，地方各级人民法院、检察院为了获得所需经费，不得不游走于地方政府及其财政部门之间，司法机关的财物供给和管理存在着浓厚的地方色彩，司法机关不可避免地受到地方党政机关的制约和影响，司法权的独立性和公正性难以得到保障。在新一轮的司法体制改革的大背景下，司法财物管理体制改革尤其是实行省以下司法机关的人财物统管改革政策出台的直接原因，可以说是为了更好地推动和配合中央提出司法体制改革的目标而进行的一项配套改革。省以下地方法院、检察院人财物实行统一管理作为党的十八届三中全会以后中央实施司法管理体制改革的新战略举措，其最主要的目标是促进法院、检察院依法独立行使职权、保证公正司法、提高司法公信力。司法财物管理成为提升司法公正的一种有效途径，通过厘清财物统管结构、拓宽管理领域、改进管理方法，为各地法院、检察院提供充足经费保障等具体措施，让司法机关从人财物供给的桎梏中解脱出来，排除地方权力或者其他因素对司法活动的干扰和影响，营造一个更加公正的司法环境，建立一个相对独立的司法财物管理制度体系，其中的意义重大而深远。

---

① 徐汉明：《论司法权和司法行政事务管理权的分离》，载于《中国法学》2015年第4期。

（二）保障司法机关正常运行

司法财物管理是保障司法权行使的客观条件。从根本上讲，司法财物管理的首要价值是保障司法权的顺利运行。用保证司法机关正常运行、保证公正司法、提高司法公信力作为检验改革成果的标尺之一。任何偏离司法体制改革目标的人财物管理体制改革都是难以奏效的。一方面，作为一种国家权力结构的司法组织，司法机关的正常运转离不开人财物这些基础要素保障，司法机关内部不可避免地存在着诸多行政性事务，如对司法经费资产的管理、法院、检察院物资装备建设、案件的管理和统计等等，司法财物管理权是司法权运行所需的"财权"与"物权"，为司法权的运行提供物质基础和资金支持，离开了财物这些硬件支撑，司法机关便不可能正常运行，创新能力也更难以实现。另一方面，这是由司法财物管理权的生成之源所决定。司法财物管理权是司法机关内部的财物管理，来源于司法权，没有司法权就不可能存在司法财物管理权，两者是一种皮与毛的衍生关系。司法财物管理隶属于司法行政事务范围，属于司法行政事务管理权力的一种类型，主管司法机关及其附属机构经费的预算和使用，是保障司法权正常行使的基础。进言之，在推动司法财物"省级统管"体制改革时，司法财物管理应当始终以有利于司法权依法独立公正高效行使，围绕保障司法机关正常运行为其基础性的价值取向，尤其在深化司法体制改革这一过程中，遵循当前我国司法体制改革与法治体系健全的新要求，顺势而动的推动现有司法财物管理体制机制的创新，发挥司法财物管理最大效应，加快推进司法管理体系和管理能力现代化。

（三）确保司法行政事务管理权和司法权分离有序运行

司法机关财物管理制度的变迁图景为我们展示了司法权与司法行政管理权分离运行的客观发展趋势。也就是说，探索推动省以下地方法院、检察院人财物管理、构建现代新型保障体制机制必须围绕健全司法权运行体制机制、探索"两权适度分离"来进行。探索实行司法行政事务管理权和司法权相分离的体制机制，是司法体制改革的价值目标之一，也是我国新一轮司法体制改革的一项重要任务。一直以来，探寻恰当的司法权与司法行政权的分立与制衡机制是两种权力达致良性互动的关键所在。特别是随着法院、检察院人员分类管理改革的进一步细化，人民法院、人民检察院内部的司法行政事务管理权必须与审判权、检察权相分离,真正形成更加符合诉讼规律的内部权力运行体制机制。历史经验表明,一旦人财物保障与司法办案联系起来,两个方面都容易被扭曲。传统人财物管理体制下,司法行政管理体制特别是财物供给和管理未能严格区分司法机关内部各种权力的不同属性,在人财物的供给上容易受到地方保护主义的影响,在管理上容易受到行政管理的干预,制约审判权、检察权依法独立公正高效行使,甚至直接影响司法公信力。① 因此,在司法机关内部将司法权和司法行政权适度相分离,通过推行省以下地方法院、检察院人财物省级统一管理的体制改革,建立相对独立的财物经费保障体系,形成省级统一保障、统一管理财物的管理体制,既可以充分发挥司法行政事务管理权的制度优势,保障财物等资源供给充足,同时也可以限制司法行政事务管理权的滥用,革除司法的地方化和行政化,剥离地方政府对同一行政区域司法机关的不当干扰,影响司法效率,保证公正司法、提高司法公信力。

同时,应当注意的是,在构建司法财物"省级统管"体制制度时,必须避免将司法财物"省级统管"变成垂直管理,排斥外部参与协助。这是因为司法财物管理权内在隐含着保障法院、检察院依法独立行使审判权、检察权,防止地方对司法机关行使职权的不当干涉的双重倾向。行政权力有着与生俱来被滥用的倾向,其很容易渗透至审判权、检察权的行使,变成一种干涉司法权依法独立行使的外部力量,司法机关执法办案既离不开行政机关的物力、经费、技术等资源的提供与保障,同时也很容易遭受到当地党委政府机关的影响和制约。因此,必须革除地方分权控制的传统人财物管理模式,避免地方行政机构在提供人财物保障过程中对司法工作的不当束缚。由省级统一保障,统一管理,并不是将司法机关的人财物完全交由省级政府财政管理,而是在建立司法财物"省级统管"体制改革的过程中,必须注意到司法与财政、发改委、医疗卫生、住建等行政机关的差异,建立司法机关相对独立性的经费保障机制。此外,从长远来看,在进行省以下地方法院、检察院财物"省级统管"保障模式制度设计时,应当将中央统一管理作为制度设计的终极目标,以更具系统性、前瞻性、科学性的视野理解实行省以下地方法院、检察院人财物统一管理模式所承载的历史使命和现实意义。

---

① 贺小荣:《依法治国背景下司法改革的路径选择》,载于《人民法院报》2014 年 10 月 31 日。

三、研究方法及构架分析

（一）研究方法

沿着系统收集、个案调查、重点跟进到区域研究再到区域比较的调查研究进展，本书从制度视角入手，坚持分析和实证分析相结合，理论联系实际全面系统探索司法机关财物管理改革的实现路径。既注重理论研究又注重实际调查，以间接的理论分析与直接的实践调查，采用社会调查、个人访问、集体咨询、求教行家等方法，较全面地收集素材、掌握实证、分析数据、列出现象、重点探索，研究司法财物管理的组织机构、职权规范、规章制度等。总的来说，主要使用了以下几种研究方法：

1. 综合比较法

从时间维度上看，以大历史观的视角对我国不同时期的司法机关财物管理的制度形成与制度变迁进行客观比较分析。从空间维度上看，对世界不同国家在司法财物管理与经费保障等方面的实践进行综合比较分析，对我国不同区域间、不同层级间、不同专业间，尤其是施行省以下地方法院、检察院财物统管体制机制改革后，对司法机关财物管理实践的差异进行比较分析。基于以上综合分析，梳理出我国司法财物管理的现实状况，总结改革取得的成绩，找出存在的主要问题，剖析潜在的原因和教训，为今后健全完善司法财物"省级统管"规章制度提供实证分析和重要依据。

2. 案例研究法

本书选取司法财物"省级统管"改革试点中较为突出地区的司法财物管理实践进行解剖麻雀式的个案分析。从地理位置上看，在东部、中部、西部各选取出一个具有典型性的试点改革样本，其中东部为广东、中部为湖北、西部为贵州。实行省以下地方法院、检察院财物"省级统管"以来，这三个地区根据各地的实际情况，经过不断的探索与完善，形成了独具一格的司法财物管理模式，与我国在司法体制改革进程中的探索之路相契合，为我们的课题研究提供了大量丰富的素材与佐证。

3. 实地访谈法

课题组先后组织力量分赴广东、湖北、贵州进行实地调研，通过深入各地的基层单位进行走访调查，以相关分管财物工作的领导以及财物管理工作人员为访谈对象，面对面实地访谈，了解工作进程，收集相关数据，掌握实证资料，询问工作难处，倾听基层感受，体恤干警疾苦，使大家受益匪浅，既看到了省以下地方法院、检察院通过人财物"省级统管"体制改革，进一步理顺了财物保障关系，健全了规章制度，规范了管理程序，强化了监督制约，又见证了司法经费保障标准的增加，各项规章制度的逐步完善。管理质量与效率的提升，切身体会到身处基层司法一线干警的工作艰辛和财务审计部门同志的酸甜苦辣，并从不同侧面了解到基层司法干警享受的改革政策红利，带来的工作激情与活力，并由衷感到高兴。

4. 文献查阅法

在检索和查阅国内外司法财物相关研究文献的基础上，以相关财物工作理论作为整个研究的逻辑起点和参照依据，系统学习了党中央、中央政法委、最高人民法院、最高人民检察院领导同志关于全面推进依法治国方略，深化司法体制改革的系列讲话精神，以及近年来财物管理文件特别是有关对省以下地方法院、检察院人财物统管改革的根本要求，查阅了不少专家学者的著作、文选，通过分类收集、归纳整合、总结提炼、系统综述，对司法财物管理的理论进行了较为详细的梳理评析，为本课题研究及成果撰写奠定了坚实的理论基础。

（二）资料来源

在司法财物管理具体案例的选取上，遵循"典型"的原则，选取数例具有典型性、代表性具体案例的考察与分析，超越了简单个案概括的特殊性、微观性与片面性的局限，以类型学研究范式对多个典型个案进行提升、凝练上升至对整个司法财物管理的全面概括。在一定程度上避免"只见树木，不见森林"研究模式的弊病，从局部走向整体，从独特个案走向宏观概括，为本课题研究提供了科学可行、真实客观的研究素材。

在样本的选择上，样本都是较为典型和极具代表性的实践模式，这在一定程度上为本课题研究的分析提供了可行性和说服力。本课题研究的材料搜集途径和方法主要有：综合利用政策法规、论文著作、领导讲话、经验总结、新闻报道等文字材料，采取实地访谈、问卷调查、实地察看、收集数据、核实问题等形式，力求从不同侧面获取大量、鲜活、具体、有用的材料，然后进行汇总分析，寻求有意义、有价值的素材，基本上为我们展示了省以下地方法院、检察院实行司法财物"省级统管"体制改革与实践的生动场景及其改革面貌。

课题组遵循"个性"与"共性""定量"与"定性""特殊"与"普遍"相结合的原则；既对司法财物统管工作寻求问题的整体性，又遵循系统性；既考虑区域的代表性，又兼顾地区差异性；既区别专业特性，又把握发展不平衡性；采用以类型学的研究范式，对不同地区、不同层级、不同职业、不同典型案例进行经验总结以及对比分析，以增强其针对性和说服力。在选取样本时主要遵行以下原则：(1) 符合"典型代表性"；(2) 尊重"区域差异性"；(3) 坚持"全国系统性"；(4) 注重"数据与案例真实性"。

为充分总结司法体制改革后省以下地方法院、检察院实行财物统管改革的经验做法，了解实际情况，掌握工作进程，剖析困难问题，查找原因教训，课题组于 2017 年 9~11 月，先后赴广东、湖北、贵州开展实地调查研究；选取了东部经济发达地区、中部中等发展地区以及西部经济欠发达地区三个地区，对各地的省、市（州）、县（市区）法院、检察院的财物管理运行的基本情况、运作模式、特点规律和实际困难问题等进行了实地了解和剖析；与省级、市级、县级院的领导及相关人员进行了会议集中座谈，对有关的财物管理工作人员进行了充分的访谈，收集相关的材料、案例和数据，掌握了各地的运行特点以及现实存在的问题，获取了大量丰富的第一手资料。基于对广东、湖北、贵州三省的司法财物管理活动的描述，课题组在经验性观察与分析的过程中，能从最直观的现象中观察到司法财物管理活动的基本状态。对一个个典型的司法财物管理活动案例进行具体分析不仅凸显了省级司法机关财物统管改革的生命力，同时也将这一制度存在的诸多现实问题得以披露，以便提出具有针对性的改革实施方案。

需要指出的是，我国的司法机关包括法院、检察院、公安机关（含国家安全机关）、司法行政机关及其领导的律师组织、公证机关、劳动教养机关等。但 2013 年国家开展的司法体制改革，先期主要在全国法院、检察院系统铺开。为此，本课题侧重于以省以下地方法院、检察院为主体的司法财物管理制度研究，对其他几个部门的相关问题暂没有涉猎，存在不够全面、系统、完整的地方。

在课题研究中，由于司法机关系统内的法院系统与检察系统在职能定位、价值取向、领导体制和层级关系等方面存在显而易见的差异，基于材料搜集、现实调研素材、上级规定不够严格、配套制度不够完善等因素的掣肘，加之全国各地经济社会发展不平衡，现有政府财力存在明显差异，以及工作理念和习惯做法不尽相同，对现行司法财物管理模式可能也有把握不够全面、具体、准确、深刻的地方，有待于今后在工作实践中进一步商讨，在此作以说明。

（三）框架分析

实行省以下地方法院、检察院司法财物"省级统管"体制改革是一项新生事物，不仅没有可以借鉴的经验学习，还需要各地勇于实践、敢于探索。因此，实行司法财物"省级统管"的具体范围和内容有哪些？如何解决进行和执行过程中面临的实际问题与挑战等诸多问题不仅摆在每个改革参与者面前，同时也是课题组研究的重点。本课题以深化司法体制改革过程中司法财物管理为主线，围绕"是什么"（内涵属性）"怎么样"（整体态势）"怎么做"（优化路径）给出本课题的分析基本框架。

受文本材料搜集的限制，本书对司法财物管理的研究侧重于制度分析与实证研究。理论上，为了全面研究该问题，课题组有必要对中国司法机关的财政制度做一个历史与现实、理论与实践的多重梳理，考察我国司法财物管理的演进过程，并在此基础上进一步探讨当下司法财物管理改革的趋向和未来发展的可能方案。从与司法财物管理理论相关的基本理论入手，剖析其逻辑起点，从管理学、经济学、财物学等多个角度对司法财物管理制度问题进行了深入解读，分析了司法财物管理的基本特征、原则等基础理论，并对司法财物管理核心要素、基本流程等微观层面进行论述，为之后的研究奠定理论基础。实践中，把试点省、市、县的财物统管作为司法财物管理改革的研究基地，结合各改革试点情况的实证研究，采用工作回顾、典型总结、重点调查、实证分析等多种调查形式，深入广东、湖北、贵州等改革试点单位开展实地调研，及时总结经验、发现问题、剖析原因、探寻路径。尤其应坚持问题导向，坚持实事求是，把握运行规律，对存在的现实问题，包括面临的困难、矛盾的焦点、解决的难度不遮掩、不回避，注重先期调研，找准问题症结，进行充分研讨、科学论证、寻求答案、提出对策。

通过理论分析与实证研究，本书试图回答如下问题：一是处于全面深化改革和深入推进司法改革的大背景下，司法机关财物管理是如何发生变化并且会发生哪些质的变化？二是实行省以下地方法院、检察院财物"省级统管"即省级财物管理的统一管理，会对司法机关的内部体系产生怎样的影响，尤其是地方政府部门与本地司法机关的关系将发生哪些变化？三是在新形势下实行财物"省级统管"的司法管理体系中，构筑了何种新的财物管理架构，其中蕴含的工作理念、运行机制和行动逻辑是如何呈现等一系列理论与实践问题。同时辅之以案例为佐证，深入分析问题的成因、问题之间的关系，研判财物"省级统管"体制改革过程中可能存在的矛盾、问题和阻力，并就如何进一步推动实行司法财物"省级统管"体制改革，优化财物"省级统管"体制制度结构提出对策建议，以此作为司法体制综合配套改革的建言，为我国司法体制改革提供决策参考。

第一章
司法财物管理的概述

司法财物管理改革的设计及架构必须以司法财物管理权的权力定位为逻辑起点，这关系到司法财物管理体系的型构及其体制改革方向。因此，司法财物管理权的性质是司法财物管理研究的根基。

第一节　司法财物管理的内涵

概念界定是理论研究的逻辑起点。科学厘清司法财物的基础理论命题和基本原理，领会和掌握司法财物管理的内涵及特征，认识司法财物管理的重要性，有助于充分发挥司法财物管理职能，提升管理效能和整体水平，对推进改革措施尽快落地见效具有重大的前导意义。关于"什么是司法财物管理"，目前理论界尚没有形成统一的观点。用规范性的理论解读司法财物管理的内涵意蕴，结合现行有关的政策法律规定与司法实务实践，围绕司法财物管理的概念、特征、基本原则等内容进行深入解读。

一、司法的内涵

司法财物管理与司法机关的职能地位相关。解释司法财物管理的概念与性质，应当先要厘清"司法"的内涵与外延。长期以来，何为"司法"和"司法机关"一直是我国学术界和实务界关注和讨论的问题，众说纷纭，莫衷一是。从学理上讲，"司法"和"司法机关"是一个使用非常普遍但在理解上却歧义众多的两个词语。学者们从不同的研究视角对"司法"和"司法机关"进行了解读。第一种观点："审判"或"裁判"说。持此种观点的学者认为，"司法"等同于"审判"或"裁判"。在这一层面上，司法机关指的是法院，这种界定主要发生于清末引入"司法"至民国时期。第二种观点："公检法司"部门说。持此种观点的学者将"司法"的内涵界定为等同于所有的法律适用活动，其主体范围扩大至"公检法司"等部门，并专指人民法院、人民检察院、公安机关（含国家安全机关)、司法行政机关。这种界定主要是新中国成立后适应新生的人民政权建设对国家权力结构的阐释所形成的一种观点；有学者认为这是一种广义的解读，甚至在某种程度上被"政法"的概念所取代。第三种观点："诉讼"职能说。如学者陈光中、崔洁立足于中国实际，结合相关法律法规与政策文件，在对比中西、古今社会对"司法"的理解的基础上，对"司法"和"司法机关"进行了中国式的解读。他们认为，从根本上讲，"司法"是国家的一种职能活动，是国家行使司法权的活动，国家通过司法机关及相关机关处理案件，解决争讼，惩治犯罪，实施法律。① 这是自20世纪90年代以来，随着刑事诉讼制度与实践丰富发展，学者从司法文明的视角，将"司法"理解为国家的诉讼职能活动，把我国的"司法"界定为诉讼，将司法视为国家办理案件的诉讼活动，而司法的主体包含法院和检察院。

　　从我国的法律规定来考量，根据我国的法律法规等相关文件的规定可以看出，我国的相关法律和重要文件都明确地将司法理解为诉讼活动。例如，《刑法》第94条规定的司法工作人员，是指有侦查、检察、审判、监管职责的工作人员。对于"妨害司法罪"规定包括了妨碍刑事诉讼的进行和生效裁判的执行②。全国人大常委会通过的《关于司法鉴定管理问题的决定》明确将司法界定为诉讼活动③。与此同时，根据我国宪法和法律的相关精神，党中央的重要文件也明确了这一观点。从党的政策文件可以看出，2002年，党的十六大报告指出："推进司法体制改革，从制度上保证审判机关和检察机关依法独立公正地行使审判权和检察权。改革司法机关的工作机制和人财物管理体制，逐步实现司法审判和检察同司法行政事务相分离"④。2004年中共中央在《中共中央关于加强党的执政能力建设的决定》中指出："支持审判机关和检察机关依法独立公正地行使审判权和检察权，提高司法队伍素质，加强对司法活动的监督和保障⑤。"2006年在《中共中央关于进一步加强人民法院、人民检察院工作的决定》中开篇明义地指出，人民法院和人民检察院是国家司法机关，是人民民主专政的国

---

① 陈光中、崔洁：《司法、司法机关的中国式解读》，载于《中国法学》2008年第2期。
② 《中华人民共和国刑法》第九十四条。
③ 第十届全国人民代表大会常务委员会第十四次会议通过的《关于司法鉴定管理问题的决定》，2005年2月28日。
④ 江泽民：《全面建设小康社会，开创中国特色社会主义事业新局面》，参见《十六大报告》（辅导读本），人民出版社2002年版，第32页。
⑤ 中国共产党第十六届中央委员会第四次全体会议通过的《中共中央关于加强党的执政能力建设的决定》，2004年9月19日。

家机器的重要组成部分。随后，在党的十七大、十八大报告中连续强调"深化司法体制改革……保证审判机关、检察机关依法独立公正地行使审判权[①]。"党的十八届四中全会通过的《中共中央关于全面推进依法治国若干重大问题的决定》明确指出："改革司法机关人财物管理体制，探索实行法院、检察院司法行政事务管理权和审判权、检察权相分离。"从这些政策文件中可以看出我国的司法机关指的是法院和检察院。此外，在《关于司法体制改革试点若干问题的框架意见》中明确提出试点地区"省级统管"体制改革的路径，即对财物的统一管理，主要是建立省以下地方法院、检察院经费由省级政府财政部门统一管理机制[②]。可见，司法财物管理的改革主要是针对法院和检察院两家，也是狭义意义上的司法机关。由此可见，2013年以来国家开展的司法体制改革，先期主要在全国法院、检察院系统铺开。鉴于此，本书研究主要是以法院、检察院为研究对象所进行的司法财物管理相关体制改革问题的研究。

因此，无论是从我国"司法"的历史演进，还是相关的法律规定，抑或在我国政治生活的实际应用来看，我国的"司法"即为国家的"诉讼活动"，司法机关主要指的是法院和检察院。这不仅与我国"司法"的产生脉络和基本定位相吻合，也符合党中央的政策文件与政治精神，并契合我国司法体制的现实发展脉络。

二、财物管理范畴

财物管理是一种经济管理活动，对任何单位都必不可少，缺乏严格财物管理或制度不够健全完善的单位是不可想象的。财物泛指财物活动和财物关系，表现为资金运动，客观存在的资金运动及资金运动过程中所体现的经济关系，它指的是资金的形态变化或位移。在市场经济条件下，资金只有通过不断的运动才能实现增值的目的。按资金运动对象分类可以把资金运动分为社会总资金运动和个别资金运动。资金运动与会计有着紧密的联系，一般认为，资金运动是会计的对象。社会总资金运动是宏观会计的对象，个别的资金运动则是微观会计的对象。资金在运动过程中具有并存性、继起性、增值性等特点，通常有

[①] 《中共中央关于进一步加强人民法院、人民检察院工作的决定》，2006年5月。
[②] 中央全面深化改革领导小组审议通过《关于司法体制改革试点若干问题的框架意见》，2014年6月30日。

两种表现形式,即静态表现形式和动态表现形式。涉及资金的筹集、投放、耗费、分配等问题,这种运动体现了资金背后的经济关系,即财物关系。财物关系是财物的本质,因此,把资金以及资金所体现的财物关系统一起来,才能构成完整的财物概念①。

目前,理论界对于财物管理的概念存在不同表述。在《财物管理——理论与实践》一书中,财物管理(financial management),是某一特定社会经济主体的管理者基于现实环境及其他条件,为实现预定的财物目标,对其财物活动所实施管理的活动。②《财物管理学》一书将企业、机关、事业单位或其他经济组织有关资金的筹集、调拨、使用、结算,分配等方面的管理工作统称财物管理,它是围绕企业的资金而展开的,是组织企业资金运动、协调财物关系的一种管理活动。③ 据此,通用语境下,财物管理指的是企业、机关、事业单位或其他经济组织有关资金的筹集、调拨、使用、偿还、分配等方面的经济关系。筹资管理、投资管理、营运资金和股利分配管理是财物管理的主要内容。

财物管理是组织企业、事业、行政等单位资金运动、处理单位同各方面的财物关系的一项经济管理工作,是单位管理的重要组成部分。④ 具体来说,主要包括:(1)建立、健全财物管理的机构和规章制度;(2)编制财物计划;(3)按规定的来源取得资金,并按规定用途加以使用;(4)及时完成上缴任务;(5)正确地进行转账结算;(6)反映分析财物计划的执行情况;(7)检查财经纪律的执行情况。财物活动分析是全面、系统研究企业、事业行政单位经济活动的全过程及其经济效益的一项工作方法,在实施结果与计划对比的基础上进行分析⑤。

三、司法财物管理的含义

任何系统的活动和关系都不能撇开一定的政治—社会—文化环境,而且只

---

① 参见百度百科:资金运动,https://baike.baidu.com/item/。
② 杨洛新主编:《财务管理——理论与实践》,清华大学出版社2014年版。
③ 王志坚:《财务管理学》,立信会计出版社2003年版,第2页。
④⑤ 朱远群编著:《事业行政财务管理》,中国经济出版社1992年版。

有与其相融合，达到一定的平衡状态，这个系统才可以有效运行并趋向优化[①]。司法财物管理是一种活动过程，会受到各种社会结构和社会关系的制约。因此，不能把财物管理活动当作一个孤立的现象来加以研究。从管理学视角出发，司法财物管理在本质上是一种行政管理，属于司法行政事务管理的一种。从财政学的角度来看，司法财物与财政学密切相关。财政学主要研究财政收支、财政核算，一切行政计划的成功与否，经费是否充足，收支是否平衡、效益是否优先。司法财物管理也要研究财物管理活动的人、财、物，因而财政学对于促进司法财物管理活动的优化是必不可少的。从经济学的角度来看，司法财物管理与经济学关系密切。经济学研究人类社会的经济活动，在一定意义上来说，司法财物管理是一种特定的经济管理活动。

司法财物管理有其特定的含义。司法财物管理是指管理主体依照一定的职责、程序对司法财物事项实施审查、决策、执行、监督、评估、反馈、公开，以保证公正司法的权能效应及其活动过程。其逻辑结构包括行使的主体、职能范围、运行方式、行使作用的对象、权能企及的目标及其行使的活动过程等特征。主要包括经费预（决）算与执行管理；财务管理；资产管理等管理内容，为维护司法活动运行提供保障，是司法财物管理正常开展的前提和基础。通常来说，司法机关具有法定的职责功能和特定的管理功能。苏力对此曾写道："现实的法院不可避免地要履行与审判相关的某些行政管理职能，而这些内部的行政管理就有可能与法院的审判工作有所交叉、混合，甚至在有些时候还会发生与司法权的行使相冲突的地方，并在一定程度上影响着司法权的行使。"[②] 司法机关外部资源获取和内部资源配置属于其管理功能。这种管理活动的直接目标是服务、协调、控制法院和检察院的法定职能活动。

司法财物管理活动以资金运动的形式表现出来，其本质是司法机关与各相关方面的经济（财物）关系的反映。广义上的司法财物管理是为了保障司法工作的正常运行以及人事管理的一切财物管理活动，包括司法经费的内部控制；资产购置；物资装备管理等各项事务。它是处理或安排、维持、调整财物保障和服务相关主体与其各利益相关方的经济利益关系的互动过程，其结果是带来

[①] 韦正富、李敬：《论西南民族地区基层公共服务系统建设》，载于《云南民族大学学报（哲学社会科学版）》2010年6月。
[②] 苏力：《论法院的审判职能与行政管理》，载于《中外法学》1999年第5期。

财物主体与其各利益相关联的经济利益关系（财物关系）的形成或变化。综上，司法财物管理活动可以理解为国家司法机关专门机构或者特定的专业人员依据公共财政、审计法规及会计制度对有关司法活动的人员、事务、司法业务、计划装备、基础设施、司法国际交流及其他费用的计划、预（决）算及其核算、监督活动。因此，司法财务管理是进行专门的预算收支、经济管理、决策执行，进而保障司法活动公正、独立、高效运行的一种专门的财物管理活动。

第二节 司法财物管理的基本特征

司法财物管理工作是一个复杂的系统工程，承担着司法机关的后期保障工作，为省以下地方法院、检察院履行工作职能，保证工作正常运转提供经费物质上的保障，它虽不是整个审判、检察工作的中心，但却影响着整个司法机关工作的全局、工作进程和长远建设发展。就其特点而言，司法财物管理工作不完全等同于企业的财物管理工作，与行政机关的财物管理工作也有所区别，具有独特的管理范围、保障特点和实际问题，主要包括以下几个方面：

一、主体范围的特定性

司法财物管理是司法机关进行的财物管理活动，其主体范围是特定的，即司法机关。根据上述对于司法机关范围的界定，这里的司法机关主要指的是法院和检察院。因此，司法财物管理的主体主要是法院和检察院，当然，这并不意味着司法财物活动仅在司法机关内部进行，整个财物管理过程的实质是处理或调整财物主体与其各利益相关方经济利益关系的过程。因此，司法财物管理须与政府、财政部门等各利益相关方发生不同程度的联系。如司法机关与政府及财政、发改委、医疗卫生、住建、人事编制等部门之间的联系；司法机关作为民事主体时与其他民事主体所产生的财物关系等。同时，司法机关内部的各个部门与财物管理密不可分，它们之间主要是资金结算关系。司法机关内部的财物管理工作渗透到各项专业业务活动中，财物管理部门为司法机关内部的业务部门提供及时的基础性服务，同时为合理利用现有资金提供指导协调、监督与约束。传统"分灶吃饭、分级负担"的保障体制下，司法财物管理呈现一种层级分层控制的模式，实践中导致管理主体多元的情况，既包括法院、检察院，又包括财政、发改委、医疗卫生、住建、人事编制等行政部门。这种分权模式使得司法机关管理地位的弱化，即实行省以下地方法院、检察院财物"省级统管"改革之后，改革结果出现"重心上移"的分权控制模式，法院、检察院的管理主体不突出，财政、发改委、医疗卫生、住建、人事编制等部门的行政管理属性未得到消减，造成司法财物管理"重心上移"而分权控制功能尚未弱化，使法院、检察院相关职能部门难以暇顾。因此，下一轮司法体制改革取向应凸显法院、检察院对财物管理的主体性，通过其价值功能降低管理成本，使改革的结果与改革的目标相悖的问题得到根本性解决。

二、经费来源的专门性

与我国的财税体制由"统收统支—分灶吃饭—分税制"的不断调整相适应，我国司法机关的经费保障也随之不断变革。2006 年由财政部发布的《中央政法补助专款管理办法》对中央政法补助专款进行了专门规定，即主要为帮助贫困地区提高法院、检察院、公安部门、司法行政部门（以下统称"政法部门"）的经费保障水平，实现地区间政法部门工作环境和工作条件保障的适度协调与支持，由中央财政安排用于补助地方政法部门的专项转移支付资金①。自 2008 年新一轮的司法体制改革启动后，我国司法经费保障模式由"分级管理、分级负担"向"明确责任、分类负担、收支脱钩、全额保障"②转变。近些年，随着"省级统管"司法体制改革政策的推行，司法机关的经费保障也有所调整。实行省级财物统管体制改革之前，其经费来源包括中央财政的专项转移支付经费和地方财政拨付的经费，主要来源于地方财政和预算拨付。实行省级财物统管改革后

---

① 参见中华人民共和国财政部：《中央政法补助专款管理办法》，2006 年 10 月 11 日发布。
② 参见中共中央办公厅、国务院办公厅：《关于加强政法经费保障工作的意见》，2009 年 7 月 23 日发布。

的省（直辖市），其所在法院、检察院的经费主要由中央和省级财政统筹保障，这也为司法机关摆脱地方政权干扰提供了财政集中保障，有效解决了部分地区办案经费明显保障不足的现实问题，缩小了贫富地区的司法机关财物保障之间的差距。尚未实行省级财物统管的省（自治区），其法院、检察院的经费保障水平虽有所增加，但传统"分灶吃饭、分级负担"的财物保障体制的弊端尚未彻底根除。

三、财物活动的派生性

从制度逻辑上讲，相较于法院、检察院在社会中的法定基本职能而言，其内部的行政管理制度是为了支撑法院、检察院实现其审判、检察职能，并因此应当是辅助性的。[①] 也就是说，司法机关的财物管理职能具有一定的依附性，是专门为保障司法业务正常顺利运转而展开的。这种专属性、辅助性和服务性主要体现在以下几个方面：（1）司法财物管理的派生性。司法财物管理派生于司法权运行，没有司法权运行，就没有司法财物管理活动。（2）司法财物管理的保障性和服务性。就司法财物管理的内容而言，司法财物管理涉及司法机关的经费管理、资产管理、项目建设等内容，具有明显的保障性和服务性的特征。（3）司法财物管理的监督性。从司法财物管理的目标来看，一切司法财物管理活动都是为了保障司法的统一公正高效而服务的。同时也是对财物计划预（决）算执行等开支活动实施监督，增强资金使用的效果，避免国家财物资源的浪费、闲置、挤占，防止贪污渎职等不良现象的发生。因而，司法管理活动也是制约司法权行使，防止其滥用权力、滋生腐败的一项有力举措。

四、管理目标的协调性

与企业财物管理以追求企业绩效、为投资者创新价值的终极目标不同，司法财物管理具有特定的价值追求。根据司法财物的服务宗旨，司法机关财物管

---

① 苏力：《论法院的审判职能与行政管理》，载于《中外法学》1999年第5期。

理工作的目标取向有两个维度：一是保障司法机关的顺利运行是司法财物管理的第一要义，其主要是维持法院、检察院的经费正常运转、管理国家资产安全。二是司法财物管理是为回应司法机关依法独立行使司法职权之需求，为满足人民群众对公正司法的新要求新期待而提供保障服务的。公正是司法的灵魂和生命，事关人民群众切身利益，事关社会公平正义，事关全面推进依法治国方略实施，应将公正司法的价值定位为实现国家权力的合理配置和制衡，为实行依法治国，建设社会主义法治国家提供必备的制度基础和财物保障。当人类社会进入21世纪，物质财富和精神文明得到极大丰富，和平与发展成为时代的主题，这是人类源自自身的需要和理想的方向，也是所憧憬和追求的稳定与和谐的最终目标。司法公正是司法机关的永恒主题，是法治的生命线，是实施依法治国方略的关键和保障。司法机关财物管理是司法工作的重要内容，也当然服务于依法治国这一终极目标，保证公正司法的内在价值追求，其保障质量和水平的高低对司法机关依法履职、公正司法而又产生重要深刻影响。

五、权力来源的统一性

司法财物管理权力的来源具有中央事权统一授予、层级执行的结合性，这也是司法财物管理工作性质的具体体现。这是因为我国是单一制国家，司法权从根本上说是中央事权。因此，设置在各地的法院和检察院不是归属地方的法院和检察院，而是国家设在地方的司法机关，代表国家行使审判权和检察权的法定职能部门。根据财权、事权相统一的原则，正是这种具有"中央事权"性质的司法权决定了司法财物管理必须保障司法权统一正确行使。在我国，司法权来源于人民，服务于人民。同时，司法财物管理通过履行特定的财物职责，保障和服务司法权统一公正高效行使的过程中，使司法工作体现满足人民群众对司法公正的新需求、新期待，让人民群众在每个司法案件中感受到司法办案温度，体现出公平正义。从这一意义上看，司法财物管理工作服务于人民对司法公正的要求与期待，是以其保障服务司法工作的质量体现出来的。因此，司法财物管理也应以人民群众对公正司法的要求期待作为自身保障服务工作质量的标准，做到更加主动地保障司法办案工作，更加精准地服务司法活动，更加有效地监督和管理司法财物事务，使司法财物管理活动在以保证公正司法、提高司法公信力的格局之中，不断提高司法财物保障服务的质量、效果和水平。

第三节　司法财物管理的基本原则

　　司法财物管理的原则是构建司法财物理论的框架和基石。司法财物管理的原则不是一般意义上的社会道德规范，而是指司法机关进行财物管理活动时必须遵循的行为准则或行为规范。一方面，司法财物管理原则是依据市场经济运行规律和现代司法制度要求，对司法财物管理实践进行概括总结，体现司法财物管理活动规律，并指导司法财物管理。另一方面，在我国正处于司法体制改革实施、司法体制机制处于发展完善的大背景下，司法财物管理的时空条件由此发生了重大变化。因此，确立司法财物管理原则是确保推进司法财物管理体系和管理能力现代化的根本。本课题在对传统司法财物管理创新性挖掘的基础上，结合司法财物"省级统管"改革实践经验、制度创新等，试图对司法财物管理原则进行论述。

一、依法理财，勤俭办事

　　依法理财是司法机关财物管理存在的合法性基础。根据中国社科院语言研究所编的《现代汉语词典》解释，"理财"为管理财物。从法学的角度来看，可以将"理财"理解为有关司法机关的行政部门，代表国家行使的管理财物或财物的一种行政活动。在司法财物管理活动中，严格依照法律法规及相关制度规范进行财物管理，符合法律法规及相关制度规范所规定的规格或要件，遵照法律法规及相关制度规范所规定的权限及程序管理财物。具体来说就是根据修订的《中华人民共和国人民法院组织法》（以下简称《人民法院组织法》）（2018年）、《中华人民共和国人民检察院组织法》（以下简称《人民检察院组织法》）

(2018年)、《中华人民共和国预算法》（以下简称《预算法》）(2018年)、《中华人民共和国会计法》（以下简称《会计法》）(2017年)等国家相关法律法规，建立司法机关财物管理制度，科学编制年度预（决）算，确定各项财物开支范围和标准，依法合理运用资金，正确核算（审计）和如实反映司法机关的财物运转状况，依法开展司法财物调研活动，客观准确反映基层的实际困难和问题，帮助总结经验教训，完善监督管理办法，不断创新工作举措，增强工作质量与效益，为司法机关领导科学民主决策提供帮助，为司法办案和机关工作提供优质的服务和保障。

勤俭办事是指司法机关的财物管理工作要从实际出发，精打细算、厉行节约，坚持勤俭，用较少的钱把事情办好。所谓"勤"，在工作中要全力而为，想方设法做好工作，勤勉敬业，节俭务实，但也要量力而行，精打细算。所谓"俭"，就是坚持开源节流，控制经费开支，严格按照预算用钱，不巧立名目增加公费开支。公费开支有很多种，小到一张纸、一个信封，大到公车使用、公务接待、出国考察，如果在开支方面不从严控制，不仅会造成不必要的浪费，也会影响司法机关财物的良性运行，还会腐蚀司法机关的廉洁性，影响司法公信力的提高。因此，司法机关内部的财物管理要量入为出，量力而行，节约每一分钱，把有限的资金用在"刀刃"上，把现有要素资源禀赋投放到司法办案最需要的地方，侧重帮助基层法院、检察院解决司法办案与司法人员工作和生活中遇到的实际困难和问题。

二、明确责任，分级管理

明晰财物管理各主体间的责任是财物管理的基础与前提。现阶段，我国司法经费保障模式不断调整，已由传统的"分灶吃饭、分级负担、分级管理"向"明确责任、分类负担、收支脱钩、全额保障"转变。2009年中共中央办公厅、国务院办公厅《关于加强政法经费保障工作的意见》明确了政法机关各类相关主体的经费保障工作职能，规定各级党委和政府要按照规定的政法经费保障责任，切实加大对政法机关的经费投入，努力提高经费保障水平，确保政法机关履行职能的经费需要。由此可以看出，从明确保障政法经费各类机关的职能入手,把经费的保障权与财物的管理职能分离,明确了司法财物管理的原则和制度框架,这是司法机关做好财物管理工作的基本遵循。

在司法财物管理体制改革进程中,"分级管理"是指在实行"省级统管"的财物管理体制下,在省级党委和政府统一领导的基础上,根据财权划分、事权与财权相结合的原则,由基层各法院、检察院进行分级管理。基层各法院、检察院作为省级财政的一级预算单位由省财政统一预(决)算、宏观把控,地方各级法院、检察院自行负责管理,熟悉掌握本单位的财物实际运行情况,能够便捷、高效地进行有效管理。在省级财政统一管理的保障体制下,各级法院、检察院有权根据自身专业特性和财物运转状况,研究制定本单位财务规章制度的具体实施办法,以增强工作针对性、及时性和有效性,充分调动地方司法机关抓好财物管理的积极性。通过划分经费保障职能与财物管理职能,明确政府、司法机关等不同部门各自的职能,理顺各级财物保障关系,以法定的方式约束各主体间的责任与义务,对司法机关的财物实行分级管理,使经费保障与财物管理分开运行,既保障了国家对司法权这一中央事权的控制力,又保证了司法机关拥有充分的财物决策、使用管理、监督制约的权力和责任。

三、量入为出,保证重点

顾名思义,"量入为出,保证重点"是指司法机关应当根据财物收入的多少来决定财物开支的实际限度,合理安排各项资金,尤其是要合理安排各项支出项目。新中国成立以来,"量入为出,收支平衡"是中华人民共和国实行的一条财政管理基本原则。在国民经济社会发展的项目建设中体现为坚持量力而行和尽力而为相结合的原则;在预算管理上体现为贯彻当年预算"收支平衡,略有结余"的方针,强调以收定支的原则,并力求保持财政体系各构成环节的收支综合平衡,以及在此基础上组织实现财政收支、银行信贷、外汇收支、物资供求之间的各自平衡和综合平衡。[1]

具体来说,司法机关在进行基础设施建设与装备项目投入的财物管理活动

---

[1] 参见百度百科:量入为出,https://baike.baidu.com/item/,访问时间2018年12月28日。

时，尤其是编制预算时既要从推进司法体系和司法能力现代化出发，又要着眼于国情、省情与财力状况，结合实际，量力而行，制定切实可行的中长期发展规划与项目计划，做到保障重点、循序渐进、统筹协调、增加效益。既要正确体现和贯彻国家有关方针、政策和法规制度，在坚持适度从紧财政政策的前提下，分轻重缓急依次安排，调整财政支出结构，又要保证司法机关执法办案的重点工作、重要活动、重大建设。如对于人员工资等刚性支出，必要的公务费、业务费和装备设施购置支出，必须优先重点予以保证。

四、综合平衡，讲求绩效

现代财务是在基于财物的二重性——价值与权力的框架下所进行的。因此，财务管理与财务治理共同构成了现代财物理论的基本框架。鉴于此，对司法财物管理的研究也应在此基础上进行。司法财物管理主要是研究如何通过优化资源配置促进司法办案工作公正公平的进行；而财物治理侧重于对权力的处理，研究如何通过合理配置财权来实现各层级司法机关在司法人员分类管理、员额制、司法责任制改革的大背景下保障和促进法官、检察官依法独立行使办案权与法院、检察院依法独立行使审判权检察权的有机结合，激发法官、检察官、司法辅助人员从事司法办案工作的潜能，调动司法行政管理人员优质、高效、精准地保障和服务司法办案，使两者形成协调一致、良性互动的关系，从而提高司法财物管理活动的效率。这亦是司法财物管理追求的目标之一。

综合平衡，是指对财物进行管理时对司法机关事务的各个方面统筹兼顾，作出全面合理的安排。司法机关进行财物管理时应对本机关内各办案部门、各办案环节作出统筹安排，计算出各业务部门办案的需求和供给，并尽可能地使各业务部门的财物供给与办案所需相对平衡，使各业务部门与各行政管理部门按比例进行预算开支，保障司法办案与司法行政管理能够正常运转。

绩效是管理的永恒主题，也是司法财物管理的核心范畴。修改后的《预算法》将"讲求绩效"确定为预算管理的一项重要原则，首次以法律形式明确了公共财政预算收支中的绩效管理要求。公共财政管理与司法财物管理的历程、实践与理论都清晰表明，司法财物管理的效能、效率、效果与效益概括而言，核心与实质就是司法财物的管理绩效。司法财物管理绩效原则是指司法机关的财物管理机构为了获得保证公正司法、提高司法公信力的目标而优化司法财物资源所获得的司法管理的业绩与效益，因而司法财物管理必须遵循降低管理成本，讲求管理实效的理念与要求。① 讲求绩效在新的预算法中被列为一项重要的原则。这主要是针对行政机关毫无绩效的"摆设项目""面子工程""张嘴的黑洞""动辄要钱给物"等顽固性问题。同理，司法机关的财物管理也不例外。在司法财物管理的活动过程中也应当注重资金和物资的科学合理使用，如对财物来源多少，投放的重点在哪，应采取哪些相应措施，都要通盘考虑、清楚具体情况，实现司法财物管理效益的最大化。

与企业以自筹资金进行经营活动进行获利的管理过程不同，司法机关是依靠财政拨款（中央转移支付）完成司法职能任务。同时，在市场经济的宏观背景下，这种行动亦要讲究投入产出、使用效益，既要考虑综合平衡，也要讲究实际效益，注重资金的产出和结果；严禁超预算或者无预算安排支出，严禁虚列支出、转移或者套取预算资金。在经济发展新常态下，今后增量资金规模有限，司法机关要牢固树立"用钱必问效、无效必问责"的观念，通过数据比对、抽样检查与实地调研，找准司法办案业务开支的重要环节和时间节点，总结司法办案经费开支规律，调整司法经费保障的结构，研究司法成本控制的路径，确保每一分钱都花在"刀刃"上，促进司法机关以更少的钱办更多的实事。

---

① 参见百度百科：绩效原则，https：//baike.baidu.com/item/，访问时间2018年12月28日。

第二章
司法财物管理权的性质地位

作为依照一定的职责、程序对司法财物事项实施审查、决策、执行、监督、评估、反馈、公开，以保证司法机关公正司法的权能效应及其活动过程的司法财物管理权，其具有两个显现性的特点：一是作为司法财物管理构架的外部系统对司法机关进行的财物活动进行管理与监督；二是作为司法财物管理构架的法院、检察院内部系统所进行的财物管理内控活动。究其本质，司法财物管理权在根本上属于司法行政权的一种，是司法机关内部人财物管理方面的行政性事务。

随着社会主义法治国家建设进程不断加快，它要求进一步改革司法管理体制。近年来，中国司法改革积极稳妥有序推进，步入顶层设计、整体统筹的新阶段，取得显著进展。在肯定成绩的同时，也要清醒地看到，随着依法治国基本方略加快实施和社会主义民主法治建设不断推进，广大人民群众对依法维护自身合法权益，实现社会公平正义，提出了更高的期待和要求。党的十八大以来，中央全面深化改革领导小组和全面深化改革委员会先后就包括深化司法管理体制改革在内，召开27次司法改革工作会议，审议了一系列司法改革整体方案、试点方案，确定了实施的路线图、时间表、任务书，[①] 自2014年1月至2018年12月，习近平同志亲自主持召开的全面深化改革领导小组与全面深化改革委员会的43次专题会议中，先后进行专题研究和涉及研究全面深化司法改革的重大事项就有27次；他亲手设计、严肃审查、批准发布规范性文件21个，这包括：司法改革试点总体方案，启动上海司法改革先行试点，设立跨行政区划法院、检察院试点，深化司法体制和社会体制改革，在全国各地推开司法体制改革试点等。其中涉及司法财物管理方面的有：法官、检察官工资制度改革试点；上海市开展司法体制综合配套改革试点等重大事项。为司法管理体制改革典型试验、分批启动、全面实施提供了政策引领、制度安排、典型试验和有力的组织保障，从而为新时代加快推进司法体系和司法能力现代化建设提供了基本遵循。

---

① 参见"中国机构编制网"，根据中国机构编制网2014年1月~2018年12月发布的资料综合整理。

第一节　司法财物管理权的构成

一、司法财物管理的主体

司法财物管理的主体是参与司法财物管理或财物活动,享有财物管理权力和财物管理义务的决策者、执行者、监督者以及其他参与者。从司法财物平行面透视,司法财物主体的理财目标之一就是把有限的财政资金用到"刀刃"上充分发挥司法经费及资产的管理效用,实现财物保障的最大价值。从司法财物纵向面透视,司法财物主体的理财目标任务是将中央与地方公共财政等部门禀赋的公共资源,通过运用政策、制度、程序、行动及其组织架构,对这类公共资源(经费、物力、技术、相关制度资源等)进行优化配置,形成司法财物管理公共品的供给,以不断满足司法活动需求,实现供需相对平衡、并使司法财物管理公共品效用最大化。司法财物管理主体如何承担纵横交织的司法财物管理目标任务,实现微观与宏观两个层面的司法财物公共品的供给与需求的动态平衡,以确保司法活动依法规范开展,须强化统筹思维、创新思维、专业思维,善于运用先进的管理理念、科学的管理方法、高科技的管理手段,使有限的公共财力资源得到合理的配置和应用,从而提高公共财力资源的经济效率。

二、司法财物管理的客体

司法财物管理的客体,也是司法财物管理的对象。它是指司法财物管理主体参与财物活动时权力(利)和义务所指向的对象。司法财物管理权能贯穿财物管理活动的始终,与财物管理客体类似,我们应该将财权(具体为财物管理权）作为财物管理的客体。①

司法财物与财务管理活动密切相连。因此，在这里我们对司法财务和财物的概念作出简要的区分。"财务"（finance），从字面上而言，财务就是与资金财产（价值）相关的事务或活动。其中"财"是指以货币计量的资金财产的价值；"务"则是指事务或活动，主要是指企业、机关、团体、单位在生产经营或管理活动过程中，对有关资金的筹集、运用、分配等方面的经济或业务活动。它以资金为对象，通过资金运动的形式表现出来。根据财物的二重性财务管理主要是对财物活动的处理，而本金贯穿了财物活动的始终。因此，可将资金作为财物管理的客体，即财物管理是对价值形态的本金的一种管理活动。什么是财物？"财物"，是单位财产物资的简称，是反映一个单位进行或维持经营管理活动的具有实物形态的经济资源。② 司法财物是保障司法活动正常进行且具有实物形态的经济资源。从一般释文上看，"财物"一词自古有之，《周礼·天官宰夫》中有"乘其财用之出入"③，将"财"定为金钱，后来随着商品经济发展，"财"由金钱之义扩展到包含一切可用金钱衡量的物资乃至精神文明成果。《说文》一词有"物，万物也，牛尾大物，天地之数起于牵牛，故从牛"。在《现代汉语词典（修订版）》将现代意义上的"财物"中解释为"钱财和物资"。在英文中"财物"为"property"，被赋予了更为具体的含义，包括各类有形和无形的资产，如财产、地产、所有权等。在社会学中，"财物"主要指的是金钱、产业等有价值之物，凿凿文明成果及其产业。而在经济学领域中，"财物"则被定义为与社会经济制度和体制相关的具有"有用性和稀缺性"的物质与科技成果，关注的是个人经济利益最大化或社会经济利益最大化。④

从法律层面来看，财物对应法学中物的概念。法律意义上的"财物"指的是经济学领域中需要以国家法律施以保护的这一部分"财物"。其范围小于经济学意义上的财物。就实物形态而言，包括：货币、非货币资产；就法律属性而言，包括：非税收收入、各类国有资产等。而"财物"则对应着法学中"法律行为"的概念，其中最主要的财物管理行为具体表现为预算行为、国有资产管

---

① 贺正强：《财物二重性视角下的企业财物治理及相关问题研究——兼论财物管理主体、客体与目标》，载于《财贸研究》2006年第3期。
② 参见百度百科：财物，https://baike.baidu.com/item/，访问时间2018年12月28日。
③ 参见杨天宇：《周礼译注》，上海古籍出版社2004年版。
④ 赵媞：《论刑法中的财物》，山东大学硕士学位论文，2017年。

理行为、财物管理行为等。具体到司法机关的财物主要指的是各类司法经费与资产。其中，经费意指司法机关办理各项业务支出的各种费用，如人员经费、公用经费、办案费、技术装备等项目经费，资产则包括了各类流动资产、固定资产、有形资产、无形资产、不动产等。

三、司法财物管理的内容

司法财物管理的内容指的是依法享有的财物管理权力（利）和依法应当承担的义务（责任）。司法财物管理是与司法过程密切相关的行政事务管理，包括经费预（决）算与执行管理、财物管理、资产管理等活动。具体来说，司法财物管理的内容主要包括：单位预算管理、收支管理、资产管理、负债管理、财物报告和财物分析管理，合理安排预算资金，加强国家资产和财物收支管理，制定并监督行政单位各项开支标准、执行财物管理的各项规章制度。

第二节　司法财物管理权的权能

司法财物管理权是一套结构严密、功能齐备、协调运行的系统，构成了司法管理权力体系。它包括：司法人员经费管理权、公用经费管理权、办案经费管理权、装备经费管理权、信息技术经费管理权、外事经费管理权、基础设施经费管理权、设施设备经费管理权、固定资产监管权，等等。

一、司法人员经费管理权

司法人员经费管理权是指司法财物直接用于司法工作人员个人部分的支出，具体包括基本工资、补助工资（津贴补贴、改革性补贴、奖励性补贴、年终一次性奖金)、其他工资、职工福利费、社会保障费等管理活动中所行使的权利。司法人员经费由国家财政予以保障,财政部门应按照"从优安排"的原则,及时足额发放编制内工作人员和离退休人员的基本工资、补助工资、岗位津贴等经费,妥善安排以上人员的基本医疗保障、住房补贴等经费。司法机关不得自行提高人员经费标准或扩大实施范围,不得用司法公用经费等弥补司法人员经费。我国司法人员经费管理体制机制是以公务员工资管理制度体系的形成、发展为前提的。其经历了由供给制向多种供给制的阶段(1949~1955年);职务等级工资制确立运行阶段(1956~1966年);取消工资级别等待遇阶段(1967~1977年);恢复公务员同等工资级别待遇阶段(1978~1984年);适用公务员职务工资津补贴待遇阶段(1985~1992年);与公务员职务职级工资及津补贴待遇阶段(1993~2005年);职务工资与法官、检察官专项津贴"结合运行"阶段(2006~2015年)①;法官检察官单独职务序列与单独职务等级工资、津补贴及年终绩效奖金,司法辅助人员与司法行政人员实行综合类公务员职务序列等级工资、津补贴及差别化的年终绩效奖金分类保障的制度体系(2016年至今)。

二、司法办案经费管理权

司法办案经费管理权是指公共财政部门与司法机关的行政管理机构根据相关法律法规对有关司法办案经费类别、标准、开支范围、审批实施管理的职责、权限、程序及其活动。为了规范司法办案经费管理活动,一般通过设立办案经费专用账户,对办案专项资金实行编制预(决)算概算,确定年度办案经费的总体指标额度,建立分案管理台账,实行办案经费追踪反馈责任制,定期按规定向财政部门和主管部门报送专项资金使用情况,接受财政或主管部门、审计部门的检查、考核、监督,严格执行办案专项经费统一管理,分级负责、权责结合的管理方式,实施有效管理。对符合办案补助经费使用范围的各类支出,则根据有主管案件工作与分管财物的负责人签批、财物部门复核的原则予以执行。

---

① 徐汉明等著:《检察官职务序列研究》,中国检察出版社2017年版,第99~103页。

第二章 司法财物管理权的性质地位

司法机关办案经费的类别因其职权范围管理的差异使办案经费的类型范围有所不同。法院作为国家审判机关，其办案经费主要有 13 类 31 目，即诉讼文书、表册用纸及印刷费类；布告、公告费类；调查案件差旅费类；司法勘验、鉴定费类；陪审员的公务费类；无固定工资收入的陪审员的生活补助费、误工补贴费类；指定律师出庭辩护费类；证人出庭作证期间因生活困难而需要解决的生活补助费类；审判场地租赁费类；押解、执行费，死刑罪犯执行时需要的车租、汽油、火葬、土葬费类；业务设备材料类，包括录音带费、录像带费、胶卷费、照相纸费、复印纸墨费、化学药品和制剂消耗费、燃（饲）料费、设备保养维修费；申诉来访人因生活困难而必须解决的食宿及路费补助类；其他办案经费。① 司法办案经费从管理体制机制到管理对象、内容及其程序逐步建立健全，为司法办案正常进行提供了保障。检察机关作为国家法律监督机关，其办案经费主要有 6 类 22 目，即：办案差旅费类，包括检察人员侦查破案、调研、审查案件、调查取证、追捕、押解人犯，处置突发事件，实施侦查、审判、执行监督和其他办案任务的差旅费；侦缉调查费类，包括侦查办案所需的勘验费，邮电费，通信费；跟踪、守候、出现场、刑场临场监督费；秘密侦查措施的仪器设置、租赁、运输、补偿费；依法采取强制措施所需的活动费；人犯的交通费，食宿费，医疗费；专案分析、汇报、研讨费。协助办案费类，包括聘请有关部门、人员协助破案，审查案件的劳务费，交通和食宿费；证人的临时食宿、医疗、交通和误工补助费；检察联络员的活动经费。技术检验、鉴定和翻译费类，包括聘请专门人员勘验鉴定的交通费，食宿费和酬金；聘请翻译人员进行笔译、口译的翻译费；专业技术资料的咨询费，公证费；当事人行为能力的鉴定费，被鉴定人的交通、食宿费；供检验对比用的各类样品的收集、保管费。特情费类，包括特情人员生活补助费；执行特殊勤务必须开支的招待费，交通费，交际费，补偿费，职业掩护费；特情人员为我工作伤亡的医疗费，丧葬费，抚恤补助费，慰问费及遗属的生活困难补助费；特情联络场所的建设费、租赁费及活动费，聘请特情联络场所工作人员的工资、医疗及其他所需经费；接待特情人员及境外联络工作对象所需的费用。其他办案费用类。司法办案经费从管理体制机制到管理对象、内容及其程序逐步建立健全，为司法办案正常进行

---

① 参见最高人民法院、财政部：《关于法院业务费开支范围的规定》，1985 年 9 月 20 日发布。

提供了保障。

司法机关会同公共财政部门制定和执行《业务经费开支范围与保障标准》，建立《财务会计科目体系标准》《财物收支管理标准》《审计管理标准》，实行公务卡管理的工作流程等内控制度，使司法业务经费管理制度化、标准化、流程化、规范化，从而保障司法业务经费合理使用，突出重点，保障急需，兼顾日常，提高资金使用效益。

三、司法装备经费管理权

司法机关的装备是指使用中央政法补助专款和各级财政配套资金购置的司法装备物资。司法机关装备管理，坚持产权明晰、统一领导、分级管理、分级负责、责任到人的原则。司法装备经费管理权是指司法机关对经费、资产统一管理的权力。其行使权力的过程为中央、省（自治区、直辖市、新疆生产建设兵团）、市（州）对全国、省域范围内司法装备实行统一规划、分级执行、预算专款核拨、集中采购定向发放及其监督检查的活动。其中，市（州）司法机关负责所属基层单位装备专款项目规划的初审、申报和监督检查等工作；县（市、区）司法机关负责对本级装备的规划拟定、上报、领取、发放、管理、监督检查工作。司法装备经费管理权的根本任务在于加强和规范法院、检察院的装备管理，维护资产的安全和完整，保障司法装备正常使用。

司法机关装备经费的类别因其职权范围管理的差异使得装备经费的类型范围有所不同。如公安机关作为社会治安管理机关，其装备经费有 2 类 10 目：技术装备费类，包括交通工具费、通信设备费、计算机费、侦察设备费、武器警械费、其他设备费；服装费类，包括警服费、化装服费、工作服费、训练服费。[①] 检察机关作为国家法律监督机关，其装备经费主要有 6 类 7 目：侦查设备费类，包括用于侦查办案的专用设备如复印机、录音机、电子计算机及配套器材等的购置费，安装费，运杂费；技术设备费类，包括用于法医检验、文字检验、痕迹检验、照相录像、化验、司法会计鉴定等设备器材的购置费、安装费、

---

① 参见最高人民法院、财政部：《关于法院业务费开支范围的规定》，1985 年 9 月 20 日发布。

运杂费;通信设备费类,包括有线、无线、传真等通信设备及配套器材的购置费,租赁费,安装费,运杂费;交通工具费类,包括用于检察业务的车辆、船艇、马匹的购置费;武器械具费类,包括枪支、警械具购置费;安全设施设备费,包括防火、防水、防震等物理安全、技术安全、运行安全等相关购置费、维修费、租赁费、运行费;其他设备费类,包括业务档案、宣传等所需设备、器具的购置费。① 法院作为国家审判机关,其装备经费主要有 2 类 8 目,即:业务设备购置费类,包括审判工作所需的交通工具(汽车、摩托车、自行车、马匹等)购置费,法医器械设备购置费,审判法庭内设备(扩音机、录音机、录像机、照相机、幻灯机、投影仪、国徽、法台、法椅及其他设备)购置费,枪支、子弹、戒具购置费,档案柜、打字机、复印机以及电子计算机和现代通信设备购置费,外出办案人员公用手提包、公文包、雨具购置费,司法业务专业资料、图书购置费;服装费类,包括审判人员和司法警察的服装费。②

司法机关的财会审计人员在装备经费管理过程中依据《预算法》《会计法》《审计法》等法律法规,按照装备经费会计科目,建立会计、出纳账簿,实行日清月结的报账、审核、综合分析、动态监督等管理工作;制作装备经费会计凭证与月报表、季报表、年度报表,定期分析装备经费使用情况,实施动态检查监督;建立装备使用部门的资产台账,行政管理部门采购台账,会计部门的会计台账,使采购、使用与监督三个账簿既相互分离,又协调配合的装备台账管理运行机制,形成装备经费管理规范化、制度化、体系化,从而有效发挥司法装备经费管理保障和服务司法办案工作的作用,确保司法机关的正常运行。

为了规范装备经费管理,司法机关会同政府公共管理职能部门制定了《公务用车装备配置标准》《法官服、检察官服采购指导价格标准》《司法法警服装及服饰保障标准》《枪支弹药设施配套标准、弹药室设施及管理配套标准》《通用办公设备配备标准》《通用办公家具配备标准》《集中采购目录及标准》《分散采购限额标准》《公开招标(省级政府、市州级政府、县级政府)数额标准》《政府采购管理标准》《服装管理标准》《固定资产管理标准》《公务用车管理标准》《枪支弹药管理标准》,从而使装备经费管理渗透到规划制定,项目招标,

---

① 参见最高人民检察院、财政部:《关于印发检察业务费开支范围和管理办法的规定》的通知,1992 年 9 月 22 日发布。
② 参见最高人民法院、财政部:《关于法院业务费开支范围的规定》,1985 年 9 月 20 日发布。

组织建设，管理使用以及固定资产保管、折旧、处置、报废等各个环节，形成了装备经费管理制度化、标准化、程序化以及实施配套化。

四、司法信息技术经费管理权

审判、检察及公安信息化建设是国家信息化战略的重要组成部分。自 2003 年以来，最高人民法院、最高人民检察院及公安部组织全国审判、检察、公安机关加快推进信息化建设的进程。最高人民法院自 2004 年以来先后制定了《2005～2007 年审判信息化建设与发展规划（纲要）》《2009～2013 年审判信息化发展规划纲要》《人民法院信息化建设五年发展规划（2016～2020 年）》；最高人民检察院自 2004 年以来先后制定了《2005～2007 年检察信息化建设与发展规划（纲要）》《2009～2013 年检察信息化发展规划纲要》等指导性文件；公安机关"金盾工程"于 2003 年获得国务院批准，作为国家电子政务建设的 12 个重要业务系统之一。这些规划为深入推进审判、检察、公安信息化建设指明了方向。审判、检察、公安信息化建设的依据是国家信息化的重要任务、方针原则与政策措施。实施主体是以最高人民法院、最高人民检察院、公安部为主导，以省级法院、检察院和公安厅为骨干，以市（州）、基层法院、检察院、公安局为依托的法院、检察院、公安系统。为此，有专家提出，所谓审判、检察、公安信息化，是指审判、检察、公安机关根据国家和审判、检察、公安机关信息化建设的目标、任务、方针和原则进行统筹规划和组织，在司法办案、队伍建设、人员管理、装备保障方面应用现代信息技术，有计划、有步骤地开发和应用各类信息资源，加速实现审判、检察、公安现代化的进程。

随着以互联网为代表的信息技术的开发应用，国家信息化建设加速发展，为司法信息化建设提出了机遇和新的要求。为此，最高司法机关适时调整目标任务、工作重点、政策措施。最高人民法院于 2016 年 2 月 22 日通过《人民法院信息化建设五年发展规划（2016～2020 年）》，确定了顶层设计、系统建设、保障体系、应用成效等四个方面 55 项重点建设任务，提出在 2017 年底总体建成人民法院信息化 3.0 版，2020 年底实现人民法院信息化 3.0 版在全国法院系统的深化完善。与此同时，最高人民法院还制定了自身信息化建设五年发展规划，确定在信息化建设中引领发展方向、驱动贯通融合、示范建设模式等三个方面的36项重点建设任务。这些规划目标明确、思路清晰、任务具体，体现了创新、务实、与时俱进的特点，对人民法院信息化建设具有重要指导作用①。最高人民检察院于2016年9月29日正式印发《"十三五"时期科技强检规划纲要》。这是在深化司法体制改革的关键时期，最高人民检察院做出的重要战略部署，是检察机关顺应新技术变革，以科学技术推动检察工作创新发展的重要举措。规划明确了未来五年检察机关"科技强检"的目标任务，提出构建"感、传、知、用、管"五位一体的智慧检务应用体系，从建设与管理两个方面，从信息采集至应用的四个层次，剖析了"科技强检"工作如何从数字化向智慧化跃升、解构了"十三五"时期"科技强检"工作的重点任务，形成具有检察特色、适应"科技强检"发展的管理体系②。公安机关于1998年提出"科技强警"建设"金盾"工程，2003年获国务院批准，并纳入国家电子政务建设的12个重要业务系统之一。为规范和加强对"金盾"工程项目的管理，制定《公安部机关"金盾工程"项目管理办法》《公安部机关"金盾工程"建设项目验收办法》《公安部机关"金盾工程"资金管理办法》《公安部"金盾工程"质量监督管理规定》，明确了项目管理中各个有关方面的职责任务，规范了项目的立项、专家论证、审核、招标、实施、签订合同、验收、资金使用等环节的要求与程序。其建设内容包括：公安基础通信设施和网络平台建设；公安计算机应用系统建设；公安工作信息化标准和规范体系建设；公安网络和信息安全保障系统建设；公安工作信息化运行管理体系建设；全国公共信息网路安全监控中心建设等③。这些规划为公安信息化建设加速发展提供了保障。

　　司法机关在信息技术经费管理中，坚持产权明晰、统一领导、分级管理、分级负责、责任到人的原则，明确划定信息技术管理权，建立健全权力运行的程序。司法信息技术经费管理权是指层级法院、检察院、公安的信息技术管理机构对信息技术发展规划的决策，信息技术工程项目组织建设，对信息技术经费预（决）算编制、经费使用、管理与监督，信息技术资产产权的统一管理的责任（义务）。司法机关信息技术管理权行使的程序为，中央司法机关负责统一

---

① 参见宁杰：《加强法院信息化建设规划　全面提升信息化水平》，载于《人民法院报》2016年2月24日。
② 参见《"十三五"时期科技强检规划纲要》，效率源网，2016年10月28日。
③ 参见百度百科：金盾工程，https：//baike.baidu.com/item，访问时间：2018年12月13日。

编制信息技术装备规划，制定政策，统一筹措资金，加强宏观指导管理与监督；省级（自治区、直辖市、新疆生产建设兵团）法院、检察院、公安部门负责省（自治区、直辖市、新疆生产建设兵团）法院、检察院、公安部门的信息技术装备规划与专款的审核、上报、集中采购、发放、检查、监督等；市（州）法院、检察院、公安局负责所辖法院、检察院、公安局信息技术装备规划、专款项目的初审、申报、检查、监督等；县（市、区）法院、检察院、公安局负责本级信息技术装备规划的拟定、上报、领取、发放、管理、检查、监督等工作。

为了规范信息技术管理，司法机关根据自身信息技术发展规划、项目建设与专业应用的特点，制定了相关配备标准，包括：（1）细化配备标准。实现办公智能化、信息化、自动化的装备配置；办案装备科技化、信息化、现代化，具备必需的装备技术、骨干人才队伍。（2）突出配备重点。区分省（自治区、直辖市、兵团）、市（州）、县（区）不同层级，合理配置不同性能的科技装备、基层司法机关侧重于小型、便捷、实用的装备；结合工作需要优化装备配置资源。（3）健全管理制度。完善科技装备的适用管理制度；严格规范使用权限、范围及审批程序；集中管理特种设备等可以共享使用的装备；定期组织专人维护保养。

五、司法外事经费管理权

司法外事经费管理权是指法院、检察院、公安部门依据外事项目经费支出的范围、标准、程序对出境、出国人员从事司法外事工作所需项目经费的申报、支出进行审核、监督与绩效考核的权力（责任）。法院、检察院、公安部门的外事经费基本支出主要包括：机关经费支出、外事经费支出和业务费支出，即经有关部门批准出国（境）访问、考察、外事接待所发生的支出。其开支范围和标准，按国家有关外事经费管理规定执行。例如，最高人民法院、财政部于1985年9月20日发布的《最高人民法院、财政部关于法院业务费开支范围的规定的通知》中，虽未明确外事经费的类别科目，但将外事经费开支列入其他业务费类别开支[①]。最高人民检察院、财政部于1992年9月22日印发的《检察业

---

① 参见最高人民法院、财政部：《关于法院业务费开支范围的规定》，1985年9月20日发布。

务费开支范围和管理办法的规定》，明确外事经费纳入其他业务经费范围开支，其内容包括国际组织活动费，与国际组织间联络、协查案件所需费用①。公安部、财政部于 1991 年 9 月 20 日修订发布的《关于公安业务费开支范围和管理办法的规定》中，明确外事活动费分为 3 类 6 目，即出国费类，包括经国务院、公安部批准出国（境）访问、考察所需费用；招待费类，包括接待外宾所支出的费用；国际组织活动费类，包括与国际刑警等国际组织联络、协作和接待的费用，以及加入国际组织的会费②。

司法外事经费管理权行使的程序为：对出国、出境司法外事事项的批文进行复核复验；持出国出境外事批文向同级财政管理部门申报外事专项经费；对承担外事的人员、人数、时间、时限、开支标准进行概算核算；对回国外事人员的经费开支进行凭证、实物、资料等进行审查、逐笔核对、凭证报销；建立外事经费资产台账与会计凭证、建立外事经费财会档案、接受审计部门的定期审计监督；定期公布外事经费管理标准及办法，使所有人员对外事财经纪律知晓，做到自觉遵守与维护；定期公布外事经费的开支情况，接受单位人员的监督；对违反外事纪律与财经纪律的人和事，协助纪检监察部门予以查究，严肃外事纪律与财经纪律。

六、司法基础设施经费管理权

司法基础设施经费管理权是指，层级司法机关协同政府改革发展、公共财政、住建等部门依据保障司法机关执法办案正常运行所需办案用房、技术用房、法庭等设施建设的标准、中长期规划、年度计划与审批启动实施所需项目建设经费、维（修）护费、环境设施配套费的预（决）算概算、项目工程进度款、验收审计费、工程尾款支付等与基础设施建设相关联所发生概算支出（含超概算支出）的审查、验支、报销、结（决）算的管理责任与义务。例如，最高人民法院于 2010 年 2 月发布的《人民法院基础设施建设项目管理办法》，明确法

---

① 参见最高人民检察院、财政部：《关于印发检察业务费开支范围和管理办法的规定》的通知，1992 年 9 月 22 日发布。
② 参见公安部、财政部：《关于印发公安业务费开支范围和管理办法的规定》的通知，1991 年 9 月 20 日发布。

院基础设施经费包括人民法院法庭建设类、人民法院固定刑场建设类、人民法院计算机信息网络系统建设规划类①。最高人民检察院于 2002 年 6 月印发的《最高人民检察院人民检察院办案用房和专业技术用房建设标准》，明确司法基础设施经费主要为办案用房和专业技术用房两大类②。公安部于 2010 年 6 月发布的《公安基础设施建设标准》中，明确司法基础设施经费分为 8 类，即业务技术用房建设类、派出所建设类、看守所建设类、拘留所建设类、强制戒毒所建设类、监管场所特殊建设类、收容教育所建设类、党政机关办公用房类③。

司法机关基础设施管理，坚持产权明晰、统一领导、分级管理、分级负责、责任到人的原则。司法基础设施管理程序，是由中央最高司法机关对全国审判系统、检察系统的基础设施建设统一制定规划，中长期发展纲要，政策措施与重大基础设施项目，中央财政专项资金与地方财政配套资金的实施措施；省（自治区、直辖市、新疆生产建设兵团）法院、检察院结合贯彻中央最高司法机关的指示、政策措施、发展规划、重大项目编制、资金筹措等，负责省域（自治区、直辖市、新疆生产建设兵团）内法院系统、检察院系统的组织实施的审核、申报、集中采购、发放和监督检查等工作；市（州）法院、检察院负责所辖法院、检察院基础设施专款项目规划的初审、申报和监督检查等工作；县（区）法院、检察院负责本级装备规划的拟定、申报、领取、发放、管理、监督检查等工作。

司法机关基础设施建设应坚持立足当前、兼顾发展、统筹规划、科学建设、逐步完善的原则，做到布局合理、功能齐全、经济适用、简朴庄重。同时，还应符合城乡建设规划的要求，综合考虑建筑性质、建筑造型。建筑立面特征与周围环境的关系，符合国家有关节能环保、消防安全、抗震及无障碍设计等规定，在执行专业技术标准的同时还应执行国家其他相关标准、规范的规定。规范基础设施的使用、维护和管理工作，是基础设施稳定可靠运行的重要保证。

坚持建设与管理并重的原则，不断探索科学的基础设施管理机制，努力提高使用管理水平。认真落实办案用房和专业技术用房建设标准的要求，科学合理地设置各类用房，切实保证各类用房真正用于服务和满足司法办案等各项业务工作的实际需要，不得将办案用房和专业技术用房用于其他目的和用途。结

---

① 参见最高人民法院：《人民法院基础设施建设项目管理办法》，2010 年 2 月发布。
② 参见最高人民检察院：《最高人民检察院人民检察院办案用房和专业技术用房建设标准》，2002 年 6 月发布。
③ 参见公安部：《公安基础设施建设标准》，2010 年 6 月发布。

合审判机关、检察机关办案管理的各项规定，以促进提高办案水平、规范司法行为、加强安全防范为目标，严格进行功能区分，科学利用，保证互不干扰，切实提高各类用房的安全水平和综合使用功能。树立科学的管理理念，采用先进的管理方法，结合审判机关、检察机关规范化建设的要求，从基础设施的维修（改扩建）、日常管理等，明确管理职责，使基础设施使用管理科学化和规范化，确保基础设施资产保值增值，发挥其最大效能。①

七、司法设施设备经费管理权

司法设施设备（购置、维修、维护）经费管理权是指法院、检察院对设施设备（购置、维修、维护）实行统一计划，归口管理，分工负责，分级实施的管理职责和义务。最高法院、最高检察院会同国家发展和改革委员会、住建部等政府职能部门按各自职责指导全国审判、检察机关基础设施建设的投资、立项、计划、实施和监督检查；省级法院、检察院会同省级发展和改革委员会、建设行政主管部门负责监督、指导本辖区法院、检察院基础设施的规划布局、项目审批、组织实施、配套资金、监督检查等工作。项目建设部门司法行政管理局负责管理基建财物、招标投标、工程监理、竣工验收及监督检查等工作。法院、检察院设施设备（购置、维修、维护）经费管理项目实行领导责任制。项目建设法院、检察院的法定代表人对项目申报、实施、质量、资金管理及建成后的运行使用等负责。

各级法院、检察院设施设备（购置、维修、维护）应严格遵循基本建设程序。执行基本建设程序主要包括以下几个阶段的内容：（1）项目建议书阶段。项目建议书是要求建设某一具体项目的建议性文件，是建设过程中最初阶段的工作，是投资决策前对拟建项目的轮廓设想。（2）可行性研究阶段。项目建议书批准后，应紧接着进行可行性研究。可行性研究是对项目在技术上是否可行和经济上是否合理进行科学的分析和论证。在可行性研究的基础上，编制可行性研究报告，并报告上级有关部门审批。可行性研究报告被批准后，不得随意

---

① 徐汉明、李满旺、刘大举：《中国检务保障理论与应用研究》，知识产权出版社2013年版。

修改和变更。(3) 建设地点的选择阶段。选择建设地点主要考虑三个问题：即工程地质、水文地质等自然条件是否可靠；建设时所需水、电、运输条件是否落实；项目建成投产后原材料、燃料等是否具备，同时对生产人员生活条件、生产环境等也应全面考虑。(4) 设计工作阶段。设计是对拟建工程的实施在技术上和经济上所进行的全面而详细的安排，是项目建设计划的具体化，是组织施工的依据。一般项目进行两个阶段设计，即初步设计和施工图设计。技术上复杂而又缺乏设计经验的项目，在初步设计后需增加专业技术设计。(5) 建设准备阶段。其主要内容包括：征地、拆迁和场地平整；完成施工用水、电、路等工程；组织设备、材料订货；准备必要的施工图纸；组织施工招标投标、择优选定施工单位，签订承包合同。(6) 编制年度建设投资计划阶段。建设项目要根据经过批准的总概算和工期，合理地安排分年度投资的计划。年度计划投资的安排要与长远规划的要求相适应。保证按期建成、投入使用。(7) 建设施工阶段。建设项目经批准新开工建设，项目便进入建设施工阶段。这是项目决策的实施、建成投产发挥效益的关键环节。新开工建设的时间，是指项目计划文件中规定的任何一项永久性工程第一次破土开槽开始施工的日期。建设工期从新开工时算起。(8) 生产准备阶段。生产准备阶段的主要内容包括：招收和培训人员以及生产组织、生产技术、生产物资的准备。(9) 竣工验收阶段。其内容包括：检验设计和工程质量，保证项目按设计要求的技术经济指标正常生产；有关部门和单位可以总结经验教训；建设单位对经验收合格的项目可以及时移交固定资产，使其由建设系统转入生产系统或投入使用。(10) 后评价阶段。项目后评价是指在项目建成投产或投入使用后一定时期，对项目的运行进行全面评价，即对投资项目的实际成本——效益进行系统审计，将项目的预期效果与项目实施后的终期实际结果进行全面对比与考核。对建设项目投资的财务、经济、社会和环境等方面的效益与影响进行全面科学的评价。

八、司法固定资产监管权

司法固定资产监管权是指司法机关的行政管理机构依据国家固定资产管理法规，依照一定程序对所属固定资产的购置、使用、保管、折旧、报废处置的职责及其义务。司法机关的资产则是指司法机关占有或使用的、能以货币计量的经济资源，包括固定资产和流动资产。司法机关的资产是保障司法工作顺利进行的重要物质条件。根据政府公共财政管理方面的规定，固定资产是指单位价值在规定标准以上，使用期限在1年以上，并在使用过程中能基本保持原有物质形态的资产，包括房屋及建筑物、交通工具、一般设备、专用设备（通信设备、计算机、鉴定设备、武器警械等）、其他固定资产。一般设备单位价值在500元以上，专用设备单位价值在800元以上为固定资产。单位价值虽未达到规定标准，但使用时间在1年以上的大宗同类物资，按固定资产的规定进行管理。流动资产是指在1年内变现或耗用的资产，包括现金、银行存款、库存材料、暂付款、有价证券等。

司法机关的固定资产管理应遵循"设施共建、资源利用、信息共享"的原则，加强法院、检察院的固定资产的投入与使用监管，提高资源、资金的利用率和使用效益。其监管要求是：（1）明确管理目标，强化管理责任。将固定资产管理作为一项重要的内容列入工作目标，树立强烈的工作责任感，坚持目标明确，分工负责，岗位目标管理，确保各项管理规定落到实处。（2）归口管理，落实责任。强化各部门的分级管理、明确职责任务分工，严格执行资产管理程序，做到强化监管、主动清查、及时保养、定期报告，防止固定资产流失。（3）完善制度，优化管理。建立健全资产购置、领用、调出、清查、报废处理等规章制度，保证资产的账账相符、账物相符；建立健全资产管理的账、簿、证卡、标签，完善有关管理制度，实行一物一个标签，证卡、标签和实物相符。单位定期或不定期对部门资产进行全面核查清理，统一制作固定资产登记卡片和固定资产标签，同时对每件固定资产进行登记，设立《固定资产管理登记簿》，建立健全资产管理档案，做到单据齐全、账目清晰、数据准确。（4）坚持日常清查与定期清查相结合。单位对固定资产坚持日常清查，定期盘点，使资产明细账与实物账相符，固定资产账与表、账与物相符。（5）统筹安排，合理利用。单位严格按照标准对部门设施的配置进行核定，从而减少盲目性和空置率，全面提高资产的利用率，优化部门内资源配置，实现资源共享。（6）强化固定资产的监督与管理，防止资产流失。单位建立资产采购、发放、使用、调拨、报废等管理制度，严格领导审批、经手人签字、申领人签字的程序。

第三节　司法财物管理权的地位

一、司法财物管理权与司法行政管理权的比较

司法行政事务管理权是一种兼容部分司法权性质的行政权，是国家权力系统中以管理司法行政事务为主的辅助性行政职权，具有显著的行政属性。司法行政事务管理权包括对司法机关的机构设置、人员编制、财务经费、物资装备、基本建设、信息技术管理等职权。它的内容和范围更为广泛，承担着聚合、辅助、服务和保障司法权统一、公正、高效、权威行使的功能；具有职权行使的主动性、层级性、服务性、效率性和一体性的较为明显的特征。

从司法财物管理权的权力来源来看，司法权与司法财物管理权是衍生关系，司法财物管理权衍生于司法行政事务管理权。司法行政事务管理权主要是指为保障司法权依法独立公正高效行使而供给和管理人财物的权力和责任。[①] 从本质上说，司法财物管理权是一种行政管理权，属于司法机关内部的行政事务管理权，负责处理司法机关与财物相关的事务性工作。就司法权与司法行政权的关系来看，司法权与司法行政事务权密不可分。一方面，司法行政事务权作为国家行政管理权的重要组成部分，其目标任务是保障、辅助、服务司法权运行[②]；司法权作为国家权力的重要组成部分，其产生、发展和有序运行为司法行政管理权规范行使提供了前提和基础。另一方面，司法行政事务权一旦从国家行政管理权分离并作为相对独立的保障、服务司法权公正、高效运行的体系，其权能的属性在保持行政事务管理权属性的过程中渗透了司法事务的若干要素，即其权力行使的对象、内容、方式直接作用于司法办案活动，这意味着司法办案

---

① 徐汉明：《论司法权和司法行政事务管理权的分离》，载于《中国法学》2015 年第 4 期。
② 徐汉明等：《关于湖北、上海、广东等七省（直辖市）检察机关经费保障与改革情况调研报告》，教育部哲学社会科学研究重大课题攻关项目"司法管理体制改革研究"阶段性成果。

活动是以一定的人力、物力、技术、装备等司法行政管理资源的支撑为保障的。这种保障支撑服务于司法活动及其过程的司法经费管理是其出发点和落脚点，离开了司法办案，司法管理就成了"无源之水、无本之木"，其价值功能无法得以彰显。司法办案活动具有从客观真实向法律真实转换的张力，意味着司法财物管理包括经费、物质技术装备的提供、保障、服务活动的过程是一个连续不可中断的过程。这种连续不可中断过程的规模、质量、方式往往影响和制约着司法办案活动向法律真实转换的速度、样度、效度。这通常被定义为"兵马未动、粮草先行"，即意味着司法财物管理活动的状态、质量、方式往往影响和制约司法活动办案的状态、质量和效果。酿成错案的教训之一，不仅在于司法办案观念、作风存在的缺陷，更多的是经费短少、物质短缺、技术短板，从而使司法财物管理的质量和效率成为保证公正司法，提高司法公信力的重要指标。

司法权与司法财物管理权紧密相连。司法财物管理权依赖于司法权，没有司法权，司法财物管理权便无从说起。司法行政管理权派生于司法权，是随着司法权的分工细化而从司法权逐渐分离出来的。[1] 在计划经济体制下，我国司法权与司法行政管理权没有明确的界线，混为一体。这种混同模式下，司法机制僵化、司法能力不足等问题凸显，严重阻碍了我国司法发展进程[2]。随着经济社会的快速发展，司法权与司法行政管理权相分离的呼声随之而来，学者们从诸多层面进行了探讨，其中，徐汉明教授对司法权和司法行政管理权相分离的制度设计进行了较为全面的分析。总的来说，司法权与司法财物管理权存在着诸多差异：

（1）权力性质不同。司法权具有与生俱来的独立性、公正性、中立性、被动性、终局性等基本特征。司法财物管理权，作为一种行政管理权，表现出来的更多的属于"管理权"的特性，即具有处理行政事务中的主动性、层级性、效率性的天然属性，其行使必然要符合高效、规范、统一、缜密的服务要求。

（2）权力功能不同。司法权作为国家权力的重要组成，承担着有效化解矛盾冲突、平衡利益关系定纷止争、维护社会公平正义，增进人民福祉等基本功能。不同的司法机关其基本功能不尽相同，其中，法院的法定职能是审判功能，审判活动的直接目标是产生纠纷裁决产品；[3] 检察院的法定职能是法律监督职

---

[1] 范愉：《司法制度概论》，人民大学出版社 2003 年版。
[2] 徐汉明：《论司法权和司法行政事务管理权的分离》，载于《中国法学》2015 年第 4 期。
[3] 梁三利、郭明：《法院管理模式比较——基于对英国、德国、法国的考察》，载于《长江师范学院学报》2010 年第 1 期。

能。司法财物管理权的基本功能是为法律监督权的正常行使提供服务和保障,维护其高效正常运行,以求司法活动之圆满。① 司法机关的正常活动离不开司法财物管理功能的有效行使。

(3) 权力内容不同。对于审判机关而言,审判权是其行使司法权的基本内容,同时也包含着法律解释权和司法审查权;对于检察机关而言,司法权的基本内容主要有公诉权、诉讼监督权、非诉讼监督权、公益诉讼权、职务犯罪侦查权等基本权能。而司法财物管理权,概指对司法机关的财和物的管理,主要包括对司法机关财务经费和物资装备等进行管理的职权内容。

二、司法财物管理权性质反思

(一) 事权属性反思:以中央财力保障统一性为主,辅之地方保障性

对公共资源的统一配置是确保公权力机关有序运行的前提和保障。在一国内,国家对不同级别政府间事权的划分,其本质上是将各种公共权力与政府职责在一国范围内进行分配,从而确定不同级别的政府所占有的公共资源的不同,从而确定其承担的公共服务职责的差别。一般而言,公共事权划分会遵循受益原则、效率原则、财权事权对称原则等。一国政府对事权的划分,往往会考虑该国政治、经济、文化背景、历史传统等因素。在我国市场经济条件下,教育、医疗卫生、社会保障等是政府应当承担的重要职责,社会公正、安定有序、和谐平安是社会主义国家应该提供的软环境,而这些公共产品或服务都带有外溢性特征。从权力特征上来看,司法权当属中央事权而不属地方事权。正如习近平总书记强调指出的:"我国是单一制国家,司法权从根本上说是中央事权。各地法院不是地方的法院,而是国家设在地方代表国家行使审判权的法院。司法机关人财物应该由中央统一管理和保障"。② 这一精准论断及其要求为司法财物保障由中央统一管理和以保障为主的管理体制机制的发展完善提供了基本遵循。

---

① 汪翰章:《法律大辞典》,大东书局 1934 年版,第 280 页,转引自孙业群:《论司法行政权》,载于《中国司法》2005 年第 10 期。
② 习近平:《在中央政法工作会议上的讲话》,参见人民网,http://cpc.people.com.cn/n/2014/0109/c64094-24065903.html,访问时间:2018 年 12 月 30 日。

由于我国人口众多、东中西部经济发展很不平衡；改革开放以来，中央一直推行发挥地方积极性的改革政策，地方财力不断增长的同时又呈现出差别较大的情形。本轮司法管理体制改革在充分考量经济社会发展不平衡性、不协调性、不充分性以及地方财力发展的差距性等因素，确定实行中央与省以下地方法院、检察院人财物统管相结合的保障体制和运行机制。实行省以下地方司法财物统管的体制机制创新。一方面，这是对传统"分灶吃饭、分级负责"司法财物保障体制机制的革除，对于从司法财物保障层面革除"司法地方化""司法行政化"弊端的意义重大而深远。但与司法财物实行中央统一保障的管理体制机制相比较，实行省以下地方司法财物省级统一保障的改革仍然是以地方保障为主的司法财物管理的体制机制。另一方面，同司法权属于中央权力一样，司法财物管理权具有"中央"属性的特质，这里的"中央"既表明了司法财物管理权的政治属性，也强调了这一权力的地域范围，表明了司法财物管理权力的效力所普及的地域是中央管辖范围内的全国地区。正因为如此，须加快推进司法财物管理体制改革，以破除"司法地方化"，打破司法财物管理权"行政区化"的体制性障碍、弊端、机制性束缚、保障性困扰。从应然层面分析，通过对我国司法人员管理权（"人权"）、司法经费管理权（"财权"）与司法事权相比较，不难看出司法权当属中央事权。而与之相匹配的司法财物管理权，亦当属中央司法行政事务管理权。从未来发展方向而言，为了有效保障中央司法事权的统一正确行使，建立以中央司法财物管理为主、地方性司法财物管理为辅的管理体制机制是推进司法管理体系和管理能力现代化的正确选择。按照这一理想的改革目标任务，建立科学完备的司法财物管理体制机制任务仍然十分艰巨。

（二）规定性反思：以保障性为主，辅之监督性

司法管理权本质的规定性在于保障服务司法业务。其保障性是司法财物管理权的本质性特征。其实现形式的首要任务是通过提供充足的物力、技术等经费的支持达到保障司法业务正常运行的效果。具体而言，在全部司法活动中，司法业务建设是始终处于中心地位，而司法队伍建设是根本性任务，司法财物建设则处于保障地位。故而，加强司法保障建设，提高保障质量和水平，能够有效地促进司法工作的科学发展。从司法财物管理工作属性看，它是体现司法工作本质的要求，以人力、物力、技术、经费等物质提供和支撑，以满足各项

司法业务工作发展的保障性工作。司法财物管理的内涵包括人力、物力、财力及其相关制度与政策环境等基本要素。其中"财力",是指为保证司法工作开展及其发展所需配置的、由公共财政提供的以人员经费、公用经费、装备经费、基础设施建设经费为主要内容的各项经费;其中"物力",是指由公共财政提供的经费所购置配备的技术装备、设施设备、基础设施、办案用品用具等所形成司法保障的物质基础的总和。与此同时,司法财物在保障服务促进司法各项业务过程中,通过适用相关会计、审计等规则,对司法活动所需经费编制预(决)算、实行项目采购招投标、经费支出会计核算、各类经费按照相关标准进行核支,从而起到监督司法活动的作用与效果。因而,司法财物管理活动不仅仅是对司法各项业务的保障服务,同时具有监督司法业务的性质及其作用。因此,司法财物管理监督须把握司法财物活动的全过程,进行实时的管理、监督和控制,主要是对编制的预算计划的执行过程管理、监督和控制,及时修正实际工作中与计划存在的偏差;资金管理是司法财物管理控制的核心,资金链条、物质保障的安全是司法财物的命脉,司法机关应在财政资金结算中心的统一管理要求之下,审核监督内部人员经费、公用经费、装备经费、基础设施建设资金流动合理,资金来源健康,以保证司法机关内部资金的安全,充分发挥资金的整体利用效益,提高资金的聚合效益,增强司法财物管理监督的实效。

(三)专业性反思:以职业性为主,辅之服务性

随着新公共管理理论的兴起与社会管理分工的细密化、专业化,"二战"后世界各国以财会、金融、税务、海关等公共管理服务部门的职业化、专业化、分工专业协作的精准化日渐成熟。财物管理职业成为公共管理行业分化与职业分工的典型形态,并且向私域企业、行会组织、机关学校、慈善机构等领域渗透。其渗透演进的结果必然是司法领域的财物管理与其他领域的财物管理具有高度同质化的特点。在司法领域,人们在较长时间里对司法职业化、专业化、规范化建设的看重是不容置疑的,而对司法财物管理的职业化、专业化、规范化的轻视、鄙视则是值得反思的。经验与教训不仅仅给司法机关的财物管理诸多启示,而且司法财物管理制度的法治化、财务管理的职业化、财务人员的专业化给司法机关的决策者、管理者提供了必须遵循的基本规则,这就是:(1)从司法财物管理主体看。司法财会(审计)人员必须具有一定的文化水准,

经过严格的考试取得上岗的"会计从业资格证书";肩负管理监督职责的财物管理人员必须取得具有助理会计师、会计师、高级会计师,助理审计师、审计师、高级审计师资质的从业资格,方能从事司法财物管理监督的岗位,担任一定的财会管理职务。(2)从司法财物管理规则依据看:我国对公共财政管理活动制定了《预算法》;对公共财政预算的执行与经费项目开支等监管制定了《会计法》;对机关、团体、企业、事业单位执行国家《中华人民共和国税法》(以下简称《税法》)《预算法》《会计法》等,严守财经纪律等活动制定了《中华人民共和国审计法》(以下简称《审计法》)以及相关部门规章、规范性文件。这是财会(审计)人员依法履职,从事司法财物管理监督活动的重要依据,也是司法作为一门职业化、专业化、规范化的管理活动有序进行的法治保障。任何对司法财会(审计)人员干扰、打击、报复其依法履职的行为都应受到法律的追究。司法财物管理主体、管理规则依据等要素与司法管理体制的架构构成了司法财物管理职业化、专业化、规范化,成为检验司法管理体系与管理能力的标尺。

司法财物管理活动的服务性主要体现在:(1)事前的预测性、超前性服务。要求司法财物管理机构和司法财物管理人员对司法业务活动进行调查研究,在知悉和掌握司法业务工作的中长期发展目标任务的同时,对年度工作、重点项目、办案总量、人员调配、设施技术装备建设等需求,做到心中有数、情况清楚,为编制年度司法业务保障经费整体增减趋势、重要项目建设所需资金、重点项目开支、重大案件项目预算、重要技术装备投资、国际交流与司法项目合作等年度经费预算提供可行性报告,提供公共财政机关决策采纳,使司法保障服务具有预测性、超前性、针对性。(2)事中的司法财务管理服务。司法财物管理机构和管理人员应结合司法办案工作提供精细化的事中财物保障服务。这包括:及时发布年度预算额度、开支范围、开支标准、财经纪律、有关公共活动禁止性开支的项目,使司法办案机构、办案人员做到心中有数、知悉相关标准和管理规范,确保司法办案经费开支在预算约束、标准规范的范围内使用,从而增强经费开支的合规性,防止违规开支等行为发生;定期发布严守财政法律法规、财经纪律的先进典型,引导司法人员勤俭节约,依规开支,合理使用司法包干费用、项目经费、绩效奖励资金,弘扬勤俭节约、反对浪费的司法机关优良传统作风。(3)事后的司法财务管理服务。提供司法财务保障资料、案例、典型给相关职能机构、科研人员用于对司法财务管理体制机制的研究;

协助纪检监察机关调查所属单位人员违规违法使用经费的事项，为纠正和处理违反财政法规的事例、案件提供准确的资料、凭证及相关数据。

（四）规范性反思：以程序性为主，命令性为辅

长期以来，司法机关内部存在着重视司法管理、轻视司法财物管理，使得司法管理与司法财物管理形成"一强""一弱"的状况。这导致司法财物管理具有相对独立性的职业地位难以彰显，司法财物专业建设得不到应有的重视，司法财物管理程序常常被行政命令、首长决定所替代。究其原因是传统司法管理与司法财物管理混为一体的体制机制所造成的。建立现代司法财物管理体制，须彰显其以程序性为主，命令性为辅的功能。司法财物管理作为具有现代规范制度的管理形态。从公共财政、会计监管与审计监管的法域视角看，司法财物管理活动显现特点是程序性的财物管理活动。司法财物程序性管理的渊源集中体现在三个方面：一是，《预算法》明确规定了有关规范公共财政预（决）算的编制、上报、汇总、提请同级人大及其常委会审查、执行等程序。二是，《会计法》明确规定了有关会计人员对会计事务管理监督的工作流程。这包括会计人员就司法财物管理业务事项办理会计手续，进行会计核算等方面；款项和有价证券的收付；财物的收发、增减和使用；债权债务的发生和结算；资本、基金的增减；收入、支出、费用、成本的计算；财物成果的计算和处理等等；会计机构、会计人员进行会计核算，实行会计监督的程序；同时明确规定了对于以任何方式授意、指使、强令会计机构、会计人员伪造、变造会计凭证、会计账簿和其他会计资料，提供虚假财务会计报告的人员将承担法律责任的追究程序；以及单位负责人承担对本单位的会计工作和会计资料的真实性、完整性的责任与设置会计账簿，并保证其真实、完整的职责。[①] 三是，《审计法》明确规定了财会审计程序，即审计人员通过审查会计凭证、会计账簿、财务会计报告，查阅与审计事项有关的文件、资料，检查现金、实物、有价证券，向有关单位和个人调查等方式进行审计，并取得证明材料的程序；审计人员向有关单位和个人进行调查时，应当出示审计人员的工作证件和审计通知书副本。《审计法》对审计组的审计程序、审计报告组织程序等还分别作了规定，这包括：审计组

---

① 参见《会计法》第3条、第4条、第5条、第10条。

对审计事项实施审计后，应当向审计机关提出审计组的审计报告，审计组的审计报告报送审计机关前，应当征求被审计对象的意见；被审计对象应当自接到审计组的审计报告之日起十日内，将其书面意见送交审计组；审计组应当将被审计对象的书面意见一并报送审计机关；审计机关按照审计署规定的程序对审计组的审计报告进行审议，并对被审计对象对审计组的审计报告提出的意见一并研究后，提出审计机关的审计报告；对违反国家规定的财政收支、财务收支行为，依法应当给予处理、处罚的，在法定职权范围内作出审计决定或者向有关主管机关提出处理、处罚的意见等。① 这些法律所涉及的司法财物管理规程，是确保司法财物管理权严密、精准、有效行使的程序及其运行通道，从而构成了对司法财物管理权的有力规制、司法财物管理权有序运行的刚性规则，使司法财物管理权被置入了司法管理制度的"笼子"里，而防止其被滥用，这已成为检验司法财物管理规范化、制度化、成熟化的标尺，它与前述司法财物管理职业化、专业化共同构成司法财物管理权运行体系。从而，形成了与司法权运行体系既相对独立、相向平行、协调互动，又保障服务司法权有序运行的制度体系，使司法财物管理事务在保障服务司法工作中，既不透身、迁就司法权力运行，又彰显司法财物管理事务权的职能性、专业性、服务保障性的独特功能。

司法财物管理权保障服务的规定性内在的要求，权力运行当须彰显其效率性。凡无效率的司法财物管理无疑不成为司法权运行的掣肘。因此，效率原则是司法财物管理活动须遵循的又一基本原则。而体现效率原则的司法财物管理权运行机制通常选择以程序性为主，辅之命令性。司法财物管理权的命令性的表达方式是：司法财物管理通常实行行政首长负责制，强调科层制架构内行政事务等司法财物管理决策、执行、监督中的特殊地位，故司法财物管理运行机制通常实行行政首长"一支笔"审批的命令性制度安排；这种"一支笔"命令性的制度安排在彰显司法财物效率性方面是不容置疑的，但其权力滥用、失职渎职等诸多诟病的剔除，则往往通过"阳光司法财物"、引入"三重一大"机制予以配套补充，以加强"命令性权力"的控制与监督。

---

① 参见《审计法》第39条~42条。

(五）统一性反思：以自主性为主，辅之合作性

我国公共财政管理体制之构建，是与行政机关的中央、省（自治区、直辖市、新疆生产建设兵团）、市（州）、县（区）、乡（镇）五级政府相匹配的保障体系。这种纵向层面专司同级政府公共财政管理职权的财政管理机构的"一条边"公共财政管理权层级运行体制，与横向层面机关、团体、事业、企业、单位的财物自主管理所形成交叉的横断面，则是通过具有一定的财物管理能力、取得一定财物管理资格、专门从事财物管理活动的管理人员、管理岗位及其管理平台所表达的。无论是纵向层级的管理指令、规定、政策，还是横向平行管理的事项请求等信息交汇于这一横断面，都需要由这一专门的管理人员、在专门的管理岗位、通过专门的管理平台进行综合、分析、判断、处理，使之纵向与横向的各类司法财物管理信息有机整合，使之被处理的管理事项尽可能地契合纵向的指令、规定、政策要求，又能最大化满足横向层面请求主体的需求。从这个意义上说，财物管理活动就具有自主性、独立性、规范性及其相应排他性的特征。司法财物管理作为公共财政管理的重要组成部分，其在纵横管理活动交错断面上，其自主性管理仍具有同质化的特点。这种自主性的表达方式是，作为纵横财物管理活动交错断面的司法财物管理人员，无论是作为会计岗位、出纳岗位还是层级的会计主管、会计师、总会计师等，其职权禀赋相互之间都是相互区别并独立表达的，并且相互之间既不能代替又不能混同；其履行职责都是依据自身的素质水准、能力的综合主观判断与客观的司法财物事务有机结合，并依据相关政策、规定、标准、程序自主性地处置，这种自主性既是衡量其司法财物管理综合素质的客观依据，又是其依法依规履行职责的表现，任何缺乏自主性管理的司法财物人员要么综合素质能力低、水平差难以胜任职责，要么精神萎靡不振、缺乏进取精神，其司法财物管理过程和管理结果通常发生差错和失职渎职。这种自主性的司法财物管理活动又被指引到司法财物管理权力清单、责任清单、负面清单的构架之中，即自主性不是任意性，更不是狂妄性；自主性是依规则的自主，依程序的自主，依权力禀赋范围内的自主；任何超越职权禀赋，违背程序，破坏规则的自主，则通常被定义为胆大妄为、滥用职权、亵渎职守，其后果必然是破坏财物管理制度，酿成诸多司法财物管理制度的贪赃枉法、徇私舞弊、浪费国家资产，这是主导方面。另外，司法财物管

理仍然需要强调团队精神，建立健全合作与协同的机制。司法财物管理合作性的表现形式是：纷繁复杂的司法财务管理事项、严密规范的司法财物管理流程、分工明确的司法管理岗位，是通过司法财物管理人员自主性的履行其岗位职责所表达的；这种岗位分工平行角度有出纳岗位、会计岗位、审计岗位，纵向角度有财会人员、财会主管、行政主管，层级角度有基层财物管理机构、上级财物管理机构、高级财物管理机构、最高级财物管理机构。这种纵横交错的司法财物管理运行系统的有机联系在于其合作性，若没有合作性机制则这种纵横交错的司法财物管理运行系统就是一种"门户壁垒"或相互掣肘的司法财物管理系统的"封建领地"，或者形成司法财务管理四分五裂的"一盘散沙"现象。司法财物管理合作性的表达方式是：司法财物管理平行层面，它要求会计、出纳在岗位确定的前提下加强合作与协同；司法财物机构与被管理服务对象层面，它要求司法财物供给方与司法财物需求方就供需的司法财物事项及时沟通、掌握情况，不仅是司法财物预（决）算编制、重大项目支出、司法技术装备、办案经费开支、国际司法合作等司法财物管理的动员机制、支持机制、合作机制的表现形式，而且是司法财物管理质量效果的合作与监督的必然要求；纵向层面，从最高司法财物管理机构到基层司法财物机构，一个时期司法财物管理方针、政策的制定，任务目标的确定，重大的司法财物管理规划与重大项目的出台实施，不仅需要有科层制的"上下一体"的领导体制保障，而且需要从上到下、从下到上的相互理解，相互尊重，相互合作的协作精神，尤其是需要建立与之相适应的合作通道、合作机制，彰显司法管理财物的团队效应。

第四节　司法财物管理的基本流程

司法财物管理流程是司法财物管理工作安排的具体程序和业务步骤，是为达到特定的价值目标而由不同的人员分别共同完成的一系列活动或一个完整的业务行为过程。它决定着司法财物管理模式的有效性。因此，厘清并梳理出司法财务管理流程，有助于更加明确司法财物管理的特性。总的来说，司法财物管理的基本流程包括以下几项内容：

一、预（决）算计划编制

改革开放之初，围绕中央财物事权与地方财物事权合理划分的原则，我国实行中央与地方公共财政"分灶吃饭、分级管理"的体制，建立了中央—省级（自治区、直辖市、兵团）—市（州）—县（市、区）—乡（镇）政府的五级财政预（决）算管理模式。根据我国预（决）算法律法规，全国预（决）算由中央预（决）算和地方预（决）算组成；地方预（决）算由各省、自治区、直辖市总预（决）算组成，地方各级总预（决）算由本级预（决）算和汇总的下一级总预（决）算组成。① 预（决）算的编制审查、执行监督等管理权按照事权与财权相一致原则，由各级政府提请同级人民代表大会（乡镇代表团）审查批准；其中，全国人民代表大会审查中央和地方预（决）算草案及中央和地方预（决）算执行情况的报告；批准中央预（决）算和中央预（决）算执行情况的报告；改变或者撤销全国人民代表大会常务委员会关于预算、决算的不适当的决议；全国人民代表大会常务委员会监督中央和地方预（决）算的执行；审查和批准中央预算的调整方案；审查和批准中央决算；撤销国务院制定的同宪法、法律相抵触的关于预算、决算的行政法规、决定和命令；撤销省、自治区、直辖市人民代表大会及其常务委员会制定的同宪法、法律和行政法规相抵触的关于预（决）算的地方性法规和决议。②

本轮司法管理体制改革之前，有关司法财务保障一直实行的是，中央财政与省（自治区、直辖市）—市（州）—县（市、区）四级"分灶吃饭、分级管理"的保障模式。因而，在《预算法》框架下，全国人大在审批国务院提交的预（决）算草案之中的司法经费保障，由中央一级司法经费与地方三级司法经费汇总而形成的两个有机组成部分。其中，属中央政法编制内的司法人员经费按照中央预（决）算标准通过最初的国税收入部分抵扣上缴中央预（决）算收入指标，构成司法人员经费转移支付的地方司法人员经费预（决）算的来源；

---

① 参见《中华人民共和国预算法》（2016年）第一章第三条内容。
② 参见《中华人民共和国预算法》（2016年）第二章第二十条内容。

而公用经费、办案费、技术装备费、基础设施费,按照"分灶吃饭、分级管理"的管理体制由同级政府财政部门予以保障,并纳入同级财政预(决)算中。在传统的"分灶吃饭、分级管理"的财政语境下,由于地方公共财力缺乏厚重的增长要素,实体经济的动力不足制约财力的稳定增长,这导致除了部分发达地区之外,中西部地区大多数市(州)、县(市、区)一级财政的财力保障供给与恢复重建后的司法机关的底子薄,百废待兴,保障办案所需的用房、技术用房的建设"欠账"与技术装备落后,严重困扰了司法办案活动正常开展。社会急剧转型条件下,刑事犯罪高发,社会矛盾凸显,突发事件增多,众多的社会矛盾以诉讼方式进入司法领域,呈现"诉讼爆炸"现象,使司法办案费、技术装备费、国际司法合作费呈现迅猛增长的态势。而县一级公共财政杯水车薪,大多是保障"吃饭"财政,公共财政部门为了平衡财政供给与司法经费支出的平衡,在司法经费预(决)算编制执行中,推出许多地方的"土政策",明确提出"以收定支""财政保温包,小康自己找",甚至给司法机关下达创收追缴赃款的任务指标;不少司法机关为了解决经费保障困局,如有的公安机关提出,为了完成财政下达的追缴罚没收入返还的预算指标,与基层派出所管段的民警层层签订责任状,并与执法干警的加班补助、办案开支、年终奖励等支出挂钩;有的公安机关只得动用行政执法权,提出加大执法罚款力度,要求"路上(罚款)、桌上(抓赌)、裤裆里(抓嫖)",从而滋长一些公安机关办案为钱、为钱办案,插手经济纠纷,滥用扣押、冻结、强制划拨等司法措施催收;有的检察机关查办职务犯罪案件提出"三来一补",即司法机关在发案单位办案时,司法办案部门和司法人员向其提出:"来办案线索,来协助办案的人员,来办案经费,补助吃喝",从而助长个别违规违法扣押企业单位的"小金库"资金、随意扣押与职务犯罪无关的资金等问题;有的审判机关为了完成诉讼费上缴指标、争取返还比例,与办案庭签订合同,下达任务指标,促使有的法院在案件管辖、诉讼标的的诉讼费收取上"动脑筋、做文章",以致滋生有的审判机关"吃了原告、吃被告"的不良现象。

为了根治财政"分灶吃饭、分级管理"保障体制下地方财政对司法财物预(决)算编制、执行管理的弊端,摈弃地方公共财政对司法经费预(决)算编制、执行的"土政策",尽管中央采取了一系列政策举措,但都收效甚微。直至本轮司法体制改革,实行省以下地方法院、检察院人财物统一管理,将省—市（州)—县（区）三级财政预（决）算编制管理体制上升为省级司法财物统一管理。经过改革试点，形成了省级司法财物统管下的省级经费预（决）算一体编制、分级执行的模式；省级与市（州）两级统管下的两级经费预（决）算编制与分级执行的模式；保留传统"分灶吃饭、分级负责"司法财物的三级经费预（决）算编制与执行的模式。这三种并存的司法财物管理模式，意味着实行省以下地方司法机关财物统管的改革任务仍然艰巨。

二、预（决）算计划审批

所谓预（决）算，是指在一定时期内（一般为一年）国家的收入和支出，即国家财政活动的数字估量表。但预（决）算不仅仅是数字化的技术性安排，也"不只是钱的问题"。预（决）算是国家拟定的有关公权力机关及公共部门经费支出的需要与收入的财源的计划，作为一定时期内政府收入与支出行为的准则。由于只有经过预（决）算确认的收入和开支才能获得执行，预（决）算的审批也因此得以实现对国家机关、公共部门活动的控制和支配。①

尽管本轮改革形成的三类不同的司法财物管理模式，但仍然实行中央与省以下地方对司法财物实行分级保障的管理体制。因此，中央与地方财政分别承担中央与地方司法机关的经费预（决）算。相应地，全国人大和地方各级人大分别享有对同级司法预（决）算的审查、批准权。在实行省以下两级司法财物保障、保留传统"分灶吃饭，分级保障"的司法财物管理体制的地方，其司法预（决）算审批体制仍然存在诸多问题。例如，这些地方各级司法机关的财务开支，包括工资福利、业务经费、建设资金等，仍然悉听地方政府支配，导致有的地方干预司法活动的人和事屡有发生。此外，由于我国各地区经济社会发展的不平衡，也导致司法系统内的苦乐不均，待遇相同贫困边远地区经费短缺的问题尚未根本好转，已经不同程度地影响了司法机关日常工作的有效运转。

---

① 汤洁茵：《论预算审批权的规范与运作——基于法治建构的考量》，载于《清华法学》2014年第5期。

三、司法设施设备项目招投标

随着近年来科技力度的不断加大,司法机关的物资设备的采购规模日益增大。加强对物资设备采购领域和环节的科学管理,建立健全招标采购监督制度,是推进审判公开、检务公开、加强民主监督、防范商业贿赂的重要举措,也是司法机关公共资源合理配置和有效利用的重要手段,更是改善审判、检察机关司法办案环境和条件的一个重要方面。对这项事关司法机关长远建设发展的工作,多年来已引起各级人民法院、人民检察院的普遍重视,并在实践中取得了明显的成效,为司法办案提供了良好的服务保障。

各级人民法院、人民检察院根据《中华人民共和国招投标法》《工程建设项目招标范围和规模标准规定》等相关法律法规,加强和规范本单位设备采购及建设工程的招标工作,切实做到项目招标工作高效、安全、透明,招标活动科学、规范、公平、公正。一是明确招标范围。凡列入人民法院、人民检察院建设计划需要实施,且符合下列条件的设备采购和建设工程项目,均应依法依规进行招标采购:建设工程施工单项合同估算价在 50 万元人民币以上的;设备采购单项合同估算在 20 万元人民币以上的;勘察、设计、监理等服务的采购,单项合同估算在 10 万元人民币以上的。二是规范招标方式。招标方式一般包括公开招标、邀请招标二种方式。公开招标,是指招标人以招标公告的方式邀请不特定的法人或者其他组织投标。邀请招标,是指招标人以招标邀请书的方式邀请特定的法人或者其他组织投标,邀请投标应符合有关规定。三是组织招标方式。招标组织方式一般分为委托招标和自行招标。委托招标是指招标人委托有资质的招标代理机构进行的招标。自行招标是指招标人依法自行组织办理的招标活动,通常招标人要具备编制招标文件和组织评标的能力。通过严格规范的招标活动,使得司法财物的大型采购、建设资金纳入规范化程序化的管理体系,从源头上有效地防止了司法资源管理领域的腐败,提高了司法财物资金的使用效率,发挥了公共财政资金保障司法活动正常运行的作用。

四、司法财务审核

司法机关财务部门对所属单位各项支出进行审核和监督是一项法定职责。财务审核是财务管理的基础，对提高司法机关各项经费的使用效率有着重要作用。随着市场经济的快速发展和司法体制改革的不断深入，财务审核工作也有了更高的要求。为此，各级人民法院、人民检察院须深化司法财物管理体制改革、健全财务管理制度、规范财务管理事项、充分发挥财务审核工作的作用。

目前，司法财务审核方面存在的问题：一是实行"省级统管"财物的地方，亟待制定规范省以下地方司法机关财物统管的规范性文件，明确司法财务统管的事项、程序，规范司法财务审核的范围、程序，以增强财务管理的针对性、时效性和权威性。二是保留传统司法管理体制的地方，亟待适应司法财务管理的新情况、新问题、新要求，对司法财务管理规范性文件进行全面系统修订，细化实化司法财物审核的流程，增强司法财务审核的效果。三是健全支票、发票管理制度，严格规范支票、发票使用管理的审核把关，防止和纠正相关制度流于形式。为此，一是须进一步增强司法财务审核的意识，健全司法财务审核程序，创新预（决）算符合性审核工作机制。预（决）算符合性审核是对资金支出的审核，以保证支出在年度预（决）算的范围内。因此，做好财务审核工作的基础是要有合理的预（决）算管理制度，将各项支出进行细化，贯彻落实"先预（决）算后支出"的原则。司法财务须从实际出发，依据合理的财务制度，对办公支出预（决）算、设备支出预（决）算、会议支出预（决）算、司法人员工资津贴支出预（决）算等进行符合性审核创新。例如，设备支出预（决）算符合性审核要依据第三方机构给出的专业性意见进行预（决）算符合性审核，由于财务人员对设备支出的合理性难以把握，只有加强与第三方机构的合作，才是创新预（决）算符合性审核的突破口。二是明确界分和把握司法机关财务支出合理性的审核范围。这包括：必须是与司法工作任务相关联的事项；必须是未超出司法财务支出规模的事项。对于针对性项目经费的支出必须做到专款专用，不能挪用与之无关项目的支出，严格项目开支的范围。① 三是设立承担司法财务支出审核事项的出纳岗位、配备专职审核财会人员。这既包括会计部门的出纳工作人员，也包括业务部门的内勤工作人员。他们一般处在财务收支活动的第一线负责，办理各种票据和货币资金的收入或支出，特别是办案业务开支，通常是由内勤人员履行报账并由专职出纳审核的。四是严格执行"收支两条线"的财务管理制度。财务负责人审批严格执行收支"两条线"，坚持会计和出纳分工协作、相互督促指导，会计负责各种会计的凭证、账册、报表等编制、审核及上报工作，并督促出纳切实履行好岗位职责。出纳负责登记现金和银行存款日记账，加强存款、现金和空白支票的日常管理，及时核对银行存款，做到账款相符，对库存现金要逐日盘点，做到日清月结、准确无误，对各种报销单据要严格审核，对不符合财务制度规定的开支，及时予以纠正，有权拒绝支付和报销，并督促会计切实履行好岗位职责。

五、司法财务审批

为了有效地规范财务开支审批制度，司法机关财务审批流程实行财务主管首长审批的"一支笔"审批制度。该制度对于司法财务工作的确起到了积极的作用，有效地控制财务活动，对其进行把关，提高其规范性、合理性，降低司法财务风险。但在实行省以下地方法院、检察院财物统一管理体制之下，应当及时转变对司法财务审批制度的认识，赋予其新的时代内涵和处延。首先，司法财务审批制度是建立在联审基础之上的，是集体理财和严格把关的具体体现。作为主管财务签字负责人，只是起到一个代表的作用，既是最后的把关人也是负责人。同时也要承担相应的主体责任，对相关的会计工作、信息等方面担负一定的责任。并且加强集体把关、更好发挥职能作用，最大限度地减少个人失误而带来的业务损失。其次，加强制度规范作用。"一支笔"审批制度是以内控为主导的，这就要求所制定的财务主管首长审批新制度必须配合内控的相关工作；比如稽核制度、财务收入审批制度等，同时应当包括设备购置、建设项目

---

① 李霞：《事业单位财务审核工作的创新刍议》，载于《经营者》2015年第9期。

等方面。要转变如今"一支笔"朝向"一个人""一把手"审批的趋势，加强监管工作，提高其规范性和权威性，防止权力滥用和失控。因此，必须立足于司法机关自身的实际情况，以国家政策为依据，做好内控工作，并且对于部分重要的司法财物支出业务，制定相应的内控措施，明确工作范围，严明工作纪律落实责任制。对于额度较大的经费进行预（决）算、计划等工作之时，必须通过集体讨论、决定。加强对大额经费的管理工作，依据轻重缓急充分利用现有财力资源，有效地提高资金利用率。推动"一支笔"制度的规范性和合理性，避免出现随意签批、任意挪用等行为。依据日常保障和工作进程确定日常性开支。严格落实责任制，实行奖惩制度，激发工作热情助推管理实效。

如何加强对"一支笔"审批的监管工作，确保资金的使用落到实处。一是通过相关的监督部门进行审核，保障凭证的有效性和合法性。确定相关的手续、负责人等方面的内容，核对其是否严格遵守计划。在审核完成之后相关的负责人必须签订审核意见，审核未通过或者未经过审核的凭证，财务主管首长不能进行签批，财务也不能报账。二是进行定期或不定期的检查，及时地发现问题、解决问题。作为上级司法行政管理部门，联合财经小组、监督机构等，针对下属单位部门进行定期或不定期检查。准确地掌握相关部门的财务状况，确定资金的使用是否落到实处，同时检查是否存在不合法不规范的行为，比如越权审批、凭证作假、虚报冒领等情况。三是实行司法财务公开，发挥群众的监督作用。注意财务公开性，实行"阳光操作"，除了部分必须保密的财务信息，可以定期公布部分财务内容，充分发挥群众的监督作用。

严格遵守相关的内控规范、标准，设计内控制度，将资金审批工作纳入内控工作。财务主管首长审批制度的主导就是内控，财务主管首长审批是内控制度当中不可缺少的一部分，二者不能相互分离、相互脱节，财务主管首长审批制度必须在其职能权限范围之内进行。一是设置管理控制机构。立足于司法机关财务工作的具体情况，提高资金的利用率。这就要求在资金的使用过程当中，最大限度地节约资金成本，控制浪费行为，严格遵守政府采购标准。加强监管作用，提高采购效率，降低浪费现象。二是实行分权制度。减少司法财务管理出现职能交叉的情况，须明晰工作范围、工作程序、工作标准和职务履行内容，实行岗位责任制，建立权力体系、责任体系、内控体系及其运行体系，强化管理责任，增强管理实效。三是建立健全层级审批制度。其一，加强财政的外部监管，包括自觉接受财政、审计部门对司法财务的监督。其二，上级财务主管部门应加强对下级司法财务管理机构的监督，通过运用司法财务管理方针政策、颁行相关管理制度、推广司法财务管理工作经验、定期或不定期开展司法财务工作巡查、督导，通报处置违反司法财物管理的人和事等方式，有效推进系统内司法财务管理工作的协调、平衡、健康发展。其三，下级司法财务部门要加强横向协作联系沟通，建立健全内部监督制约机制；密切与审计、监察部门的联系，建立系统内部领导干部、主管领导、司法财务管理负责人的离任审计、年度审计等制度，掌控内控制度的实施情况，及时发现问题、研究问题、解决问题，有效防止和纠正司法财务管理"小事拖大，大事拖炸"的现象发生。

六、司法审计监督

审计和会计都有监督职能，审计在整个国民经济监督体系中居于较高层次，它的地位具有独立性、专业性和监督性。而会计本身有具体的业务，它只是司法单位内部的一个职能部门。会计监督是稽核中的监督。它是控制司法财务管理活动过程的一种信息系统，是微观管理的一种重要手段，是司法财务管理的重要组成部分，它是通过对原始凭证、记账凭证、登记账簿、编制报表等过程逐笔的审核，监督其资金运作的合法性、合规性、准确性和完整性。因此，会计本身无法克服在司法财务管理业务上的局限性。《会计法》也明确规定，各单位的会计部门要接受审计机关、财政机关和税务机关依照法律和国家有关规定进行的监督，它在整个体系中的地位较低。而审计的监督权是宪法所赋予的，它既是一种防弊纠错的批判性的专业监督工作，又是改进管理，提高效率的建设性监督工作。因此，它不仅是对微观司法财务活动的监督，而且参与对国民经济进行宏观控制和监督，是对财政、银行、税务、统计、会计等部门，即对国民经济各行业和部门实行的有效专门的监督。

以会计在整个监督体系中的作用来看，会计监督同其他诸如财政、银行等专业部门的监督一样，是组成审计监督工作的基础，而审计监督是对会计监督的再监督，会计监督包含于审计监督之中，完全改变了审计发展初期的从属地位。同时，同样对司法财务管理的活动进行监督。在会计核算工作中，不仅是反映已发生的司法财务活动,还要对这些司法财务活动进行是否符合会计制度和司法财务管理目标的监督。会计监督,是会计工作中极重要的一环,是司法财务管理的主动的监督。而审计工作,也依据有关法律、法规和内部管理制度,检查司法的会计资料及其反映的经济活动。这是被动的监督,也实际是对司法财务会计监督的内容进行再监督。①

七、司法财务会计年终报表

司法财务会计年终报表是以会计准则为规范编制的,向政府及社会公众等外部反映会计主体当年财务状况和经营的会计年终报表。司法财务报表是财务报告的主要部分,财务报表包括资产负债表、收入支出总表、支出明细表、基本数字表以及预算外收支明细表、专项支出情况表等。司法财务情况说明书反映司法机关本期收入、支出、结余、项目经费使用及资产变动情况,说明影响司法财务收支状况、经费变动的重要因素,总结财务管理经验,对存在的问题提出改进意见。

司法财务会计报表是反映司法财务状况和收支情况的书面文件,是财政部门和上级单位了解情况、掌握政策、指导单位预算执行工作的重要资料,也是编制下一年度单位财务收支计划的基础。各单位财务部门必须认真做好会计报表的编审工作。事业单位会计报表主要包括资产负债表、收入支出表、附表及会计报表附注和收支情况编报专项资金收支情况表,报表格式另定。事业单位会计报表应当根据登记完整,核对无误的账簿记录和其他有关资料进行编制,做到数字准确、内容完整、报送及时。主要包括:(1)加强日常会计核算工作。会计报表的数字要根据经审核无误的会计账簿记录汇总,切实做到账表相符,有根有据,不得估列代编。(2)层层汇总会计报表。上级单位要在编制本级会计报表的基础上,根据本级会计报表和经审查过的所属单位会计报表,编制汇总会计报表,并将上下级之间的对应科目数字冲销后,逐级汇总上报。上报上级单位和同级财政部门的会计报表必须经会计主管人员和单位负责人审阅签章

---

① 修丽英:《浅析财务会计与审计的关系》,载于《江苏商论》2008年第32期。

并加盖公章。(3) 年度会计报表应按财政部预（决）算通知规定及主管部门要求的格式和期限报出。年报应抄报同级国有资产管理部门。

《会计准则》规定，财务报告包括资产负债表、损益表、现金流量表、附表及会计报表附注和财务情况说明书。其中，会计报表附注是为帮助理解会计报表的内容而对报表的有关项目等所作的解释，其主要包括：采用的主要会计处理方法；会计处理方法的变更情况；变更原因以及对财务状况和经营成果的影响；会计报表中有关重要项目的明细资料，以及其他有助于理解和分析报表需要说明的事项。①

---

① 李霞：《事业单位财务审核工作的创新刍议》，载于《经营者》2015 年第 10 期。

第三章
我国司法财物管理的沿革与发展

第一节 古代司法财物管理

中国古代司法传统历史悠久。从商周到清朝几千年的封建社会时期,司法与行政不分,导致了司法功能的单一性和司法人员专业性的缺乏,具有明显的时代烙印。从司法财物管理看,虽然司法人员的俸禄制度及其演进是夹杂在古代官吏俸禄制度之中尚未独立出来,但其俸禄保障随着经济社会缓慢的发展,中央财力状况的变动,使之逐步呈现出保障司法官吏生活与司法活动过程中逐步与根治司法腐败结合起来的特征。而作为司法办案过程中相关联的赃款赃物的罚没与处置,不仅成为中央财政收入的一个重要来源,而且其管理方式方法的适度调整、变动难免留下各个时代官吏腐败的轨迹状态。

一、司法人员的俸禄制度及其演变

(一) 汉代司法官的俸禄制度

汉代除廷尉及其属官为专职司法官员外,其他兼有司法权的官员有丞相、御史大夫、郡守、刺史及郡丞、县令(长)及县丞、狱掾等。

汉代官员等级以俸禄为标准区分,"西汉成帝阳朔二年(公元前 23 年)前,秩别最完善的时候有中二千石、二千石、比二千石、千石、比千石、八百石、比八百石、六百石、比六百石、五百石、四百石、比四百石、三百石、比三百石、二百石、比二百石、百石、比百石共 18 个秩别,而丞相、太尉作为最高行政长官和军事长官,在中二千石上自成一个级别。……如果将'少吏'总算成一个级别,自丞相至佐史大致有 20 级,相同秩石或级别的官吏俸禄相同"[①]。

---

① 黄惠贤、陈锋主编:《中国俸禄制度史》(修订版),武汉大学出版社 2005 年版,第 30~31 页。

西汉阳朔二年"夏五月,除吏八百石、五百石秩"①,"此后八百石、比八百石、五百三石三种秩别确实被废除了。东汉时,大约有十七八种秩别等级。"②

根据《汉书·百官公卿表上》,与司法有关的官员及其品级如下。"御史大夫,秦官,位上卿,银印青绶,掌副丞相,有两丞,秩千石"。"廷尉,秦官,掌刑辟,有正、左右监,秩皆千石。……宣帝地节三年初置左、右平,秩皆六百石"。"刺史,……秩六百石,员十三人。成帝绥和元年更名牧,秩二千石"。"郡守(景帝中二年更名为太守——引者注),……秩二千石。有丞,……秩皆六百石","郡尉(景帝中二年更名为都尉——引者注),秩比二千石。有丞,秩皆六百石"。"县令、长,……万户以上为令,秩千石至六百石;减万户为长,秩五百石至三百石。皆有丞、尉,秩四百石至二百石,是为长吏。百石以下有斗食、佐史之秩,是为少吏"③。汉武帝前,官员的俸禄以实物即米或粟。汉武帝以后,则以钱为主要支付形式。

东汉时实行半谷半钱制。廷尉中二千石,月俸谷90斛,钱9 000。牧、郡守二千石月俸60斛、6 000钱。廷尉丞和县令之最高级别者千石,45斛,钱4 500。州刺史、郡丞及县令之最低者六百石,月俸35斛,钱3 500。县令之中级与县丞之最高级别者四百石,月俸25斛,钱2 500。二百石,月俸15斛,钱1 500。佐史月俸4斛,钱400。④ 三国时期如淳注《汉书》云,"《律》:丞相、大司马大将军,奉钱月六万,御史大夫奉月四万也"⑤,指的是东汉的情形(见表3-1)。

表3-1 两汉中央与地方司法官官俸表

官名	官秩	西汉月俸(钱)=(斛)	东汉月俸	
			月谷(斛)	月钱(斛)
丞相		60 000 = 600	175	17 500
御史大夫		40 000 = 400	175	17 500
廷尉	中二千石	20 000 = 200	90	9 000
廷尉左右监	一千石		45	4 500
廷尉左右平	六百石	6 000 = 60	35	3 500
州刺史(西汉)	六百石	7 000 = 70		
州牧(东汉)、郡守	二千石	16 000 = 160	60	9 000

---

① 《汉书·成帝纪》。
② 黄惠贤、陈锋主编:《中国俸禄制度史》(修订版),武汉大学出版社2005年版,第31页。
③ 《汉书》卷十九上"百官公卿表上",中华书局1979年版,第725、第730、第741、第742页。
④ 参见黄惠贤、陈锋主编:《中国俸禄制度史》(修订版),武汉大学出版社2005年版,第38、第40、第55页。
⑤ 《汉书》卷十"成帝纪"引如淳注,中华书局1979年版,第329页。

续表

官名	官秩	西汉月俸（钱）=（斛）	东汉月俸	
			月谷（斛）	月钱（斛）
郡丞	六百石	6 000＝600	35	3 500
县令	千石—六百石	？～6 000＝？～60	？—35	？—3 500
县长	四百石—三百石			
大县县丞、县尉	四百石		25	2 500
小县县丞、县尉	二百石	2 000＝20	15	1 500

资料来源：黄惠贤、陈锋主编《中国俸禄制度史》（修订版）中《西汉各秩别月俸钱定额》《东汉各秩别月俸额》综合制成，武汉大学出版社2005年版，第45、第55页。

秦汉时，廷尉属九卿之一，在官秩与俸禄上和诸卿（相当于后世中央政府各部部长）同列，开后世最高司法长官与中央各部首长同列之先河。

（二）唐代司法官俸禄制度

唐代官吏俸禄分三大类：其一为年禄米，以实物发放；其二为俸料，其中包括月俸、食料费、杂用费和防阁、庶仆费（五品以上的警卫费）、庶仆费（五品以下的随从费）；其三为职田，即由政府分配给各级官员，其田租用于其职务补贴的土地，不再任官后退回。

1. 唐前期各级司法官俸禄制

（1）中央司法官官俸（见表3－2）。

表3－2　　　　唐前期中央司法官官俸表（开元年间）

序列	品级		官名（开元年间）	年禄米（石）	俸料（贯，含月俸、食料、杂用、防阁）	职田（亩）
流内	三品	正三品	刑部尚书	400	17	900
		从三品	御史大夫、大理寺卿	360		
	四品	正四品	刑部侍郎	300	11.867	700
		从四品	大理寺少卿	260		
	五品	正五品	御史中丞	200	9.2	600
		从五品	大理正	160		

续表

序列	品级		官名（开元年间）	年禄米（石）	俸料（贯，含月俸、食料、杂用、防阁）	职田（亩）
流内	六品	正六品		100	5.3	400
		从六品	刑部员外郎	90		
			大理寺丞			
			大理寺司直			
			侍御史			
	七品	正七品		80	4.5	350
		从七品	殿中侍御史	70		
			大理寺主簿			
	八品	正八品	监察御史	67	2.475	250
		从八品	大理评事	62		
			律学博士			
	九品	正九品		57	1.917	200
		从九品	大理寺狱丞	52		

根据表 3-2，可以归纳出唐代中央司法人员俸禄的两个特点：①作为最高司法长官大理寺卿的品级与俸禄低于作为中央司法行政机关首长的刑部尚书。②各级监察官的地位与俸禄均低于同级行政与司法官员。此外，唐代初期还因为国家财政能力不足，出现过允许包括大理寺、刑部司在内的各中央机关进行盈利性的经营，以经营收入作为本机关官员薪俸的现象。从高祖武德年开始，"其俸钱之制，京官诸司初置公廨，令行署及番官兴易，以充其俸"。此公廨收入既有商业性收入，亦有公廨田的土地租金收入。到贞观十五年，仍"以府库尚虚，敕在京诸司，依旧置公廨，给钱充本，置令史、府史、胥士等，令回易纳利，以充官人俸"①。③防阁、庶仆费由担任此类职务的义务人纳课代役，因而亦成为京官的一项收入。

（2）地方司法官官俸（见表 3-3）。

---

① 《通典》卷 35 "职官典" 17 "禄秩"。

表 3-3　　　　　　　　　唐前期地方司法官官俸表

序列	品级		官职名称	禄米(石)	俸料	白直/执衣(人)	职田(亩)
流内	三品	正三品				32/15	1 000
		从三品	上州刺史	370			
	四品	正四品	中、下州刺史	280		24/12	800
		从四品	上州别驾	240			
	五品	正五品	万年、长安、洛阳、太原、晋阳、奉先县令	180		16/9	700
			中州别驾				
		从五品	下州别驾	140			
	六品	正六品	京兆、河南、太原府诸县令	95		10/6	500
		从六品	诸州上县县令	85			
	七品	正七品	京兆、河南、太原府法曹(司法)参军事	75	不详	10/6	400
			诸州中县县令				
		从七品	诸州中下县县令	65		7/6	400
			诸州下县令				
			上州(司法)法曹参军事				
	八品	正八品	中州司法(法曹)参军事,京兆河南、太原诸县丞	65		5/3	300
			诸州上县县丞、京县主簿				
		从八品	下州司法(法曹)参军事、诸州中县县丞、京县尉	60			
	九品	正九品	诸州中下县丞、京兆、河南、太原府诸县主簿	55		4/3	250
			诸州下县丞、诸州上县主簿、京兆、河南、太原府诸县县尉				
		从九品	京兆、河南、太原府录事,诸州中下县主簿	50			
			下州司法参军、诸州中下县尉、京县录事				

资料来源:根据《唐六典》卷三,黄惠贤、陈锋主编《中国俸禄制度史》(修订版)中《唐前期外官给禄额统计》《唐前期外官给禄额统计》《开元二十四年京官月俸统计》《武德年间京、外官职田》《京官给防阁、庶仆员数及纳钱额》《州县官给白直、执衣员数》制作,武汉大学出版社2005年版,第181、第191、第198、第204、第205页。

唐初，与中央机关以公营收入作为京官俸禄支出一样，"外官则以公廨收入息钱常食公用之外，分充月料"①，即亦以各机关公营收入作为公用饮食招待费外，剩余的则按各官员等级分配为月俸钱。此公廨收入既有商业性收入，也包括公廨田的土地租金收入。到开元十年（公元722年），"令有司收天下公廨钱。其官人料，以万户税钱充，每月准旧分利数给"，即取消了以公廨钱作为月俸来源，而代之以户税项目。

相对于中央官员，唐前期地方官的官俸具有以下特点：（1）与同品级中央司法官相比，其职田数额相对较多。（2）地方官俸地方官的俸禄中亦有劳役形式的利益，称为"白直"与"执衣"。分别以民间丁男和中男充当。早期"白直"与"执衣"不能以钱代役，"但至迟在武则天时期允许白直、执衣纳课代役已成惯例"②。

（三）明代司法官官俸

洪武二十年（公元1387年）"更定后的岁禄标准，成为有明一代文武百官俸禄的定制"③。各级官员的岁俸以石计，包括本色俸和折色俸，但实际上本色俸并没有全部实米发放，而是分解为实米与折银支出，折色俸则分为折色银两和折色纸币。

表3-4根据万历《明会典》及《明史·职官》中关于官品和官俸的记载列出④。

表3-4　　　　　　　　　明代司法官官俸表

品级		官职名称	岁俸（石）	本色俸（石）	本色俸内		折色俸（石）	折色俸内	
					实米（石）	折银数（两）		折银（两）	折钞（贯）
二品	正二品	刑部尚书、左右都御史	732	237.6	12	144.76	494.4	7.41	4 944
	从二品		576	190.8	12	114.73	385.2	5.77	3 852

---

① 《通典》卷35"职官典"17"禄秩"。
② 黄惠贤、陈锋主编：《中国俸禄制度史》（修订版），武汉大学出版社2005年版，第206页。
③ 黄惠贤、陈锋主编：《中国俸禄制度史》（修订版），武汉大学出版社2005年版，第466页。
④ 参见《明太祖实录》卷185"洪武二十年九月丙戌"；万历《明会典》卷36"户部14"；《明会要》卷43"职官15"。

续表

品级		官职名称	岁俸（石）	本色俸（石）	本色俸内		折色俸（石）	折色俸内	
					实米（石）	折银数（两）		折银（两）	折钞（贯）
三品	正三品	刑部侍郎、左右副都御史、大理寺卿、按察使	420	144	12	84.70	276.0	4.14	2 760
	从三品		312	111.6	12	63.91	200.4	3.00	2 004
四品	正四品	大理寺少卿、左右佥都御史、知府	288	104.4	12	59.29	183.6	2.75	1 836
	从四品		252	93.6	12	52.36	158.4	2.37	1 584
五品	正五品	刑部郎中、按察司佥事、府通判	192	75.6	12	40.81	116.4	1.74	1 164
	从五品	刑部员外郎、知州	168	68.4	12	36.19	99.6	1.49	996
六品	正六品	刑部主事、京县知县、府推官	120	66.0	12	34.65	54.0	0.81	540
	从六品	州同知	96	56.4	12	28.49	39.6	0.59	396
七品	正七品	监察御史、按察使经历、京县县丞、知县	90	54.0	12	26.95	36.0	0.54	360
	从七品	州判官	84	51.6	12	25.41	32.4	0.48	324
八品	正八品	按察司知事、县丞	78	49.2	12	23.87	28.8	0.43	288
	从八品		72	46.8	12	22.33	25.2	0.37	252
九品	正九品	按察司照磨、府知事、县主簿	66	44.4	12	20.79	21.6	0.32	216
	从九品	司狱、巡检司	60	42.0	12	19.25	18.0	0.27	180

与唐宋时期司法官俸禄制度相比较，明代司法官员的俸禄制有以下变化：

（1）废除了唐宋官俸禄中职田与力役构成。

明洪武十年（公元1377年）曾实行过职田制，但很快就废除了。此外，唐代各级官员的力役课入也被废除。

(2) 司法官的俸禄有所提高。

明代最高审判机关的地位从唐代大理寺卿的从三品提高到刑部尚书正二品，最高审判机构的其他官员的地位与俸禄亦分别提高；各级监察官的地位与俸禄亦相应提高。

(3) 低级司法官员的实米支出在本色俸中所占比例较大。

各级官员的实米支出均为12石，官员级别越低，实物米在其工资结构中的比例越大。一则因为实物米是基本的生活必需品，二则实物米相对保值，其价值不会因为受折色比例与价格涨落的影响，以保障低级官员的基本生活。

(4) 明代官俸较低且不能保值。

明代官员不仅岁俸中的实米数低于唐代，其他折成银两与纸币后的俸禄受政府有意压低折扣以及通货膨胀的影响，其实值亦有很大的缩水。

(5) 明代官俸还包括有自聘包括刑名幕友在内的工资支出。

前述司法管理体制及司法人员的管理中，已经谈到了明清两代刑名幕友实际上是各级主官聘用的助理法官，其聘资全部由聘主从自己私人收入中支出，因而明代官俸还应当包括刑名幕友在内的工资。

（四）清代司法官的俸禄

顺治元年，清朝官禄"仍照故明例"。顺治十三年（公元1656年），清廷议定文官俸禄[①]，"当时议定的标准，成为被后来沿用的定制"[②]（见表3-5）。

1. 在京司法人员俸禄

表3-5　　　　　　　　　京官俸禄表（顺治十三年）

品级		官名	俸银（两）	禄米（斛）
一品	正一品		180	180
	从一品	刑部尚书、都察院左右都御史		
二品	正二品	刑部侍郎	155	155
	从二品			
三品	正三品	都察院左右副都御史、大理寺卿	130	130
	从三品			

[①] 《清世祖实录》卷七十一，顺治十年正月癸巳。
[②] 黄惠贤、陈锋主编：《中国俸禄制度史》（修订版），武汉大学出版社2005年版，第561页。

续表

品级		官名	俸银（两）	禄米（斛）
四品	正四品	大理寺少卿	105	105
	从四品			
五品	正五品	六科给事中、刑部郎中	80	80
	从五品	御史、刑部员外郎		
六品	正六品	刑部主事、大理寺主事、都察院都事、都察院经历、大理寺左右寺丞	60	60
	从六品			
七品	正七品	大理寺左右评事、刑部司罚赃库	45	45
	从七品			
八品	正八品		40	40
	从八品			
九品	正九品		33两1钱1分4厘	33两1钱1分4厘
	从九品	刑部司狱	31两5钱2分	31两5钱2分

资料来源：参照康熙《大清会典》卷三十六"户部·廪禄·官员俸禄"，文海出版社1993年版，第1731~1741页。康熙、雍正时期，京官各品级官员俸米的计量单位由原来的"斛"改为"石"，因而各品级官员的俸米数量便相应地减少了一半①，清代衡制，"两斛为石"②，其实数量依然与顺治时期相同。

2. 地方司法官俸禄与养廉银表

地方文官俸禄，其俸银部分与京官一样按品级颁发，不发给禄米，但自雍正始有养廉银。清代的地方制度尤其是督抚制度，直到乾隆之后才基本成熟，故而关于清代地方司法官的俸禄与养廉银制度均选取乾隆年间为准。

（1）地方各级司法官俸禄（见表3-6）。③

---

① 参见《雍正会典》卷五十四"户部三十二"，文海出版社1994年版，第3233~3244页。
② 《雍正会典》卷二十三"户部一"，文海出版社1994年版，第1074页。
③ 本表根据乾隆《大清会典》卷四"官制四·外官"、乾隆《户部则例》卷九十一"廪禄·薪俸养廉上·中外文员俸"制作。

表 3-6 外官俸禄表（乾隆年间）

品级		官名	俸银
一品	正一品		
	从一品	总督加尚书衔 180	
二品	正二品	总督	155
	从二品	巡抚加侍郎衔	
三品	正三品	省按察使、顺天府尹、奉天府尹	130
	从三品		
四品	正四品	顺天府丞、奉天府丞	105
	从四品	知府	
五品	正五品	府同知、直隶州知州	80
	从五品	知州	
六品	正六品	京县知县、府通判	60
	从六品	布政司理问、直隶州州同、州同	
七品	正七品	京县县丞、按察司经历、知县	45
	从七品	直隶州判、州判	
八品	正八品	按察使知事、县丞	40
	从八品		
九品	正九品	按察司照磨、府知事、同知知事、通判知事、县主簿	33两1钱1分4厘
	从九品	府厅司狱、巡检	31两5钱2分

（2）地方各级司法官的养廉银。

由于清代官俸制承袭明朝，过于低下，根本无力以个人俸禄支付各级官员们及本级政府各类幕友的工资，因而各级政府官员们便以幕友支出以及各类杂用支出的名义，向农民大肆附加各种摊派如"火耗"之类，以中饱私囊。故自雍正时起，清政府在原官俸制度基础上，对地方官员实行"耗羡归公"和"养廉银"制。"耗羡归公"制将过去如"火耗"之类的杂费全部收归国家财政，以此作为地方各级官员的薪俸补贴，以保证官吏的廉洁。雍正、乾隆时期各类官员的养廉标准见表 3-7。

表3-7 清代分省各级司法官养廉银表

单位：两

省份	总督	巡抚	按察使	知府	府丞或同知	知州	州同	知县	县丞	布、按理同（或经历）	省府司狱、吏目、巡检、典史
顺天府				400	240						
奉天府				1 000	400						31.52
直隶省	1 500		800	2 600~1 000	100~700	422.88~282.1	527.6	424.44~135.14	80~40	120	31.52
山东		15 000	6 059	4 000~3 000	1 000~800	1 200~600	200~60	1 200~600		100	31.52
山西		15 000	7 000	4 000~3 000	1 200	1 400~1 200	80	2 000~1 000			80
河南		15 000	8 444.4	4 000~3 000	1 000~800	1 500~800	120~80	1 000~800	80	80	60
江苏		12 000	8 000	3 000~2 500	1 000~500	1 800~1 000	200~60	2 000~1 000	80~60	60	100~80
安徽	18 000	10 000	6 000	2 000	500	2 000~1 000	60	1 800~1 000		60	60
江西		10 000	6 000	2 400~1 600	900~600	1 000~800		1 000~600	60	60	60
						1 400~1 000		1 900~800			60

第三章 我国司法财物管理的沿革与发展

续表

省份	总督	巡抚	按察使	知府	府丞或同知	知州	州同	知县	县丞	布、按理问（或经历）	省府司狱、吏目、巡检、典史
福建	13 000	13 000	6 000	2 800~1 600	1 200~500	1 200	260~120	1 600~600	160~40	60	40
浙江		10 000	6 000	2 400~1 200	1 500~400	1400		1 800~500		80	60
湖北	15 000	10 000	6 000	2 600~1 500	1 000~600	1 000~800	160~80	1 680~600	100~80	80	90~60
湖南		10 000	6 500	2 400~1 500	100~600	1 300~900	200~60	1 200~600	90~60	60	90~60
陕西		12 000	5 000	2 000	1 000~600	800	300~60	600		100	60
甘肃	20 000		4 000	2 500~200		800~600	300~120	700~600	400~60		300~60
四川	19 000		4 000	2 400~2 000	1 000~500	1 200~600	220~150	1 000~600	150~120	120	100~90
广东	15 000	13 000	6 000	2 400~1 500	800~600	1 200~600	240	1 500~600	80	80	60
广西		10 000	6 000	2 000~1 300	900~600	1 757~8 257	150~120	2 259~740	150~80	150	120~80

续表

省份	总督	巡抚	按察使	知府	府丞或同知	知州	州同	知县	县丞	布、按理问（或经历）	省府司狱、吏目、巡检、典史
云南	20 000	10 000	5 000	2 000~1 200	1 200~600	1 152.47~800	300	120~800	240~80	80	160~60
贵州		10 000（巡抚署巡捕240）	3 000	1 500~800	900~500	800~500	300~200	800~400	200~60	60	60

注：本表根据乾隆《大清会典》卷四"官制四 外官"，乾隆《户部则例》卷九十一"廪禄 薪俸养廉 外省文员养廉"制作。

资料来源：根据乾隆《户部则例》卷九十三"廪禄"制作。根据乾隆《户部则例》（第二册）卷九十二"廪禄·薪俸养廉银下·外省文员养廉银下"，海南出版社2001年版，第448~456页。

养廉银的发放有两个标准：其一是品级标准，同一区域不同品级的养廉银有所不同。其二是区域标准，同一品级在不同区域的养廉银亦有所不同。养廉银的数额一般都大大超过了本级官品的正俸，如甘肃、云贵总督的养廉银更是超出其正俸的 129 倍以上。养廉银制的实行，使地方官的收入大大超过了京官，因而乾隆元年（公元 1736 年），清廷又对京官给予双俸。在乾隆《户部则例》中，对在京机关如内阁、军机处、吏部、户部、礼部、理藩部、翰林院之庶吉士及五城司坊官等机关官员亦设有养廉银①。

养廉银实行后，各级政府聘用各类幕友的费用以及其他各类杂支，均从养廉银中支出。

二、古代司法经费与罚没收入管理

中国古代财政制度在清代已经形成了完整而成熟的法律制度体系，加以清代财政制度史料保存极为丰富，因而本节将以清代为代表窥古代司法经费与罚没收入管理史之全貌，对以前各朝的相关制度则置于其中略述之。

（一）司法经费的管理

1. 司法经费的管理体制

（1）司法经费支出隶属国家财政中的中央财政。

由于司法与行政未分，故中国古代各时期的财政管理体制便是同时期的司法经费管理体制。自秦朝起，中国即实行中央集权的政治制度。这一政治体制决定了中国历代财政管理体制亦为中央集权模式，只有中央财政而无独立的地方财政，地方各级政府在财政方面的活动仅仅是在地方执行中央财政权的代表而已。

自秦代开始，历朝的财政大都分为国家财政与皇室财政。秦朝的国家财政机关称为"治粟内史"，皇室财政机关称为"少府"。汉代国家财政机关先亦称为"治粟内史"，后改为"大司农"，皇室财政机关仍称"少府"。唐代国

---

① 参见乾隆《户部则例》（第二册）卷九十一"廪禄"·部院官养廉，海南出版社 2001 年版，第 444~447 页。

家财政机关称"户部",皇室没有完全独立的财政机关,但有专门由皇室取用的库藏——大盈库。宋代国家财政机关有度支、户部和盐铁三司,而专由皇室取用的库藏则有内藏库。明代虽未设立专门的皇室管理机构,但亦有"皆为御用"的内府库以及属明宗室的宗人府。清代国家财政机关为户部,而皇室财政机关则有内务府,宗室的财政机关为宗人府。

中央司法机关与地方各级政府的司法经费没有与行政经费有明确的分工,原则上属国家财政管理。如清代六部、大理寺、都察院等与司法有关的中央机关财务,即由户部的陕西清吏司具体负责管理①。明清两代的宗人府以及清代内务府有司法权,其司法经费由该两个机构自行管理,不受户部管辖。

(2) 司法经费与行政办公经费一起包干给各级政府长官。

清代的财政管理已经形成专项预算制度。以乾隆《户部则例》为例,在财政支出项目中有廪禄(包括官员俸禄与各级学校廪禄)、兵饷、蠲恤、水利河工等专项预算项目。在廪禄项目中,除地方官员的养廉银外,还规定有各机关各等级官员的办公经费与职务补贴②。也就是说,清代办公经费实行包干到人,刑部、大理寺的司法办公经费全部包干到此两个机关的各级官员,而地方则由于行政与司法的完全合一,因而司法经费与行政办公经费一起包干到各级衙门的各级长官。

此外,中央司法机关还有专项司法事务支出,均列入"杂支"预算项目中。中央司法仅在杂支项内列有"刑部支款"与"大理寺支款","刑部每岁预领次年刊印秋审招册等费银六千两(事竣将实用数目造册咨送户部核算题销);"大理寺岁领棉榜纸七十张、榜纸二百张、抬连纸六百张、银硃一斤"③。这两项司法纸张支出,并不是全部的司法预算,仅仅是对包干给两个机关各级司法官员办公费用的补充。这一标准一直延续至清末。

2. 对司法经费支出的审计监察

秦汉时对财政的审计主要有三种方法:其一,地方郡国年终派遣上计吏至中央政府核对上年预算的执行情况;其二,专门的监察机关对中央及郡国财务

---

① 参见《康熙会典》卷十六"户部·十四司职掌·陕西清吏司",文海出版社1993年版,第654页。
② 参见乾隆:《户部则例》(第三册)卷93、94、95"廪禄·公费月银上、中、下",海南出版社2001年版,第1~56页。
③ 乾隆:《户部则例》(第三册)卷118"杂支·刑部支款""杂志·大理寺支款",海南出版社2001年版,第298、300页。

进行监察；其三，县的财务活动由郡守监察。此后历代一直都存在这三种财务监察制度。

从隋唐时起，在上述三种财务监察之外，新形成了另一种专门的财务监察制度，那便是刑部之下属机构"比部"对财政的审计。"天下财赋皆纳于左藏库，而太府四时以奏闻，尚书比部覆其出入"①。"比部郎中、员外郎掌句（勾）诸司百寮俸料、公廨、赃赎，……凡仓库出纳，营造佣市，丁匠功程，赃赎赋敛，勋赏赐与，军资器仗，和籴屯收，亦句（勾）覆之"②。

到清代，各省布政司代表户部与本省对下级政府进行监察，省以下各上级政府对下级政府行使财务监察权，户部代表中央对省布政司进行财务监察（即所谓"报销"制度），都察院及其所隶科、道监察官对各级国家机关的财务活动进行审计监察。

（二）罚没收入的管理

据《尚书》记载，早在夏朝之前的虞朝，舜帝就制定过赎刑，所谓"金作赎刑"③。依《周礼》，周代夏官司马与秋官司寇之下就设有专门管理罚金与没收财物的机构。司寇属下之"职金，……掌受士之金罚、货罚，入于司兵"；"司厉掌盗贼之任器货贿，辨其物，皆有数量，贾而揭之，入於司兵"④。所谓司兵，是最高军事长官司马属下负责兵器保管与分发的机构。秦汉以及魏晋南北朝时期均有罚金（包括罚财物、罚役）刑和赎刑，但罚赎的财物管理制度尚不明。

明清时期没有罚金刑，故罚没收入有两种：一为赎金；二为没收之财物，包括赃物之没收以及犯人家产之抄没（即籍没，为五刑以外之附加刑种）。唐代无没收与罚金刑而有赎刑。"唐制：凡属过失杀伤人罪及诬告罪应赎者，其赎铜上原则上应入被杀伤人及被诬告人之家，以为赔偿；其他罪应赎者，赎铜一律入官"⑤。凡没收之财物与所征缴之赎铜，均由州县执行，统一交由刑部下设的比部管理。根据《旧唐书·职官志二》，刑部设"比部郎中一员，员外郎一

---

① ［宋］王溥撰：《唐会要》（下）卷五十九"尚书省诸司下·度支员使"，上海古籍出版社2006年版，第1192页。
② 《唐六典》卷第六"尚书刑部·比部郎中"，中华书局1992年版，第194~195页。
③ 李民、王健撰：《〈尚书〉译注》"虞夏书·舜典"，上海古籍出版社2004年版，第14页。
④ 杨天宇撰：《〈周礼〉译注》"秋官·职金""秋官·司厉"，上海古籍出版社2004年版，第537、第538页。
⑤ 刘俊文：《唐律疏议笺解》，中华书局1996年版，第54页。

员……郎中、员外郎之职,掌勾诸司百俸料、公廨、赃赎"。

明清时期亦没有罚金刑,其财产刑两种:一为赎刑(包括金赎、役赎、工赎等);一为没收财物,包括赃物之没收以及犯人家产之抄没(即籍没,为五刑以外之附加刑种,所没收之财物称为"赃罚")。

赎刑的执行与管理机关为刑部、户部与工部。"'在外'罪囚无论笞、杖、徒、流、刑的赎刑机关都是州县初审机关。'在京'的赎刑初审机关是刑部,而决定机关是大理寺,所以在京的罪囚赎刑执行机关是刑部"。因为赎刑关涉财产,因而由户部、工部配合执行。"赎刑执行的一般程序是赎刑的执行机关州县法司和刑部根据户部、工部等部门的建议,将赎刑罪囚拨到户部所制定的粮仓缴纳米谷,发到工部指定的场所参加劳役,由户部和工部等相应机关委官监收,缴纳完后或劳役满日后,由户部、工部等相应的部门勘合、登记、造册,把完成情况连同罪囚一起送回原审衙门,照例发落的过程"①。

明代罚没的执行机关仍为州县、府、省市政司以及刑部、都察院、五军都督府断事官等有刑事审判权的机构,而赃罚银的管理机构为皇室财政机构"内府"所属的"赃罚库"。"凡十二布政司并直隶州县,有起解税粮折收金银钱钞,并赃罚物件,应进内府收纳者,其行移次第皆仿此。"②"凡刑部问疑犯该奸党等项,合抄札者,明白具本,开写某人所犯、合依某律、该某律。财产人口,合抄入官。牒发大理寺审录平允,回报各司。借由开写犯人乡贯住址明白,案呈本部,具手本赴内府刑科填批,差人前去抄札。"③五军都督府断决刑案,"凡各司问过犯人所受赃物,或金或银、或钱钞、缎匹等件,照数于犯人名下追足,责付库子下库收贮。按季各司关官一员点闸,辩验无伪,细开各起犯人原受金银、钞缎等件,具呈本厅,备呈该府,出给长单,责令原管官员并经手库子,进赴内府赃罚库,交纳足备,取获实收附卷存照"④。都察院"追征所招赃仗完足,责令库子收贮。……原收赃仗,候季终通类具呈本院,出给长单,差委御史解赴内府该库,交纳足备,取获库收附卷。如有追无现赃囚人,责供明白,

---

① 王新举:《明代赎刑制度研究》,中国财政经济出版社2015年版,第126、第127页。
② 《诸司职掌》"户部·金科·库藏·课程",载于《皇明制书》第二册,社会科学文献出版社2013年版,第429页。
③ 万历《明会典》卷之一百七十八"刑部·抄札",中华书局1989年版,第907页。
④ 《诸司职掌》"五军都督府断事官·左右中前后五司·起解赃罚",载于《皇明制书》第二册,社会科学文献出版社2013年版,第662页。

类行原籍追征,及照出合问人数,随即呈提"①。"凡各处官民犯法,律合籍没家财及有不才官吏,接受赃私、追没到金银钱钞衣服等项,俱各札付本库交收,其行移次第照依课程事例施行。"②赃罚库设"大使一员。注:旧有副使二员,嘉靖三十六年革"③。但内府库亦受户部节制。

清亦实行赃罚与赎刑分离制。"顺治初,……赃罚库皆废"④。顺治十二年(公元1655年)覆准,"道府州县折赎银两,设立循环簿,逐渐等报布政司,汇报督抚,积银备赈,岁底汇报户部稽查"⑤。似乎地方赎银无须上缴户部,仅储存于省布政司作为赈济用银,于户部仅报账备案而已。顺治十五年(公元1658年)覆准改为送按察司报户部。顺治十八年(公元1661年)议准,"凡赎锾由督、抚、按批行者,承问官通详,互相稽核解部。司道府州县自理赎锾,亦全数报部备赈"。即督抚和按察使审批赎刑案件的赎金须解交户部,而按察使及道府州县自行判决征收的赎金则仍置于地方作为赈济用银,仅向户部报备。康熙七年(公元1668年)覆准"州县自理赎锾,岁底造册申报按察司审核。按察司自理赎锾,岁底申报督抚查核,该督抚于岁底汇造清册报部查核"⑥。康熙七年之后,恢复明代赃罚库制⑦,但改隶刑部"直省赃罚银,汇解按察使司。除解刑部公用外,余皆解部,均入库收存"⑧,实际上由刑、户二部分享。原由户部与地方分润的赎金,改由全部由刑部征收转交户部。刑部另设"赎罪处,掌赎罪之事。凡赎罪,开列所犯之案以闻。……得旨准者,乃以赎锾之数,行于户部(注:奉旨准赎者,户部令依限完缴)"⑨。户部收讫后,咨刑部结案。

凡官员犯罪,愿意以做工赎罪的,在奏闻皇帝同意后,由刑部与工部协商执行。顺治十八年(公元1661年)题准,"官员人等,有犯流徒籍没等罪,情愿修造城楼营建赎罪者,呈明该原问衙门,豫为启奏,下工部查议,奏闻请定夺。"康熙二年(1737年)题准事例"犯人有愿认工赎罪者,呈明刑部,移咨

---

① 《诸司职掌》"都察院·十二道监察御史职掌·问拟刑名",载于《皇明制书》第二册,社会科学文献出版社2013年版,第645页。
② 万历《明会典》卷之三十"户部·库藏一·赃罚库",中华书局1989年版,第221页。
③ 万历《明会典》卷之二"吏部·文选清吏司·官制一·所属衙门·赃罚库",中华书局1989年版,第5页。
④ 《康熙会典》卷之三十"户部·库藏·京库",文海出版社1993年版,第1400页。
⑤⑥ 柏桦编:《清代律例汇编通考》,人民出版社2017年版。
⑦ 参见《康熙会典》卷一〇九"刑部一·刑部",文海出版社1993年版,第5403页。
⑧ 光绪《大清会典事例·户部·库藏·银库》,总理各国事务衙门承办石印本,1899年版。
⑨ 《光绪会典》卷五十七"刑部·赎罪处",武英殿版。

工部，会同将犯人情罪，修建工程，查核情罪与工程相符，奏闻请建造"①。

第二节　近代司法财物管理

公元 1840 年，历史发展到近代，西方列强开始侵略中国，中国由以前拥有独立主权的国家逐渐沦为一个半殖民地半封建的社会。西方列强的全面侵略，引发了中国社会一系列的深刻变革。其中，在司法体制层面，主要有两大变化，一是 1843 年以后西方列强在华领事裁判权的确立，该事件是清朝政府司法制度半殖民地化的重要标志；二是 1901 年以后，清政府在民族变革与危机的重重压力下所进行的变法修律，这一行动直接宣告传统中华法系解体。一直到辛亥革命爆发以前，清政府虽然表面仍维持着对中国社会大部分地区的实际统治，但由于与西方列强所签订的一系列不平等条约，中国政府事实上已经逐渐失去了在沿海地区及重要通商口岸的部分领土主权、行政和司法管辖权。辛亥革命的到来，消灭了中国社会几千年的封建帝制，与此同时，传统的司法制度也随之瓦解。

一、管理体制改革：行政司法有限分立

清晚期实行预备立宪制，由此导致司法机构也相应发生重要变化，在全国实行四级三审制，分别设立高等审判厅、地方审判厅、初级审判厅。在中央层面，1906 年，清政府改"刑部"为"法部"，掌司法行政事务，改"大理寺"为"大理院"，大理院为全国最高审判机关，在各级审判机构内部分设民事厅和刑事厅，正式区分民事与刑事案件："凡因诉讼而定罪之有无者属刑事案件，凡因诉讼而审定理之曲直者属民事案件"。同时，实行审检合署制，在大理院及各级审判机关中设立检察机构，分别设总检察厅、高等检察厅、地方检察厅和初级检察厅四级检察厅。在地方层面，清政府改省"按察使司"为"提法使司"，

---

① 柏桦编：《清代律例汇编通考》，人民出版社 2017 年版，第 28 页。

由省"提法使司"执掌地方司法行政及司法监督。

可以看到,古代中国的"行政兼理司法"模式在封建王朝后期开始松动,司法权与行政权逐渐有了分离,如《大理院审判编制法》中对此有明确规定:"自大理院以下,及本院直辖各审判厅、局,关于司法裁判,全不受行政衙门的干涉,以重国家司法独立大权,而保人民身体财产"[①]。清末的司法制度改革在客观上起到了促进传统司法向近代司法体制转变的作用,为近代化的司法体制发展奠定了重要基础,终结了古代司法权与行政权不分的局面,初步确立了司法与行政分离的原则,在机构的设置上建立了近代化的四级审判机关,同时也设立相应的检察机构和警察机构,这种司法体制在之后被承袭,由此开始了中国法制向近代化转变的历史进程。

虽然在司法体系的分工上,明确了独立审判原则,但是此时的行政权与司法权就没有完全分离,仍属于有限性的分离状态,审判机构"大理院"官员的人事由法部掌管,一些案件的决断权仍要由法部来进行审核,导致两个部门的职能冲突,法部对大理院的人事任命权与案件复核权使其拥有对大理院的控制权,有悖司法独立原则,也由此而引发法部和大理院的部院争权。但在封建王朝的集权统治下,最终大理院也没有真正实现"司法独立"。

到了民国时期,在《中华民国临时约法》(以下简称《临时约法》)中也有对两权分离的相关规定,即明确规定了法官独立不受上级干涉的审判原则。但《临时约法》在司法独立方面也存在缺陷:一是仅对司法独立作出原则性的架构,缺乏可操作性的进一步说明;二是在法官的任命规定上,使行政对司法独立可能存在严重干扰。而到了袁世凯时期,司法独立沦为其政治需要的一种装饰,其对司法独立的肯定更多的是出于政治表演和作秀,《中华民国约法》规定总统大权独揽,将三权分立变为一权独裁,在三权架构中,缺少了立法权,司法权更多的是形式保留,因此,这一时期的司法权名不副实。

二、管理主体与调整方式

清晚期,司法与行政有限分立,但司法行政事务的基本管理模式仍为行政

---

① 范忠信、陈景良:《中国法制史》,北京大学出版社2007年版,第507页。

型，即由法部统一负责监督管理，法部控制了司法审判机关的人事任命权，其财物管理层面亦如此，虽有司法机构建制，但缺乏相应人员和物质保障。

为推行司法独立，南京临时政府进行了一系列制度安排，在人事上为保证法官的素质，举办了全国性的司法官考试并建立律师制度，律师的管理机构为司法部下的叙科。1914年2月18日，司法总长梁启超辞职，并于当天提出改良司法之计划，其中就包括改四级三审为三级三审制，由县知事兼理地方司法的权宜之计。之后袁世凯下令撤销全国2/3的地方审判厅和检察厅，一方面由县知事兼理司法，另一方面也想方设法来避免这一做法所产生的弊端。由县知事兼理司法的方式导致问题重重，如费用滥收、腐败横生，有文字这样写道："莆田县知事于部颁状纸概置不用，只用旧式，呈纸每张售卖八片，递皇费每张十二角，代书盖戳二角，讼费概不照章，差勇警队下乡，每人夫价三四元或一二元，委员则四五十元或二三十元，此外复有跟人随封及掉房土勇，开费至委员差役票覆礼，其价不等，又堂讯礼值堂房八角，堂事二爷七角，护勇四角，茶役四角，油烛二角，记供二角，书记生出票礼四角，若遇派委加办文礼四角，按之钧部，多不符合，含冤著类因诉讼无资诸多屈抑……"。① 县知事兼理司法时期，司法经费与司法官员的薪酬均需仰仗县长大人，离开了县长，地方司法官员就无经费来源，因此在进行司法改良倡导司法与行政分享的时代背景下，该时期县知事兼理司法的方式明显表现出司法独立发生了异化。

第三节 新民主主义时期的司法财物管理

在新民主主义时期，司法财物管理伴随人民司法制度的创立、根据地与延安13年局部增强人民政权建设，司法制度的发展相适应而创建，形成了这一时期司法财物管理的特色。

---

① 《司法部伤县知事兼理司法其发售状纸征收讼费均应遵照定章文》，载于《政府公报分类汇编1912~1914》"司法"扫叶山房北号编。

一、战时根据地司法财物管理体制

中华苏维埃临时中央政府成立后,在中央采用分离制,实行审判权和司法行政权的分离,而在地方则遵循审判同司法行政机关合一的原则。在中央设立司法人民委员部,领导全苏区的司法行政工作,包括干部的任免、奖惩、教育、培训等,地方各级裁判部在司法行政和审判业务方面分别接受司法人民委员部和临时最高法庭的领导,它们本身则兼司法审判和司法行政的事务管理。

抗战时期和解放战争时期,司法管理体制在根据地的地方层面由"合一制"开始转向司法权与司法行政事务权相对分离。战争环境下,根据地实行政府领导司法的体制,各级司法机关均由同级政府领导,实行工作的集中统一领导。1937年,陕甘宁边区率先成立高等法院作为全边区的最高司法机关,同时处理全区的司法审判、司法行政以及最高检察事务。高等法院实行院长负责制,法院下设总务科,由法院院长直接领导,总务科自行处理会计事务及其他不属于各部门的事务。

华北人民政府成立后,开始实行司法行政机关与审判机关的分立。政府设立人民法院专门掌管审判事宜,同时设立司法部专门处理司法行政事务。到中原临时人民政府成立时,在中央设立司法部专门管理司法行政事务,包括法院的设置与变更、司法人员的教育以及经费的预算、开支及报销等。但在解放区的省以下仍采用审判机关与司法行政机关合一的工作体制。

二、战时根据地司法财物管理主体

在管理主体上面,战争时期呈现出分散化和集权化并存的现象。中华苏维埃具有审判职能的组织很多,除了普通的审判机关裁判部、革命法庭、临时最高法庭外,还有负责军事审判的军事裁判所,负责镇压、整肃反革命的国家政治保卫局和肃反委员会等。虽然司法主体呈现出多元化,但与之相对应的却是权力管理的集权化,司法机关同时隶属上级司法部门及同级党政的领导,这些机关的行政事务包括财物管理受司法人民委员部统一领导。在陕甘宁边区实行高等法院对全边区的统一司法管理，其下设部务科专司法院的会计事宜、生产庶务及不属于其他部门的职能。晋冀鲁豫边区设司法行政处，负责管理各级别法院的收入和经费等系列事宜。至华北人民政府成立以来，设立司法部专职司法行政事务，司法行政与审判在中央层面实现分离。

三、战时根据地司法财物管理内容

战时根据地司法管理内容的主要特点：一是管理规范层面，呈现非职业化与非专业化。参与法院管理的人员多为人民群众。这与当时的战争背景有直接关系，通常情况下办理与司法办案有关联的司法财物管理事项等司法管理事务，没有与案件相关的司法财物事务则从事根据地的其他活动。不仅司法财物管理的人员出现非专业化的特点，而且法官的来源大多是非专业的人士。这不仅直接影响到法院财物管理的质量，而且导致司法的非职业化。二是管理内容层面，司法财物管理的对象包含司法经费预算及开支等财物管理事项。在陕甘宁边区，司法经费管理实行院长负责下对司法会计在内的全边区的司法行政事务管理；在晋冀鲁豫边区则实行各级别法院的收入和经费以及各级人员的教育等行政事宜。随着革命形势的不断发展，华北人民政府对司法财物经费实行统一管理；中原临时人民政府则对司法经费的预算、开支和报销事宜实行统一管理。

第四节　新中国成立以来我国司法财物管理的发展历程

一、改革开放前的司法财物管理

1. 多元管理体制下的司法财物管理（1949~1953年）

根据《中央人民政府组织法》的规定，最高人民法院和最高人民检察署隶属于中央人民政府的领导。根据《中央人民政府司法部试行组织条例》，明确规定司法部负责法院、检察署的办公楼建设、物资装备、财政保障等财物管理与机构设置、人员编制、干部任命、干部培训等司法行政工作。该条例同时规定，其负责"地方审检机关之设置、废止或合并及其管辖区域之划分与变更事项，但应商同最高人民法院、最高人民检察署及大行政区政府或省（市）人民政府办理"，并具体承担管理司法机关"关于司法经费之厘定"等15项具体行政事务，建立起"适度分离与商同管理模式"。① 与此相匹配，《中华人民共和国人民法院暂行组织条例》（以下简称《暂行组织条例》）第25条，《中央人民政府最高人民检察署试行组织条例》（以下简称《试行组织条例》）第8条，分别赋予审判机关、检察机关承担部分司法财物管理的职责，明确各级法院、检察署设置专门司法财物岗位，掌理庶务、会计、统计等事务②。其后的《暂行组织条例》《试行组织条例》及《各级地方人民检察署组织通则》就法院、检察署业务包括司法财物管理在内的业务系统、办公系统、人事系统、研究系统等进一步作了类型化的划分与制度设计。由此建立起中央控权下的审判权、检察权与部分司法行政管理权、财物管理权混合管理体制。

2. 同审判权、检察权运行体制相适应的司法财物管理权"统"与"放"并存运行阶段（1954~1959年）

随着我国国体、政体的制度化、定型化，经济、政治、文化、社会体制的规范化，司法财物管理体制也随之相应发展完善，司法财物管理模式则与审判权、检察权运行体制相适应，实行"统"与"放"并存的管理机制。随着1954年《宪法》《人民法院组织法》《人民检察院组织法》的颁布，最高人民法院、最高人民检察院作为国家权力结构的重要组成部分，从中央政府统一管理体制下分离出来，成为与国家行政机关——国务院地位相向平行、相互独立的国家机构（俗称"一府两院"）。从而建立起中国共产党统一领导、由全国人民代表大会及其常务委员会产生、向其负责并接受其监督的审判权、检察权与行政权分离制约的新型国家权力运行结构。与此相适应，审判机关的审判权与审判财物管理权继续沿用新中国成立初期设定的"两权分离"运行的模式，即审判权

---

① 徐汉明：《论司法权与司法行政事务权的适度》，载于《中国法学》2015年第4期。
② 参见《中华人民共和国人民法院暂行组织条例》第25条；《中央人民政府最高人民检察署试行组织条例》第8条。

由各级人民法院依法独立行使,而其审判财物保障则仍由层级的司法行政机关负责;检察机关由于《宪法》确定其实行垂直领导的体制,因而实行检察机关内部检察权与检察行政事务管理权"上下一体、内部统筹"的混合管理模式,在此背景下,检察财物保障则实行层级检察机关内部财物管理与政府公共财政等部门管理相结合的运行体制。

3. 审判机关、检察机关自行管理司法财物事务阶段(1959~1966年)

随着我国司法组织机构的健全完善,这一时期强调"司法改革已基本完成,各级人民法院已经健全,人民法院的干部已经充实和加强,司法部已无单独设立必要"等缘由,加之第二届全国人民代表大会第一次会议通过决议撤销司法部①,由司法部主管的司法财物管理事务交由审判机关自行管理;检察机关司法财物管理事务则继续实行系统内混同管理模式。②

4. "文化大革命"阶段(1967~1977年)

"文化大革命"时期审判机关、检察机关的职能被军管委(会)接管,不仅审判机关、检察机关的组织体系被破坏,审判职能、检察职能被替代,与审判权、检察权相伴而生的司法财物管理亦不复存在。③

二、改革开放以来的司法财物管理

1. 审判权、检察权与司法财物管理权"统"与"放"并存模式恢复运行阶段(1979~1982年)

伴随改革开放、民主法制建设的推进,检察院、司法部恢复重建,司法部重新履行审判机关的机构设置、人员编制、办公机构、干部任命、物资装备、经费保障等司法行政职能。1978年《宪法》重新规定设置检察院,明晰其法律监督的性质及其地位,全国检察机关重建,检察机关的司法财物自行管理的体制得以恢复。

---

① 《关于撤销司法部、监察部的决议》,1959年第二届全国人民代表大会第一次会议通过。
②③ 徐汉明:《论司法权和司法行政事务管理权的分离》,载于《中国法学》2015年第4期。

2. 审判机关、检察机关司法财物自行管理与层级政府公共财政部门管理相结合的司法财物"层级分权控制"阶段（1982~2014年）

与发展完善的中国特色社会主义政治体制、政治权力配置结构及其运行模式相适应，最高人民法院与司法部于1982年8月联合行文，明确将司法行政机关主管的审判机关包括财物管理在内的司法行政事务移交审判机关管理①。检察机关的司法财物管理事务仍由其自行管理。至此，审判机关、检察机关的司法财物相向平行管理的运行体制正式确立。随着其后推行中央与地方财政"分税制"，并实行"分灶吃饭，分级管理"的改革，使司法财物实行内部管理的同时，又与层级中央与地方"分灶吃饭，分级管理"财物保障体制紧密结合，形成了对司法财物"层级分权控制"的管理体制。这集中表现在：一是计划、财物、医疗、卫生等保障则由政府的计划、财政、卫生、住建、行管等部门控制管理；二是编制、机构、人员管理由层级党的组织系统、政府人事部门等控制管理；三是涉及司法资格考试、司法协助等外部司法事务则由司法行政机关管理；四是司法权运行及法官、检察官行为规范则由党的纪检机关和审判机关、检察机关内部监察机构"双重分权控制"管理，而司法机关仅仅承担与司法业务密切相关的司法事务管理。这种"一元分权控制"模式旨在强化确保党对司法权统一领导，具有其缘起、发育、发展与完善的制度环境，是由当代中国特定的社会物质生活条件所决定的。从公共财政管理体制看，司法财物保障则受制于"分灶吃饭，分级负责"的保障体制，这种体制成为保障和服务司法权统一公正高效行使的掣肘，司法财物管理面临诸多困境②，集中表现在：司法经费保障总体水平偏低，同司法任务日益加重不相适应；司法经费保障增幅与财政收入增幅不协调，同司法工作协调发展不相适应；分类负担的司法经费保障政策不完善，同司法工作的持续发展不相适应；司法"收支两条线"运行存在"明脱暗挂"现象，同司法健康发展不相适应；东部、中部、西部司法人员工资福利待遇差距拉大，"同工不同酬"的现象极为突出，同司法事业可持续发展不适应；司法基础设施建设欠债多包袱重，偿还难度大，影响司法形象。"一元分层控制"的司法财物管理模式的运行特点表现为：东部、中部、西部人员经费保障水平差距大；省际之间司法人员经费保障差距大。基本工资基本相等，但

---

① 《司法部、最高人民法院关于司法厅（局）主管的部分任务移交给高级人民法院主管的通知》。
② 徐汉明：《论司法权和司法行政事务管理权的分离》，载于《中国法学》2015年第4期。

津补贴差距大；同一省、市、县（区）级法院、检察院津补贴差距大；与中央垂管单位和政法机关相比差距大；基层司法人员职级待遇低。[①]造成司法财物保障困境的根源是多方面的。从司法管理体制层面看，其在于"司法地方化、司法行政化、司法低职业化、司法权配置异化"的体制性弊端的制约。从财物管理体制角度看，其在于公共财政保障的"分灶吃饭、分级负责"的固化。人员经费保障差距大，尤其是基层人员待遇低对落实司法工作科学发展，公正廉洁执法等，均在一定程度上带来不良影响，从财务供给平衡力、保障力的视角分析，其带来"三难"现象：（1）人才引进难。由于地方财力有限，人员经费得不到保障，直接影响人才引进难。由于经济欠发达，工资待遇低，导致高素质的法律专业人才不愿意去。（2）留住人才难。由于司法机关工资待遇低，专业性强，人员流动性小，特别是在市场经济条件下，司法机关行业内形成人才恶性竞争，一些法官、检察官偏重物质利益，或未来个性发展及家庭实际情况，而导致流失较为严重。（3）安心基层难。由于司法机关人员工资、津贴待遇出现地区地域性差异，同工不同酬，造成很多司法干警心里不平衡，盲目攀比待遇，难免会产生一些情绪，影响到其他年轻同志，不利于司法机关的稳定和发展[②]。

在此种财物管理体制下，造成这些危害的根源是多方面的，从司法财物经费保障视角透视，主要体现在：（1）人员经费保障模式有缺陷。2006年，国家颁布实施的《中华人民共和国公务员法》（以下简称《公务员法》），标志着公务员的工资分配步入规范化、法制化的轨道，特别是2006年工资制度改革以后，规范了各项津补贴，在一定程度上缓解了长期以来分配不公，差异较大，秩序混乱的局面。但没有考虑到司法人员属于国家司法类人员，其与国家综合类公务员有着本质不同的属性。目前，司法机关的个人工资待遇仍实行的是《公务员法》的规定，现有的检察官、法官津贴只是以辅助的形式计入个人待遇。既受行政职级数的限制，又受当地津补贴不平衡的制约，造成检察官、法官晋级津补贴待遇空挂，"从优待警"的政策成为一句空话。（2）分级保障有错位。这次司法体制改革明确规定：现行政法机关的经费保障体制为"明确责任、分类负担、收支脱钩、全额保障"，其中人员经费由同级财政负担。实质上进一步强

---

① 徐汉明：《中国检务保障体制改革研究》，知识产权出版社2013年版，第144页。
② 徐汉明、林必恒等：《深化司法体制改革的理念、制度与方法》，载于《法学评论》2014年第4期。

化了传统分级保障模式,人员经费保障不平衡、差距大的矛盾未能得到化解。(3)与《中华人民共和国检察官法》(以下简称《检察官法》)《中华人民共和国法官法》(以下简称《法官法》)配套的人员经费保障体系缺位。《检察官法》和《法官法》规定检察官、法官享受国家规定的业务津贴、地区津贴、其他津贴以及保险和福利待遇。现行的司法人员经费保障模式仍然是按《公务员法》的规定执行,按照司法体制改革的要求,没有建立区别于公务员的司法职务序列和职数比例;没有建立不同于一般公务员的工资、津贴和待遇标准;也没有体现鼓励干警和高素质人才志愿到基层和经济欠发达地区工作的激励机制。同时,与公安执行的警察序列不匹配,与中央垂管单位的保障体制更是不协调,导致同工不同酬,基层司法干警待遇低,行业人员待遇差距大,长期困扰基层队伍稳定的问题没有得到根本解决。[①]

3. 司法财物省级统管"类型化"模式并存运行阶段(2015年以来)

这集中体现在以北京市、上海市、重庆市、湖北省、吉林省等省(直辖市)率先推行的司法财物"省级统管"模式。其改革的主要内容是:实行经费、财物管理、资产管理、债务化解"四个统一"保障的管理体制。广东省、安徽省、贵州省等地实行司法财物"省地结合"的管理模式,做到"四统并举"即统省级管理模式、统经费资产责任、统项目规划、统政策保障;"三个不变",即政策性奖励、公积金等经费支出依据属地原则,由地方财政保障不变;基础设施建设等债务化解由地方政府负责清理承担不变;地方政府支持人民法院、人民检察院基础建设的力度不变。这种"省地结合模式"在其他省推行"财物省级统管改革方案"中也并不鲜见。如广东在贯彻"统分结合"原则下规定,法官、检察官、司法辅助人员、司法行政人员的基本工资由省级统管,但地方性津补贴则由各地财政负担;市、县级法院、检察院作为一级预算单位,由省财政直接拨付资金。其他中西部地区因各种因素影响与制约,在推进司法财物"省级统管"改革过程中则采取"统分结合、以块为主"的传统司法财物管理模式。

[①] 徐汉明、林必恒等:《深化司法体制改革的理念、制度与方法》,载于《法学评论》2014年第4期。

第四章
域外和我国港澳地区司法机关财物管理研究

在当前深化司法体制改革的大背景下，研究其他国家和我国港澳地区的司法财物管理，有利于我国司法机关从中汲取有益经验，查找问题短板、加强沟通交流，更好地推进司法机关财物管理的科学发展。众所周知，法系是在对各国法律制度的历史渊源和现状进行比较研究过程中形成的，它是对若干国家和地区的法律现象的总称。依据近代英国、法国为代表的资本主义国家在殖民掠夺过程中将其法律制度移植传播给殖民地国家所形成现象为划分标准，当代世界国家的法系主要可以分为大陆法系和英美法系这两大法系。在传统法系视域下，我国作为中华法系其产生源远流长，对东亚和东南亚地区国家曾产生广泛而深入的影响；印度法系曾对南亚地区国家产生过一定影响；伊斯兰法系在西亚和中亚地区尽管受到大陆法系与英美法系国家的殖民掠夺和法律制度的严重侵入，但其至今仍保留着深刻的影响。下面，以大陆法系和英美法系这两大法系的代表国家为解析对象，讨论当代主要司法机关财物管理模式。

第一节　大陆法系国家司法机关财物管理

大陆法系，亦称罗马法系或民法法系，指欧洲大陆上源于罗马法、以1804年《法国民法典》为代表的各国法律。1896年，德国以《法国民法典》为蓝本制定了《德国民法典》，该法典以后为一些国家所仿效，使大陆法系又被称为罗马——德意志法系[①]。大陆法系的最典型代表就是法国和德国，除了这两个国家，还包括意大利、比利时、瑞士、西班牙等欧洲大陆国家，也包括曾是法国、西班牙、荷兰和葡萄牙四国殖民地的中美洲的一些国家，非洲地区的国家如阿尔及利亚、埃塞俄比亚等，其传播影响达110个国家[②]。我国在清末及民国时期所学习和引进的西方法律，基本上是以大陆法系国家为参照蓝本。下面，在具体讨论司法机关财物管理的模式上以大陆法系的典型代表国家法国和德国为分

---

① 吴祖谋：《法学概论》，法律出版社2013年版。
② 本统计引自最高人民检察院参加筹备党的十七大《关于建立健全惩防腐败体系》《加强执法执纪队伍建设》课题组的调查统计。

析对象。

一、法国："中央保障，司法部管理"模式

法国的司法财物管理模式可概括为，其法院与检察院系统所需的经费主要由中央财政统一保障，由司法部进行统一管理。其采用中央集中保障的目的是维护司法办案的公正性。法国法院系统主要由普通法院系统和行政法院系统两部分组成。普通法院系统主要由最高法院、上诉法院（包括重罪法庭）、基层法院（包括初审法庭和大审法庭）组成；行政法院系统主要由最高行政法院、上诉行政法院、行政法庭组成。

1. 财物管理模式层面

以普通法院系统为例，最高法院和上诉法院向司法部提出财物预算，司法部审查并与财政部商议后提交议会，经由议会批准通过之后，财政部将预算直接划拨给司法部，再由司法部按照议会批准的预算方案将经费划拨到最高法院和上诉法院。对基层法院而言，需要将每年所需经费预算向上诉法院提请，上诉法院汇总后由司法部提出司法预算呈交议会。业经批准后，各法院经费由国家中央财政统一拨付，然后由上诉法院具体执行经费预算。

2. 财物管理方式层面

法国对司法经费使用管理实行"双首长制"。以普通法院系统为例，"最高法院的日常财物工作由司法部管理的司法行政人员具体负责，上诉法院及其司法管辖区的各基层法院的经费由司法部部长授权上诉法院院长和总检察长共同管理，此即法国上诉法院司法行政管理工作的'双首长制'"①。

二、德国："两级保障，各部负责管理"模式

德国的财政管理实行的是联邦、州和市镇三级财政管理体制。但是，德国

---

① 梁三利：《法院管理模式研究》，法律出版社 2010 年版。

的司法体制却采用联邦和州两级管理。与之相适应，德国的司法财物管理实行联邦与州两级保障体制，联邦司法系统与州司法系统之间相互独立的管理模式。其特点如下：

1. 管理模式层面

联邦政府负责联邦各法院、检察机关、警察等司法机构的经费保障，各州负责监狱经费和州属司法机构的经费保障。为体现各州司法的独立性，各州除了通过统一的财政平衡政策得到联邦给予州财政的转移支付资金外，联邦各部门均不能给州司法部门补助任何经费。①

2. 财物管理机构层面

不同司法系统由各自对应的专门机构负责。例如，内政部负责管理警察经费，联邦司法部负责管理联邦法院及联邦检察院的经费，各州的司法部负责管理监狱及各州属法院和检察院财物经费，其他专门法院如劳工法院和社会法院等的经费则由"劳工部"和"社会福利部"等专门机构负责管理。

3. 财物管理机制层面

德国联邦和州的法院和检察院的财物经费由司法部统一管理。以联邦法院为例，每年年初，联邦各法院提出司法预算并报联邦司法部，再经由联邦议会批准，继而由联邦财政部直接将经费划拨联邦司法部，最后由司法行政人员具体负责法院的财物管理等事宜。与之相对应，州法院和州检察院的经费不受州以下地方政府管理，直接由州级司法部进行管理。

4. 司法经费投入层面

德国的司法经费投入主要集中在州一级空格间隙较大"州法院的支出约占州预算的3.5%；经济相对富裕的巴伐利亚州，法院、检察院、警察、监狱的司法支出占州公共支出的19.3%；相对贫穷的柏林州仅占11.6%"②。

---

① 财政部行政政法司：《英德美巴司法经费保障情况》，政府采购信息网（国际视野），2015年7月15日。
② 刘晶晶：《我国检察机关经费保障体制改革研究》，湖南师范大学硕士论文，2011年。

第二节 英美法系国家司法财物管理

英美法系,又称普通法法系。英国法系是以英国自中世纪以来的法律,特别是它的普通法为基础而发展起来的法律的总称。实行英美法系的国家有英国、美国、加拿大、澳大利亚、新西兰、马来西亚、印度、巴基斯坦等59个国家[①]。英美法系国家在司法机关的财物管理体制和模式上,又可以大致分为以司法行政机关为主导和以国家司法委员会为主导的管理体制。

一、以英美国家为代表:"中央主导、司法财物自主管理"模式

(一) 管理体制

从管理体制上来看,英国和美国司法财物管理实行的是,以中央主导司法自主管理的模式。在实践中,两国的司法财物管理在中央主导司法财物自主管理层面有一定差异。

1. 英国实行"多元司法财物管理体系及其多元司法财物管理"模式

英国的司法传统按地域划分为英格兰、威尔士、北爱尔兰及苏格兰多个区域,形成现行多元的司法财物管理体系及其司法财物管理模式。为此,有关法院司法行政管理模式仅以英格兰、威尔士地区为蓝本。其法院组织体系一方面深受历史沿革的影响,另一方面在当代增进组织运作效率的大时代背景下又不断地演进变化。自英国"光荣革命"确立君主立宪制以来,其400多年一直没有设立最高司法机关,而是由国会上院、贵族院行使最高司法裁判权,这种状况一直延续到20世纪90年代。英国为此不断推动司法管理模

---

① 本统计引自最高人民检察院参加筹备党的十七大《关于建立健全惩防腐败体系》《加强执法执纪队伍建设》课题组的调查统计。

式的改革创新。1918年，时任霍尔丹政府曾提出创设最高法院未被国会通过。1977年，时任首相卡拉汉向国会提出改革司法管理体制的议案，直到1986年由时任首相撒切尔夫人经努力，才得以完成，其提请国会通过颁布了《刑事起诉法》，设立皇家检察官，创设皇家检察院。2003年，时任首相布莱尔提出"宪法改革法案"，直到2005年才由英王批准生效；2007年英国设立司法部；2009年10月众议院、参议院两院通过设立联邦最高法院，英国才弥补了司法管理体制中最大的缺陷——无最高司法机关，由此英国才建立起了包括财物管理的司法事务管理由最高法院自治管理，与其他普通法院包括财物管理的司法事务由司法部管理的"自治管理＋外部合作管理相结合"的司法管理模式[1]。就检察事务管理模式而言，20世纪80年代，撒切尔夫人着手推进司法改革，主要包括：提请国会通过《刑事起诉法》；创建皇家检察院（皇家公诉署），实行中央统一保障、司法部管理的检察财物外部管理模式。在苏格兰地区，仍然实行传统的有别于英格兰、威尔士地区乃至北爱尔兰地区的包括检察经费管理的检察事务管理体制。从而形成了"多元司法财物管理体系及其多元司法财物管理"模式。

2. 美国实行中央与州两级主导、司法财物自主管理模式

美国联邦与州并立的政治法律制度安排，决定了美国的司法财物管理模式实行的是联邦与州"双轨并立的自治型"管理模式。主要包括：（1）联邦法院司法行政事务自治主导的司法财物管理模式逐步定型化。不同于大陆法系国家如德国、法国以司法部为主导的司法管理体制，其在"三权分立""司法独立"的政治权力构架内，美国联邦司法部仅作为行政权的组成部分，被排除在体现和保障司法权独立运行的司法财物管理体制之外。其司法财物管理体制的形成经历了一个曲折发展的过程，直到20世纪上半叶才初步定型化。首先，法院财物管理与司法活动相协调并保持高度独立。因此，与司法审判活动密切相关的司法政策制定（除法官任免之外）、司法人员管理、案件流程管理、司法财物管理等司法事务管理权力从一开始就被牢牢控制在主要由各级法院首席法官、首席大法官组成的法院核心管理层手中。其后，随着司法统一化的发展，一些涉及司法宏观性政策性的权力被集中于主要由资深高级法官组成的联邦司法会议、

---

[1] 牛淑贤：《英国近现代司法改革研究》，山东人民出版社2013年版，第153页。

司法理事会等合议机构。在司法核心业务管理层面,"法官治院"是美国联邦法院体系的基本模式。随着法院规模不断扩大及司法活动的不断拓展,法院作为一个机构的日常运作成为其核心司法活动之外日益复杂和重要的管理内容,仅靠首席法官(大法官)的个体化操作日渐难以应对,于是包括财物管理在内的专门性日常行政事务管理被从司法业务管理中独立出来,交由专设机构负责。1849 年之前,联邦法院的财物等行政事务管理权归属联邦财政部。自 1849 年始,则由联邦内政部负责联邦法院体系的行政事务工作①。1870 年,联邦司法部接管了联邦法院的行政管理工作。但这一制度设计将法院的行政管理交予政府行政部门之手,被认为带有行政权力干涉司法权力之嫌。直到 1939 年,联邦立法机构颁布了《联邦法院行政办公室法案》,确定设立法院行政办公室。尽管该专设机构工作性质带有行政色彩,但相对独立于国家行政权,仍被认为是司法体系内部的辅助性机构,接受联邦司法会议领导。② 其既保证了法院系统日常行政事务管理的专业性,又维护了司法系统与行政系统之间的相对独立性,这一包括财物管理内容的司法行政事务管理模式得到美国社会的广泛接受,而一直延续至今③。至此,美国联邦法院系统的"内控自治式的二元司法财物管理模式"基本形成。这一司法财物管理模式的其核心要义是,建立司法经费供给与使用相对独立的管理机制,各司法管理部门和机构各司其职且拥有独立的地位。这些对于保证司法独立与司法公正具有极为重要的意义与作用。(2)各州法院财物自治管理模式。美国各州的司法财物管理虽然各有差别,但其主流依然是联邦司法体系及其司法财物自治体系的传统。其宏观架构上共性大于差异,主要在细节上体现各州的特色。一般而言,最后的包括财物管理的行政事务管理权属于最高上诉法院或其首席法官,并设置 1 名行政助理具体负责此项工作。传统上,州各级法院没有统一的司法行政管理机关。近年来,大多数州都在尝试设立全州性的包括财物管理在内的司法行政事务管理机构。因美国 50 个州各自的司法体系之间往往大同小异,各具特色。

---

①② 参见 Fish P. Graham. *The Politics of Federal Judicial Administration* [M]. Princeton University Press,2015,p 26。
③ 参见 James C. Duff,Director's Annual Report 2017,Washington:Administrative Office of the U. S. Courts.

(二) 管理主体

1. 英国司法财物管理主体的多元化

英国的法院和检察院财物管理主体具有明显的差异性。(1) 英国法院财物管理主体层面。英国法院财物管理实行多元的管理主体。这表现在：在英格兰和威尔士地区，2007年新设立的司法部为最高法院以外所有司法机构包括财物管理在内的司法行政事务的主体；而联邦最高法院包括财物管理在内的司法行政事务管理主体则为首席大法官及其领导下的首席行政官[①]。因此司法财物管理主要由中央政府下设的宪政事务部统一负责。宪政事务部下设机构负责皇家法院财政预算和行政管理，财政预算提交议会获得批准后，经费由财政部拨付给皇家法院司，再由皇家法院司通过各个司法行政区的专门管理机构进行拨付。但是，应注意的是"英国民事法院的经费是案件当事人交纳的案件诉讼费，中央财政对于民事法院的经费一般不下拨"[②]。而在苏格兰地区，没有统一包括管理财物在内的专门从事司法行政事务管理的部门，其主要由苏格兰各普通法院、特别法院自治管理，与一个苏格兰政府机构负责对苏格兰地区普通法院和特别法院包括财物管理在内的司法行政事务管理。在北爱尔兰地区，司法财物管理权仍归属于北爱尔兰的大法官部，其司法权与司法行政事务管理权属"同体运行"。(2) 检察财物管理主体。英国检察财物管理虽然实行多元主体，但其管理主体与检察管理体制密不可分。在英格兰和威尔士地区，检察机关管理实行"分级设置、上下一体、垂直管理"的体制[③]，其财物管理主体呈现出与之相适应的同体化特征。即在英格兰和威尔士地区，代表英国检察机构的是由以总检察长为首长的中央法律事务部、刑事检察署以及区检察署。英国政府和财政分为中央、郡、区（镇）三级，其经费由中央财政统一保障。英国的检察机关系统实行上下级的垂直领导，自成体系，统一行使公诉权，在中央设总检察长和皇家检察院，在英格兰和威尔士下设郡检察院，检察系统不对地方政府负责。与之相对应，英国检察系统的财物管理实行中央统一保障、自主独立管理。在

[①] 参见 P. S. 阿蒂亚，R. S. 萨默斯：《英美法中的形式与实质——法律推理、法律理论和法律制度的比较研究》，金敏、陈林林、王笑红译：中国政法大学出版社2005年版，第284页。
[②] 财政部行政政法司：《英德美巴司法经费保障情况》，政府采购信息网（国际视野），2015年7月15日。
[③] 参见 The Crown Prosecution Service, CPS Annual Report 2017-2018. London。

财物管理主体方面，与英国检察系统结构相对应，其检察系统的财政独立，经费调配全由上级负责。

2. 美国司法财物管理呈现联邦与州分离独立的"双元主体"

（1）联邦法院以州法院分离独立的财物管理主体。美国联邦法院的经费事务均由联邦法院行政事务管理局来负责，包括制定司法预算并负责向各法院分配资金、法院内部财物审计事务以及司法人员的薪金发放等。依据《反经费短缺法案》的相关规定，联邦法院的拨款和经费应由联邦法院行政管理局的局长负责与调配；联邦法院行政管理局每年向联邦司法委员会提交联邦法院系统内的预算方案时，一并提交至总统领导的预算办公室，但"预算方案只是递交给总统管辖下的管理和预算办公室，总统的管理和预算办公室并无权限审核或修改联邦司法委员会的预算方案，其只负责将司法委员会的预算方案包括在总统的预算中而已，最后一并递交给国会批准；该预算方案通过后，直接由联邦司法委员会的下属——联邦法院行政管理局，负责经费的具体运作"[①]。而在州法院层面，法院的司法行政虽没有联邦的司法行政事务管理机构，但其基本运行模式却接近于联邦法院，大部分州级最高法院拥有制定规则的权力，且控制着州内所有法院的全面管理和监督[②]。（2）美国检察财物管理实行联邦与州分离的多元管理主体。同联邦与州检察体制"双轨运行"相适应，联邦检察系统的财物经费由联邦政府统一负担；州以下地方检察系统财物经费则由所属的州、县或镇（市）地方政府承担。除此之外，根据实际情况的需要，美国联邦政府也会对地方检察机关的执法活动实行一定的工作经费补助。

3. 管理绩效

英美两国不仅对司法机关提供充足的经费，还为法官和检察官的人员经费提供充分的保障，从而有效保证了财物管理活动开展。从管理绩效看，英国的司法财物管理运行良好，其经费得到较坚实的保障，财物管理经费在财政支出中占比较高，如2004年英国的"法院、检察院、警察、监狱经费占中央政府全部支出的8.3%，相对于2003年增长了6%"[③]。美国对司法财物经费投入，无论是在联邦层面还是地方层面，其司法经费的财政投入均较为充分。

---

① 周玉：《我国法院经费体制问题研究》江西财经大学硕士学位论文，2011年。
② 韩苏琳编译：《美英德法四国司法制度概况》，人民法院出版社2008年版。
③ 贾新怡、唐虎梅：《借鉴有益经验构建符合我国国情的司法经费保障机制》，载于《财政研究》2006年第4期。

二、以加澳为代表:"国家司法委员会体制下的司法财物管理"模式

(一) 管理体制

1. 司法经费保障机制

2003年,加拿大联邦法院成立了专门的司法行政管理部门,并雇员进行管理。法院每年度的预算由国会确定、政府下拨。法官的工资和福利由专门的资金渠道支付,通过国会制定的法令执行,不需要每年制定预算。行政法律事务部的行政长官可以自行决定经费如何运转,无须向政府部门报告。每4年成立一个委员会,主要由法官组成,政府方面也会派代表参加。每年的4月1日至次年3月31日为一个财政年度,一般提前3个月前作出预算,每3个月重新审核一次。行政长官可以根据重新审核的结果在内部各部门之间调剂使用经费。各部门经费一般没有余额,如果有剩余经费,一般会投入IT部门购买设备,还可以保留5%的剩余经费次年继续使用,超过的部分则交回政府重新分配。行政管理方面的经费,包括人员工资、房租、建筑维护均由政府出资,法官、书记员等的工资由单独资金进行保障。部门预算没有逐年增长的规定,雇员如果需要增加工资,只能在现有经费范围内进行调剂。突发性事件及紧急情况如暴乱等方面需要的资金均由政府负责保障。

2. 法官和行政人员经费保障

根据资料显示,加拿大联邦法院共有625名行政人员,刚毕业的学生接受培训后可以为法官提供服务,负责改编、审核、翻译、发放资料、记录、图书馆管理、与媒体联系、安排听证流程等。后勤服务部门人员有150人,负责采购、信息管理、投资项目、器材管理、安全等。其余475人按照地区分工分布在10个省、3个地区。法官(除军事法庭和上诉法庭外)有80人。加拿大联邦法院的一名法官配有一名书记员,除法官外的人员都是行政人员,还有1 000名省级法官,有的称谓叫法官,有的则叫"太平绅士"(中文可翻译为主人、阁下或者副法官)。法院的人员工资在任期内有完全保障,法官可以工作到75岁,也可

以申请提前退休,并有终身的退休金保证,与政府资金不挂钩。法官的住房由自己解决,政府发给一定数额的住房补助,交通费及搬家费用由行政法律服务部管理。法官每年工资按照生活指数上涨,2012 年上涨了 2.6%[①]。

加拿大和澳大利亚曾属英殖民地区,两国的法院均源于英国法系,受英美法系国家法律的影响颇深。与英美法系国家法律所相同的是加拿大采用"一国两制"的法律制度(魁北克省除外),加拿大法院分为联邦和省两大系统,法院享有独立的司法权。加拿大最高法院在设立之初,不具备完全独立的司法管理权,有些案件需上诉至英国枢密院司法委员会;这种情形到 1949 年结束,加拿大最高法院成为加拿大的终审上诉法院。加拿大省法院和联邦法院的经费管理并不相同,省法院的经费由省司法行政部门统一负责管理,而联邦法院的经费须报联邦议会批准后向司法部通报,由法院自行管理使用。

在澳大利亚,司法机关专指法院。从法律传统上看,澳大利亚的司法体系源于英国法系。澳大利亚有两套法院,各有三级,自成系统,即州法院系统和联邦法院系统。这六级法院纵横交错,构成颇为复杂的审判体系。澳大利亚司法机关的财物管理在联邦层级采用半自治即行政与司法适当分离的模式,在大多数州法院实行司法行政管理与司法业务管理的彻底分离。

(二)管理主体

加拿大法院法官的薪金由联邦议会及省立法机构设定,同一层级的法官工资水平一样,内阁无权改变薪金水平。加拿大省法院的经费由省司法行政部门统一负责管理,须经省议会批准,由司法部拨款;省法院经费的日常管理由首席法官聘任财务总监来进行。省法院的行政事务管理人员也统一由司法部门负责聘用或选派,由司法部门支付薪金。加拿大联邦法院的经费可以制定预算报联邦议会批准并向司法部报告后,由法院独自行使经费管理权,如法院可以自行购置一般办公设备,而大宗设备须走政府采购程序。联邦法院的经费预算主要包括人员经费和设备购置经费两部分,法院的日常管理费用和公共设备维修经费由司法部的"公共设备管理部门"负责。在加拿大的各级法院,公民打官司都不收取诉讼费,但若上诉则要收取一定数额的资料费。

[①] 唐虎梅、曹云、李海军:《美国加拿大司法行政装备管理制度概况及启示》,载于《人民司法》2014 年第 15 期。

澳大利亚联邦各法院拥有较充分的内部行政事务管理权，包括司法经费预算的编制和执行以及财政资金的使用等等。尽管澳大利亚各法院在财物管理权上拥有较大的自主权，但是联邦司法部却仍然掌握对法院预算进行宏观管理和调控的权力，各法院的预算仍归口司法部管理，联邦各法院提出的预算不能直接上报联邦议会、内阁或财政部，而必须先报送司法部审查、汇总，成为司法部总预算的组成部分，再按程序报批、拨付。此外，联邦高等法院大法官们的人员经费包括工资、津贴等，在司法部机关例行开支，不列入联邦高等法院本身经费预算[①]。

（三）管理绩效

作为一个普通法传统国家，加拿大的政府财政管理制度并无一个系统的成文法框架，宪法宏观上授权国会对政府各个部门的财政预算执行绩效行使总体监督职能，而绩效监督的制度依据来自一系列的制定法、部门规章以及行政习惯法。而与其他部门政府预算一样，司法预算提交、审议、修改及批准并无硬性时间期限，但在传统上司法部应在财政年度开始前一个月提交司法预算，其审议和修改应在财政年度开始后三个月内完成[②]。

加拿大司法财政与预算绩效管理遵循加拿大政府财政与预算绩效管理的总体原则。这包括：宪法规定的国会主导原则，《财政管理法案》（FAA）规定的两年滚动预算框架内的年度预算操作原则，经费统合收支原则以及单一预算案原则，《审计长法》（AGA）规定的财务责任原则与专款专用原则等。另外，预算稳定原则以及预算透明原则也是加拿大司法财政与预算管理的重要操作原则[③]。

在加拿大的联邦财政与预算管理体制框架之内，司法财政绩效管理是通过预算流程的五个阶段来完成的：（1）第一阶段。这一阶段为司法行政部门负责的预算编制阶段。司法部相关部门需要确定财政收入与支出项目，提出可能预算外收支，编制预算草案，确定预算执行策略与政策，准备预算案文本并在提

---

① To see: the Section 1 of Agency Budget Statements (High Court of Australia) of the Attorney—General' Portfolio 2002—3 Budget.
②③ 参见 The Auditor General Act 1977 as Amended (AGA) 及 The Federal - Provincial Fiscal Arrangements Act 1985 as Amended, 参见加拿大司法部法规汇编网站：http://laws.justice.gc.ca，访问日期：2018 年 12 月 28 日。

交期限前提交国会。(2) 第二阶段。这一阶段为国会审议与批准阶段。国会需要在规定期限内对司法部提出的司法预算进行审议,根据法律规定,国会对司法预算可提出小幅修改或整体削减,除此之外,只能整体批准或整体否决该预算。(3) 第三阶段。这一阶段为预算执行阶段。司法预算作为国家年度预算法案的一部分,一旦通过后,即具备法律效力。经费由财政部通过政府预算账户统一打入司法部预算账户,在由各级法院、检察机构按照预算案的项目列支执行。在预算执行阶段,由司法部、法院及检察署内部的财务部门负责执行日常的财务监督、审计及绩效管理职能。(4) 第四阶段。这一阶段为司法财务决算及报告阶段。根据财政部要求,各司法预算执行单位需将每一财政年度中各项财政开支、收入及在统合预算账户中的其他收支情况详细列明。预算执行情况一般要求明细到月。同时需要向国会提交至少包含上述内容的年度财政报告。(5) 第五阶段。这一阶段为外部审计阶段。根据1977年《审计长法》规定,作为对正常财务与预算绩效管理的补充与保障,司法机构的财政与绩效管理要接受国会任命审计长的外部审计监督。

第三节 俄罗斯司法财物管理

俄罗斯仿效英美法系国家的法律制度安排,建立起了由联邦法院、联邦主体宪法(宪章)法院和治安法院的复合型联邦法院系统。其中,联邦法院包括俄联邦宪法法院;联邦普通法院系统包括俄联邦最高法院、共和国高等法院、边疆区和州法院、直辖市法院、自治州和自治区法院、区法院、军事和专业法院;联邦仲裁法院系统包括俄联邦最高仲裁法院、联邦地区仲裁法院、初次上诉仲裁法院、俄联邦主体仲裁法院;俄联邦主体法院包括俄联邦主体宪法(宪章)法院和具有俄联邦主体普通管辖权的治安法院。法院系统的司法财物经费保障实行立法规定、司法参与行政决策、法官委员会审查的复合型管理模式。

一、管理体制

1. 法院系统财物管理体制

苏联解体后,俄罗斯仿效英美法系国家的法律制度安排,建立起了由联邦法院、联邦主体宪法(宪章)法院和治安法院的复合型联邦法院系统。其中,联邦法院包括俄联邦宪法法院;联邦普通法院系统包括俄联邦最高法院、共和国高等法院、边疆区和州法院、直辖市法院、自治州和自治区法院、区法院、军事和专业法院;联邦仲裁法院系统包括俄联邦最高仲裁法院、联邦地区仲裁法院、初次上诉仲裁法院、俄联邦主体仲裁法院;俄联邦主体法院包括俄联邦主体宪法(宪章)法院和具有俄联邦主体普通管辖权的治安法院。法院系统的司法财物经费保障实行立法规定、司法参与行政决策、法官委员会审查的复合型管理模式。(1)立法保障层面。俄罗斯联邦法律明确规定联邦法院的经费必须保障法院充分和独立地行使审判权;联邦宪法法院、联邦最高法院的经费,根据联邦法律的规定在财政预算中单独建立。(2)保障体制层面。俄罗斯对法院经费采取一级保障的方式,由中央财政单列预算统一保障。俄罗斯的法院经费来自联邦预算且单独列支,由中央统一调拨,充分保障其按照联邦法律独立地进行审判。(3)参与行政决策层面。俄罗斯联邦政府制定有关法院经费的联邦预算草案时,要与联邦宪法法院和联邦最高法院院长,联邦最高法院司法总局负责人和联邦法官委员会负责人相互协商,联邦法院有权参与俄罗斯联邦议会审议财政预算的讨论。俄罗斯法院经费制度始终是以保障实现法院和法官独立审判为目标,这是俄罗斯联邦法院经费制度的明显特点[①]。

2. 联邦检察系统财物管理体制

苏联"8·19"事件导致苏联社会主义检察系统的瓦解。伴随而来的是俄罗斯联邦检察系统的重建,这包括联邦总检察院(联邦总检察院下设总局、局和局级处),联邦区域检察院,联邦专门和检察院;军事检察院。联邦检察系统的职能去掉了社会主义的性质。(1)立法保障层面。检察官的保障有法律规定,

---

① 陈春梅:《域外法院经费制度的五大通行规则》(上),载于《人民法院报》2016年5月13日。

享受国家提供的人身保险，保险金由国家预算支付，其工资包括特种工作补贴等在内的各种福利，工资待遇相当高；每年享受 1 次在俄罗斯境内连续 30 天的带薪休假；有权免费乘坐除出租车外的交通工具；房租、水费、电话费等享受减半优惠；家属的退休费支付、医疗费用报销等诸多保障。（2）检察系统经费预算层面。由检察机关根据联邦预算自主提出由联邦议会审查批准①。

二、管理主体

1. 法院系统财物管理主体

（1）司法总局统一管理主体。除高等仲裁法院负责本系统的保障工作外，俄最高法院司法总局及其下属机构统一承担各级法院和法官协会的财务、装备、后勤、行政等保障工作。该系统共有近 7 万名司法工作人员，其局长由最高法院院长商法官委员会进行任免，是独立法人单位。俄联邦政府在宪法法院、联邦最高法院、高等仲裁法院的院长，联邦最高法院司法总局局长和法官委员会的协助下制订各级法院的财政预算草案。如果出现争议，联邦政府应将相关法院、联邦最高法院司法总局和法官委员会的建议连同自己的结论作为预算草案的附件一并上报联邦议会。宪法法院、联邦最高法院、高等仲裁法院和法官委员会的代表，以及联邦最高法院司法总局局长有权参加议会上下两院关于其财政拨款的讨论。（2）联邦法官委员会对削减预算的限制权力。俄罗斯通过法律形式明确规定，法院经费预算原则上不得减少，如预算计划削减 5%，需由俄罗斯联邦法官委员会批准；如预算计划削减 10%，需召开全俄法官代表大会紧急会议批准。

2. 检察系统财物管理主体

与联邦检察系统领导体制与管理体制相适应，俄罗斯检察系统司法财物实行中央财政统一保障，分级实施，检察业务与包括司法财物经费管理混同的垂直管理体制。其管理主体包括俄罗斯联邦总检察院、联邦加盟共和国主体检察院，相当于该级别的军事检察院和其他的专门检察院、区（市）检察院及其他

---

① 吴玲：《俄罗斯司法体制概述》，司法部研究室，于 2018 年 12 月 6 日访问。

区域性检察院等三级财物管理主体。其三级检察院的检察长就本级检察财物管理对上级检察长直至总检察长负责，向上一级检察长报告财物管理工作情况，接受上一级检察长的领导和监督，并分派一名副检察长分管财物工作，其财物具体事务由本级财物等行政机构负责执行。

三、管理绩效

俄罗斯的法院财物管理制度化水平较高。以经费保障为例，俄罗斯《宪法》第 124 条规定"法院的经费只能来自联邦预算，应能保障按照联邦法律充分而独立地进行审判"；《联邦法院体系法》第 33 条规定"俄罗斯联邦宪法法院、俄罗斯联邦最高法院、俄罗斯联邦最高仲裁法院的经费，根据联邦法律的规定在财政预算中单独建立"。俄罗斯检察系统财物实行制度化、专业化管理。

第四节　我国港澳地区司法财物管理

一、我国香港地区司法财物管理

（一）管理体制

我国香港地区回归祖国后，其司法行政管理实行"一元主导的分权管理"模式。依据《中华人民共和国香港特别行政区基本法》规定精神，香港特别行政区政府由行政长官领导下的行政长官办公室、行政会议（下设政务司、财政司、律政司和各局、处、署），立法会，法院系统，独立法定机构（廉政公署、审计署、申诉专员公署、公务员叙用委员会），地方行政机构（香港行政区划、区议会、民政事务处、地区管理委员会）等构成。香港特别行政区行政长官在当地通过选举或协商产生，由中央人民政府任命；香港地区法院的司法审判享有终审权，但是香港特别行政区终审法院的法官和高等法院首席法官的任命或免职，还须由行政长官征得立法会同意，并报全国人民代表大会常务委员会备案。其司法系统由法院系统及履行检控职能律政司检控官所构成。法院系统、律政司检控系统的财物经费保障分别由法院系统与律政司系统提出；经财政司协调平衡后，由行政长官提请立法会审议；立法会在审议决定前须由立法会财经机构进行审查，并由立法会审议决定是否批准；若立法会通过批准预算草案，则由特别行政区特首签署执行。

（二）管理主体

1. 法院系统财物管理主体

我国香港地区法院系统由终审法院、高等法院、区域法院和裁判法院四个审裁处及死因裁判法庭构成。高等法院设上诉法庭和原讼法庭。香港特别行政区的终审权属于香港特别行政区终审法院。香港特别行政法院的法官，根据当地法官和法律界及其他方面知名人士组成的独立委员会推荐，由行政长官任命。香港的司法机构负责香港的司法工作，由终审法院首席法官领导；包括财物管理在内的司法行政管理实行"一元化"管理主体，即所有法院、审裁处和裁判法庭包括财物在内的司法行政事务均由香港法院系统的政务处负责；法院系统政务处由政务长领导。香港法院系统的年度预算通常由基于上年度的常规经费需要和下一年度的新增项目需求两部分组成。司法政务长与高等法院、区域法院、裁判处的首席法官或裁判长经协商沟通，掌握需求，区别情况、分清缓急，制定出下一年度的经费需求，报终审法院首席法官，由其对新增项目或计划进行取舍。然后，将法院系统确定的下一年度的需求项目送行政机关，由行政机关根据需求计算确定法院系统的年度预算，最终报送立法会，由立法会的财务委员会对法院系统的年度预算进行审议。立法会审议通过之后，行政机关据此向法院系统拨款。

2. 检控系统财物管理主体

香港没有设立专门的检察机构，其作为履行刑事检控的职责由律政司承担，律政司虽然作为香港具有司法职能的机构，但其隶属于香港特区政府的一个专门的法律部门，其职能涵盖了行政立法、司法行政与刑事检控等多个方面职能。律政司设有法律政策科、民事法律科、法律草拟科、刑事检控科和国际法律科五个专门负责法律工作的科别。香港律政司司长是行政会议的成员，也是香港政府的首席法律顾问，并对香港所有案件的检控负有最终责任。检控事务管理体制是以律政司司长为领导、政务及发展科为主导、刑事检控科协助的多元管理格局。检控经费预算等受制于财政司，检控财物经费管理由律政司提出预算，由财政司统一平衡；与法院预算一样，由政府提交立法会审查，并将财政预算、决算报中央人民政府备案；立法会通过财政预算案后，由行政长官签署执行；律政司的检控部门根据每一个财政年度的经费需求制定年度预算，由香港特别行政区政府财政司审核；审核修正后，特区政府提请立法会审议和辩论；立法会财务委员会审议年度预算案后立法会通过决议；特区政府根据立法会审议后通过的检控部门年度经费预算进行拨款。

（三）管理绩效

法院经费保障绩效层面。香港特别行政区对司法经费保障实行年度正常审查与临时保障相结合的运行机制。一是香港特别行政区政府为保障公正司法，建立正常的经费增长机制，使法院系统与律政司检控系统的工作高效运行。二是政府建立临时保障机制。立法会如果拒绝批准政府提出的财政预算案，行政长官可向立法会申请临时拨款；如果由于立法会已被解散而不能批准拨款，行政长官可在选出新的立法会前的一段时期内，按上一财政年度的司法经费开支标准，批准临时短期拨款，使法院系统与检控系统不因立法会的决策机制与组成人员变动而失去经费保障的来源。三是法院系统的经费预算执行统一由法院的政务处负责[1]，以确保法院经费执行的效率与效益。

检控经费管理绩效层面。检控经费则由律政司执行和监督管理，其效益较为可观。据统计，2017～2018年度，律政司刑事检控部门获得拨款为港币6.657亿元；2018～2019年度的预算为港币8.904亿元，较2017～2018年度预算增加了37.59%[2]。

---

[1] 参见郭丰、韩玉忠：《域外法院经费体制概览及启示》，载于《中国应用法学》2018年第1期，第93页。
[2] 香港特别行政区律政司网站，https：//www.doj.gov.hk/sc/index.html，访问日期：2019年2月7日。

二、我国澳门地区司法财物管理

（一）管理体制

根据《中华人民共和国澳门特别行政区基本法》（以下简称《澳门特别行政区基本法》）相关规定，澳门回归祖国后，澳门地区的审判权由澳门特别行政区法院行使。澳门特别行政区的法院系统由初级法院、中级法院和终审法院构成。澳门特别行政区终审权属于澳门特别行政区终审法院。澳门特别行政区还设有行政法院，其管辖行政诉讼和税务诉讼。终审法院法官的免职由行政长官根据澳门特别行政区立法会议员组成的审议委员会的建议决定；终审法院法官的任命和免职须报全国人民代表大会常务委员会备案。澳门特别行政区各级法院的院长由行政长官从法官中选任；终审法院院长由澳门特别行政区永久性居民中的中国公民担任；终审法院院长的任命和免职须报全国人民代表大会常务委员会备案。澳门特别行政区检察系统由驻终审及中级法院办事处、驻初级法院办事处、驻行政法院办事处、刑事诉讼办事处、检察长办公室构成。澳门特别行政区检察长由澳门特别行政区永久性居民中的中国公民担任，由行政长官提名，报中央人民政府任命；检察官经检察长提名，由行政长官任命；原在澳门实行的司法辅助人员的任免制度予以保留。

澳门特区法院系统的终审法院院长办公室在终审法院首席法官领导下，统管三级法院的司法行政工作。澳门法院系统的经费由澳门特区政府统一保障。澳门特区检察院系统的检察业务与包括财物管理在内的检察行政事务管理由澳门检察院检察长统一领导。澳门检察系统的经费由澳门特区政府统一保障。

（二）管理主体

澳门的司法行政管理主体呈现出以《澳门特别行政区基本法》授权为依据、以行政长官行使管理权为主导、以审判权检察权作为独立的司法职权体系，不受澳门地区其他立法权、行政权的制约为特色，以法官委员会、检察官委员会选任法官检察官与行政长官任命相结合为表征，以职业保障、经费管理由特别行政区统一规范为保障管理体系①。

1. 法院系统财物管理主体

澳门法院系统的财物管理主体,为终审法院院长办公室终审法院首席法官领导下的统管三级法院包括财物在内的司法行政工作;澳门法院系统的经费由澳门特区政府统一保障。其预算审批程序层面,法院经费预算由终审法院院长办公室下设的财政财产处统一独立编制,报经终审法院首席法官批准后,由澳门特区财政局纳入政府预算(草案)后送立法会审议,并按照经立法会审议批准的预算足额拨付经费。其预算执行与调整层面,每年年中由财政财产处根据实际执行情况编制预算提交终审法院院长办公室,由院长办公室提请特别行政区政府讨论,特别行政区政府提请立法会审议;立法会对法院预算可进行适当调整。

2. 检察院系统财物管理主体

澳门回归前,行使检察权的部门称之为"检察公署",其附设在法院之内不具有司法机关的地位,也没有独立的人事、财政管理保障机制,其总检察长、检察官必须是具有葡萄牙编制及相应级别的司法官担任。澳门回归后,根据《澳门特别行政区基本法》及《澳门特别行政区司法组织纲要法》《司法官通则》之规定,建立起了与《澳门特别行政区基本法》相衔接且符合澳门实际的区域性、独立性、职权体系性的检察机构——澳门行政区检察院,形成了中国特色区域性检察制度。经费保障体制层面,澳门检察院的经费由特别行政区统一保障②。经费管理主体层面,检察院的经费管理在检察长统一领导下由检察长办公室负责,并统管检察院及派驻终审法院、中级法院、初级法院、行政法院的检察处的经费管理及司法行政工作。

第五节 域外和我国港澳地区司法财物管理的启示

从当代世界主要国家和地区的具体实务来看,虽然由于其政治、社会、历

---

① 澳门特别行政区法院网站,http://www.court.gov.mo/zh/,访问日期:2019年2月7日。
② 澳门特别行政区检察院网站,https://www.mp.gov.mo/zh_tw/standard/index.html,访问日期:2019年2月7日。

史及法律文化的不同,各国各地区在结构形式、经济发展程度、财政体制、诉讼模式、司法制度等方面存在千差万别,但不可忽视的是这些国家和地区司法财物管理体制方面仍体现出一定的共同特征,这些特征是隐藏在制度背后的管理理念、价值形态、行为模式及其管理制度安排。其对于发展完善我国司法财物管理制度具有一定的借鉴意义。

一、财物预算与保障:独立化与法制化

1. 财物预算独立化

经济基础决定上层建筑。从某种程度而言,有经济权则意味着有话语权。司法系统的审判、检察及其管理活动均离不开财物保障,司法财物预算对于司法系统而言意味着财物的配置与保障。世界上绝大多数国家采取司法财政独立,旨在摆脱地方对司法活动的影响和控制,所以当代主要的司法财物管理体制就表现出预算独立化的特征。法国和德国司法系统的财政预算由司法部统一进行,独立于其他部门的财政预算;美国的法院经费由国会成立的联邦司法委员会负责,预算直接呈交国会批准及实施,并禁止政府部门对司法经费的干预;英国的法院经费预算由宪政事务部负责,单独进行法院经费的预算,而英国的检察机关系统的经费则由上级检察机关负责;独联体国家之一的俄罗斯,其法院系统的财物经费由宪法及相关法律明确规定予以保障。由此可见,司法财政经费的独立化是上述国家司法财政预算的重要特征,其目标在于有效保障司法职权行使的公平性与正义性。

2. 财物保障法制化

从法德英美的司法实务来看,司法经费预算纳入国家预算,均有宪法和法律制度的相应规定给予明确,体现出司法财物保障层面的法制化、规范化特征。法国的《司法行政法典》中对司法系统行政事务的管理作出了规定,明确指出司法系统内部包括活动经费在内的行政事务均由司法部统一管理;德国十分重视法制建设,其司法系统的经费管理和监督的全过程都有法律依据可循,既体现在宪法相关条目明确中,也体现在许多具体的法律制度规范中,如《司法行政法典》中规定,法院经费管理事务主要由联邦司法部和州司法部负责;英国

虽然因为没有专门的司法行政机构而缺少法院经费体制方面的完整法典，却有许多个专门法对司法财物经费进行规制，如1971年的《法院法》规定法院系统司法行政工作由专门成立的法院服务署统一负责；美国建立了较严格的司法经费管理制度，宪法第三条第一款规定了联邦各级法院法官的薪金报酬，这是美国法院经费保障的重要依据；俄罗斯法院经费保障法制化的亮点在于，俄罗斯《宪法》第124条规定"法院的经费只能来自联邦预算，应能保障按照联邦法律充分而独立地进行审判"；《联邦法院体系法》第33条规定"俄罗斯联邦宪法法院，俄罗斯联邦最高法院，俄罗斯联邦最高仲裁法院的经费，根据联邦法律的规定在财政预算中单独建立"。

二、财物管理与运作：精细化与专业化

1. 财物管理精细化

管理的精细化是为了有效提升经费的使用效益，要求具有精密的思维及严谨的办事能力，其中最具代表性的国家是德国。德国司法系统经费管理的精密化程度极高，不仅体现在科目的繁杂与细化，并且每一笔支出都要求严格按照预算计划进行；德国的计算机和数据资料库系统都较为发达，司法财物的管理大都采用计算机技术，每一笔支出都要录入电脑，同时，注重对日常经费和专用经费的成本效益分析。整体上来看，德国的司法财物预算不会与实际执行情况发生太大分离，在管理过程中同时体现其精确性与透明性。美国也有相当严密的财物管理规定，如对"法官的工资报酬等经费科目建立了相对统一的标准，要求对一定数目（通常为5万元）以上的采购项目实行公开招标；对办公设备和有关装备的配备制定有严格的标准；充分利用信息化手段节减成本、压缩经费支出；在保障法院工作正常运转的前提下，严格控制法院经费开支；定期对法院经费运行情况进行绩效考评，同时加强内部审计监督"[①]。英国重视对司法资源的有效利用与共享，对与经费开支有关的工作都进行严格的规定与控制，如对办公设备及有关装备的配备、人员的经费制定了严格的硬性标准；

---

① 陈春梅：《域外法院经费制度的五大通行规则》（下），法制中国网，2019年1月8日访问。

英国财政部门和司法行政主管部门在进行经费分配时,主要以工作量为依据(不与人员挂钩),各单位在决定雇用人员数量时则取决于部门所获得的经费情况。

2. 财物运作专业化

上述国家的司法财物经费的运行体现出明显的专业化特点,财物运作的专业化主要体现在经费编制、财物管理机构与人员的专门化层面。如法国的经费由司法部集中进行管理,而不是由司法机关负责;司法部统一管理包括人员、设备和其他经费在内的司法行政事务,司法部不得利用所具有的经费管理权对司法系统的司法独立性进行干预。德国的司法财物管理也由司法部统一负责,实现经费管理与审判活动的分离。英国司法财物经费管理由专门的机构如宪政事务部负责,这些专门机关独立于法院和司法行政部门;英国的司法财物分析以绩效评价为核心,如英国各个司法行政区域的地区主管办公室都专设一名绩效经理,由绩效经理对辖区内司法系统经费使用情况进行定期的绩效评估与考核。美国司法财物运作的专业化表现为同时运行经费管理与审判业务两套分离并行的系统,以加州法院系统为例,其决策与执行机构分立,州司法议会属决策机构,加州各级法院设置的行政管理部门属州司法议会的具体执行机构,负责除审判活动之外的全部司法行政事务,包括法院的预算编制与财物管理。

三、财物投入与监督:充分化与严密化

1. 财物投入充分化

充足的财物经费投入,是正常开展司法管理与审判各项活动、保障司法公正公平的物质基础。正是基于司法公正独立的考虑,西方许多国家的财政投入都体现出充分性特征,而财物投入的充分性更重要的是有相应法律的保障。财物投入的充分化集中体现在支出规模大、人员待遇充足方面。德国的司法支出主要集中在州一级,各州都将维护本州范围的社会安全与公平正义作为州政府的重要任务。因此,州一级司法支出占比州公共支出较大,如各州法院支出约占州预算的3.5%。经济最富裕的巴伐利亚州法院、检察、警察、监狱等司法支

出占州公共支出的 19.3%，经济不发达的柏林州也占到 11.6%[①]。英国的司法支出增长幅度较快，人员经费支出占较大比重。美国联邦政府对于执法部门的经费投入不断增长，各州也注重对司法预算的投入，同时美国的法官与检察官的收入待遇也远高于一般政府部门的公职人员。

2. 财物监督严密化

在司法财物管理与运作的整个过程中，许多国家都十分重视对经费的监督和检查，其目的旨在保障经费按规定用途支出。比如，法国确保经费按计划支出的检查监督机制较完善，财政部门向司法部门派驻财政监察专员并通过国家公共会计制度对经费运作进行检查，这种专门性检查不仅审查其合法性，同时司法系统的每项支出都必须有监察专员的签字。另外，还设有公共会计以审查拨款是否合乎规定。在外部监督，法国还成立了专门的内部司法经费监管机构。德国的财物监督主体是多元化的，不仅有议会设立的审计委员会，内部亦设有专门的审计监督部门。除此之外，司法经费的使用还须接受来自新闻媒体、社会中介机构、社会公众等的社会监督与检查。英国的司法财物监督体系是全方位的，以法院系统为例，司法部为财物经费主管部门，负有监督和管理经费及向议会报告经费使用情况的职责；财政部门对法院经费进行绩效评估，审计部门进行定期审计和抽查；议会定期听取司法部和审计部门有关的法院经费开支情况说明并有权对开支情况进行调查；同时，法院内部设立行政监察职员专门负责对开支情况进行监督。

四、域外经费保障：独立化与充足化

司法经费管理制度是保障实现司法公正的前提和基础。各国在司法经费管理方面虽因各地国情不同存在差异，但总的来说，对保障司法经费独立性追求有着惊人的共识[②]。

1. 保障司法经费独立

主要表现在：（1）司法经费独立于行政机制。从司法经费的管理模式来看，

[①] 财政部行政政法司：《英德美巴司法经费保障情况》，政府采购信息网（国际视野），2015 年 7 月 15 日。
[②] 陈永生：《域外司法经费：管理相似保障充足》，载于《检察日报》2015 年 3 月 3 日第 3 版。

目前世界上大致存在两种模式：一是司法机关自行掌握司法经费；二是由司法行政机关，如司法部、法务部等掌管法院、检察院的司法经费。在第一种管理模式下，司法经费完全独立于行政机关。如美国的法院经费由国会成立的联邦司法委员会负责，预算直接呈交国会批准并实施，并禁止政府部门对司法经费的干预；英国的法院经费预算由宪政事务部负责，单独进行法院经费的预算，而英国的检察机关系统的经费则由上级机关负责。在第二种管理模式下，各国也采取各种手段，防止行政机关通过控制司法经费影响司法机关依法独立办案，如通过司法经费的法治化对司法经费的总额、拨付规定等内容规定明确的标准。英国系单一制国家，但全国法院经费由中央政府负责。在联邦制国家中，美国、德国、巴西，联邦法院的经费由联邦政府负责，各州尽管行政管理体制分为不同的级别，但是其经费皆由州政府负责，不受州以下地方政府控制。（2）司法经费相对独立于立法机关。在现代民主国家，由于司法经费作为国家预算的组织部分，理所当然要接受立法机关审查。因此，为防止立法部门通过控制司法经费对司法施加不当影响，许多国家对立法机关审查司法经费设立了一定规定。如，菲律宾和萨尔瓦多都在宪法中对立法机关审查司法经费的程度作了相应规定，以保障司法经费的相对独立性。从世界范围来看，越来越多的国家采用司法机关自行掌握司法经费的管理模式，这一模式更有利于保障司法经费的独立。

2. 司法经费保障充足

在许多国家的财政支出中，司法经费占比较高。司法机关的正常运行依赖于一定的物质装备基础，才能正常开展工作，发挥其应有功能。如果司法机关经费不足，即使法律规定了立法机关或行政机关不得干预司法，司法机关为了生存压力，也会主动求助于立法、行政机关。鉴于此，很多国家都给予司法机关以充分的经费保障。如美国专门制定了《反经费短缺法案》，在英国，法院、检察院、警察机关、监狱经费占中央政府全部支出的9%左右。在德国，各州法院经费平均占州全部预算的3.5%。巴西法院经费占据全国预算总额的3.7%。还有一些国家为保障司法经费的稳定性，直接将法院、检察院的经费占比在宪法中作出明确规定。如秘鲁宪法第238条规定："司法权力机构的预算不少于中央政府日常开支预算的2%"危地马拉宪法第213条、巴拿马宪法第208条也有类似的规定。此外，有些国际法律文件也对司法经费作出了规定，如联合国 1985 年通过的《关于司法机关独立的基本原则》第 7 条明确规定："向司法机关提供充足的资源，以使之得以适当地履行其职责，是每一会员的义务"。1983 年通过的《司法机关独立世界宣言》《司法独立最低标准》对此进行了相关规定。

第五章
我国司法财物管理体制改革

就我国司法财物管理体制改革的实践探索与深入研究的需要来说，以东、中、西部地区的广东、湖北、贵州等具体实践模本窥探"省以下地方法院、检察院财物省级统管"（以下简称"省级统管财物改革"）改革以来司法财物管理具体实践的过程十分必要，即探索"省级统管"财物改革后我国司法财物管理体制的实际运作是怎样形成的，有何需要今后加强和改进的地方。基于此，本章系统收集和梳理了党的十八届三中全会以来有关省司法财物统管改革的公开资料，检视这一改革的现实情境。鉴于我国幅员辽阔，各地区的经济发展极不平衡，区域差异较大，并对全国同步推进"省级统管"带来挑战压力，以致现阶段各省（自治区、直辖市、新疆生产建设兵团）在探索"省级统管"改革时做法不同、进度不齐、成效不一。本章试图以区域比较的研究视角，选取东部、中部、西部广东、湖北、贵州的三个地区具有代表性的"省级统管"改革试点进行梳理研究，并从有关的统计数据切入进行具体、客观、深入的实证研究和比较分析，总结和概括这几种模式的共同特征和不同特点以及价值，进而对其"省级统管"改革的可持续性及未来发展作出进一步探索与思考。

第一节　我国司法财物"省级统管"体制改革的概述

2014年6月，中央决定推动省以下地方法院、检察院人财物统一管理等4项改革。中央考虑到各地经济社会发展不平衡，分别选择东部、中部、西部地区若干省（直辖市）作为第一批试点先行，上海、广东、吉林、湖北、海南、贵州、青海成为首批试点司法财物"省级统管"的行列，担当起全国司法管理体制改革的"探路先锋"，为后续司法管理体制改革顺利推进积累实践经验。随后，2015年5月，黑龙江、江苏、浙江、安徽、福建、山东、山西、内蒙古、重庆、云南、宁夏共11个省（自治区、直辖市）作为第二批试点启动改革。2015年12月，中央全面深化改革领导小组第十九次会议审查通过了《关于在全国各地推开司法体制改革试点的请示》，北京、天津、河北、辽宁、江西、湖南、河南、广西、新疆、四川、陕西、甘肃、西藏、新疆生产建设兵团共14个省（自治区、直辖市、新疆生产建设兵团）于2016年1月全面启动改革试点。自此，司法财物"省级统管"改革分步骤、渐进性地全面推开（见表5-1）。

表5-1 东部、中部、西部地区典型省份司法财物省级统管情况

省份	启动时间	统管模式	地方特色与主要做法
上海	2014年9月	直辖市统管	【市级统管】上海市将区（县）法院、检察院作为市财政一级预算单位，纳入市财政统一管理；严格实行"收支两条线"；清查登记各类资产，实行资产由市级统一管理
广东	2014年11月	省地结合管理	【统分结合】广东省在"统分结合"的总原则下规定，全省284家市、县级法院检察院作为一级预算单位，向省级财政部门直接编报预算，预算资金通过国库集中支付系统直接拨付①。司法人员基本工资由省级统管，津补贴则由地方财政负担；深圳则在市级层面统管两院人财物
湖北	2014年12月	省级统管	【托高补低、倾斜基层】湖北全省法院、检察院系统全部实施了财物由省级统一管理。在司法体制改革中重点关注基层，将重心向基层、向办案一线倾斜；对债务化解采取"一揽子"省级解决的方案，省财政新增基建投资7.1亿元，用于解决已建和在建法院检察院的资金缺口
贵州	2015年1月	州级统管	【州级统管、保底就高】根据本地实际情况，以地市为单位实行统一管理，即建立州（市）、县（区）两级法院、检察院的经费、资产由州（市）级统一管理的体制。省筹集资金对州（市）、县（区）法院检察院试点改革启动支持；州（市）、县（区）自筹资金落实办案补贴，形成"以案定补"的模式；按照各类经费保障水平不低于原有水平的原则，确保各地法院、检察院经费基数不减，薪酬待遇不降，较好地实现了"保高托底"的改革目标②
海南	2015年1月	省级统管	【省级统管】在实施"省级统管"过程中，对法院、检察院的经费基数统一上划实行"分类处置"的方式，即坚持"制止新债、核清底数、明确责任、分类处理、彻底化解"的原则，属欠发（缴）的人员工资、社会保险费、住房公积金等历史旧账，由原单位或同级财政负责；与外单位发生的各项债权债务，统一划转省级财政负责；与本单位职工个人发生的债权债务，由原单位在统一管理前完成追缴或清偿

① 邓新建：《广东公布司法体制改革试点方案》，载于《法制日报》2014年11月28日。
② 金晶、周杨：《贵州法院司法体制改革工作综述》，载于《人民法院报》2017年7月11日。

续表

省份	启动时间	统管模式	地方特色与主要做法
吉林	2015年9月	省级统管	【建立备用金制度】法院、检察院在试点实施方案明确建立备用金制度，经费由省财政厅和省法院、检察院共同管理，主要用于大要案办理、突发事件处置和审判、检察人员伤残抚恤等特殊情况的经费保障①
重庆	2015年9月	直辖市统管	【分类管理】重庆直辖市将区（县）法院、检察院作为市一级预算单位；由市财政局统一管理；区（县）法院、检察院各类资产纳入市级统一管理；基础设施建设投资项目由市发改委审批管理②
青海	2016年1月	省级统管	【保高托低、分类管理】省财政根据各地法院、检察院差异，采取"保高托低"方法，分类确定经费保障标准；实行动态管理，建立完善公用经费保障标准与正常增长机制；确保经费保障、待遇不低于改革前水平③
辽宁	2017年	省地结合管理	【省地结合管理】对沈阳市、大连市法院、检察院经费资产由两地市级统管，其余12个市由省级统管
黑龙江	2017年1月	省级统管	【省级统管】2017年1月，全省有129家法院、检察院财物实行省级统管；2018年全部实现省级统管
北京	2017年1月	直辖市统管	【直辖市统管】各区法院、检察院人员编制和经费上划市级统一管理
福建	2017年1月	省地结合管理	【省地结合管理】坚持"收支脱钩，全额保障"的原则，法院、检察院经费及资产由省级统管；省财政统筹中央补助资金，省级财政资金，市、县（区）上划经费，确保省以下"两院"办公经费、办案经费和人员收入不低于上划前水平；实行"收支两条线"管理，对法院、检察院诉讼费、罚没款等非税收入全额上缴省级国库④
内蒙古	2016年1月	自治区统管	【自治区统管】2016年确定上划经费基数，登记备案。2017年，做好自治区以下法院检察院预算编制、执行及经费保障工作，深入开展调查研究，建立完善财物统管工作规则和经费保障机制⑤

续表

省份	启动时间	统管模式	地方特色与主要做法
安徽	2015年7月	省地结合管理	【省地结合管理】坚持省级统管财物原则前提下，实行"四统并举"，即统省级管理模式、统经费资产责任、统项目规划、统政策保障；坚持"三个不变"，即政策性奖励、公积金等经费支出依据属地原则，由地方财政保障不变；基础设施建设等债务化解由地方政府负责清理承担不变；地方政府支持法院、检察院基础建设的力度不变

注：①周斌、李豪：《司法改革亮点：探索省以下法院检察院人财物统管体制》，载于《法制日报》2015年7月31日。

②《重庆市司法体制改革试点工作启动 司法人员将实施分类管理》，新华网重庆频道，http://www.cq.gov.cn/today/news/2015/9/22/1393779.shtml，2017年12月20日访问。

③周斌、李豪：《司法改革亮点：探索省以下法院检察院人财物统管体制》，http://www.spp.gov.cn/zdgz/201507/t20150731_102283.shtml，2017年12月20日，访问日期：2019年3月18日．

④《省以下法院检察院经费省级统管改革实施》，http://www.mof.gov.cn/xinwenlianbo/fujiancaizhengxinxilianbo/201701/t20170113_2519720.htm，2017年12月20日访问。

⑤http://www.nmg.gov.cn/xxgkpt/czt/xxgkml/201705/t20170509_612808.html，2017年12月20日访问。

资料来源：本课题组根据调研实际情况综合整理。

对省以下地方法院、检察院人财物实行"省级统管"，这在新中国成立近70年政治司法制度建设发展上尚属首次，牵一发而动全身。由于这一改革举措涉及中央与省以下地方利益格局的调整，加之受我国东部、中部、西部地区经济发展不平衡因素的制约，使得这一改革举措在推进过程中呈现出曲折性、复杂性的特点，不仅在局部地区推行过程中受到经济发展不平衡的严重制约，也带来相应的不同争论与工作阻力。为此，中央高层不得不在推进策略上实施"因地制宜"的政策举措。正如中央政法委在全国司法体制改革推进会上部署要求：有关司法财物"省级统管"改革，"各省区市推进这项改革时，可从实际出发，因地制宜，不强求步调绝对一致。条件具备的，由省级统一管理或以地市为单位实行统一管理；条件不具备的，可暂缓实行。"这不仅意味着实行人财物"省级统管"对于其他3项改革措施，其实施路径是"因地制宜"，不搞"一刀切"，而且意味着这项改革举措的艰巨性、复杂性；一些地方在贯彻中央司法体制统一改革举措时打了折扣，做了减法。

在推进省以下地方法院、检察院人财物"省级统管"改革过程中，中央"因地制宜"政策相伴出台有着厚重的物质生活条件的制约，使其呈现出客观性。这是因为，一方面，由于我国区域经济发展状况不均衡，不同地区之间经济发展水平不一，司法保障水平也不一，保障的侧重点不同，各地的司法财物管理水平和支持力度也不一，这就决定了各个省际之间的司法财物管理存在明显的地域差异性，即一些地方贯彻中央改革政策如鱼得水，相得益彰；而一些地方则呈现水土不服，操作执行困难等。另一方面，各地在推进这一改革举措时往往从本地实际着眼，采取因地制宜，区分情况的做法。这使贯彻中央改革举措呈现出因地而异，各显神通的局面，也创造出了不少符合本地区特点的改革范例。如东部地区广东省正视区域经济差异，在推进司法经费"省级统管"改革举措时，施行"宜统则统、宜分则分、统分结合、有统有分、双向管理"的模式，最大限度地维护和调动经济发达地区保障司法财物工作积极性，又兼顾了粤北地区经济发展不平衡性。位于东北地区的吉林省财政建立了对法院、检察院系统办案经费的备用金制度，用于大要案办理、突发事件处置和审判、检察人员伤残抚恤等特殊情况的经费保障。诸如中部地区湖北省法院、检察院系统财物"省级统管"保障情况展开调查，该省在司法体制改革中重点关注基层，将重心向基层、向办案一线倾斜，截至2015年底，省以下地方法院、检察院经费保障全部实行省级统一管理。据检察机关提供的情况看，实行检察经费省级统一保障后，检察保障能力和保障水平取得明显成效。这表现在：（1）经费保障水平稳步提升。2015年全省检察机关经费总预算达到25.5亿元，较2014年预算增加7%；2016年省继续净增2.4亿元，较2015年增加9%；2017年全省检察经费预算为31.6亿元，净增3.7亿元，增幅达13%。（2）人员经费增幅明显。2015年、2016年全省检察人员经费决算支出分别比上年增长24.13%和23.88%，基层检察干警普遍反映，司法财物省级统管改革真正实现稳定基层，让基层干警"分红利""得实惠"，安心基层、扎根基层的改革举措真正落地生根。（3）真正做到了收支完全脱钩。实行司法财物"省级统管"改革后，省财政厅按部门预算数及时将经费足额保障到位，法院、检察院依法依规如数全额上缴罚没收入，破解了三十多年司法保障经费不足的难题。（4）新的公用经费保障标准体系基本建立。改革后采取"科学分配，保高托底"的原则，基本实现了省以下地方检察院公用经费保障标准的相对均等化。据统计，市州分院人均公用经费标准达到4.4万元,基层院人均公用经费标准达到4万元,从而解决了多年来公用经费保障标准偏低的问题。(5)省财政新增信息化工程项目建设投资9.3亿元,一次性化解历年检察基础设施项目欠账4.7亿元,一举把"财政保温饱、小康自己找"的"土帽子"扫进了垃圾箱。再如,西部地区贵州省根据本地实际情况,创设了"以案定员""以案定补"、繁简分流、司法责任制、权力清单等一批具有突破性地方特性的做法;法院、检察院财物保障实行以州级统一管理,建立市(州)、区(县)两级法院、检察院的经费资产由市(州)一级统一管理体制。还有一些地区注重利用现代科技平台助力司法财物管理,如青海、海南、吉林等地着手开发建设涉案财物集中管理信息平台,对涉案财物从扣押、入库、保管到处置全程实时监管,并在全省市县试点设立跨部门涉案财物集中管理中心,对涉案财物进行集中管理、统一处置①。再一方面,中央出台省以下地方法院、检察院人财物实行"省级统管"的重大改革举措,牵涉中央事权与地方事权格局调整,中央财力与地方财力再分配。将保证中央司法事权统一正确行使,减少地方对司法事权的不当干扰,保证公正司法、提高司法公信力提供制度公平、政策公平、机会公平,无疑具有战略意义和深远历史影响,相应地要求中央财政为这项改革举措给予财力支持、增加改革成本的投入。但是,此项改革中央财政除对司法人员分类改革增加相应工资待遇出台了政策并为此出钱"掏了腰包",而有关省以下地方法院、检察院司法公用费、业务费、办案费、技术装备费、基础设施建设资金,以及历年司法建设项目欠账等改革成本投入则须省级财政统一买单;这在欠发达地区省级财政薄弱的地方未能获得中央财政转移支付支持的前提下,仅靠省级财政自行分担或投入这项改革所增加的成本,由此所形成制度运行惯性须持续增加投入,而省级自身财力收入渠道未能增加的前提下,则呈现出"杯水车薪"的困局,从而形成中央出台省以下地方法院、检察院人财物实行"省级统管"的改革举措与局部地方财力承担困难的客观状况。如,湖北因支持改革以"二流的财政"实施"一流的保障",而导致省级财政的持续保障能力已捉襟见肘,严重不足,急需中央支持。② 这导致局部地方推进这一改革举措出现"打折扣、留余地"现象。梳理总结东部、中部、西部地区典型省份推进省以下地方法院、检察院人财物"省级

---

① 徐硙:《聚焦省以下法院、检察院人财物统管:多措并举助深化》,载于《人民法院报》2015年7月27日。
② 唐虎梅:《省以下法院财物统管改革的现状与展望》,载于《法律适用》2018年第21期。

统管"改革进展情况（见表 5-1）。

按照中央文件对省以下地方法院、检察院财物统管改革的进度要求，改革共经历了三个阶段，即第一阶段为 2014 年 10 月~2015 年 12 月，2014 年提出第一批试点方案，总结第一批试点地式经验，完善方案；第二阶段为 2016 年 1~12 月，扩大试点，增加第二批试点地区，出台具体办法并组织实施；第三阶段 2017 年至今，全面推开阶段。同时，实行了三批试点的推进步骤，即 2014 年确定 7 个省为第一批改革试点；2015 年扩大 11 个省进行第二批试点；2016 年 13 个省要全部作为第三批进行改革试点。截至 2018 年 5 月，全国已有 22 个（20 个省份、2 个单列市）全面推开改革，占据 59.46%；有 3 个省进行部分试点改革，占据 8.11%；仍有 11 个尚未开展改革（8 个省份、3 个单列市及新疆生产建设兵团），占据 32.43%。从区域分布看，截至 2017 年底，在已改革的 16 个地区中，东部有 4 个、占其总数的 25%，中部有 6 个、占其总数的 37.5%，西部有 6 个、占其总数的 37.5%。截至 2018 年 5 月，在已经全面推开改革的 22 个地区中，东部有 5 个、占其总数的 22.7%，中部有 9 个、占其总数的 40.9%，西部有 8 个、占其总数的 36.4%；在部分改革的 3 个省份中，中部有 2 个、西部有 1 个；在未改革的 12 个地区中，东部有 3 个、中部有 5 个、西部有 4 个。①

时至今日，经过多年的探索与实践，全国省以下地方法院、检察院财物统管的框架已基本形成，各地改革成效已初步显现，涉及司法经费、物资保障的各种矛盾和问题逐渐得到化解，影响和干预司法机关正常办案的不良现象得到有效遏制。同时，试点省份在改革过程中形成了相对稳定的司法财物管理体制机制，总结了一些可复制、可推广的经验做法。为保障司法机关公正执法，提高公信力起到了积极推进作用。

一、省级统管司法财物的不同模式

从根本上讲，法院、检察院的财源问题是统管财物的核心要素。因此，司法经费来源是各地司法财政事务统管改革主要聚焦点。从一定意义上讲，"省级

---

① 唐虎梅：《省以下法院财物统管改革的现状与展望》，载于《法律适用》2018 年第 21 期。

统管"指的是由省级财政、部门主导、省级法院、检察院协同、下级财政与发改委等党政公共管理部门以及法院、检察院参与所形成对省以下法院、检察院财物实行"省级统管"的运行模式。同时，这一职责标志着省级财政等公共管理部门对省以下法院、检察院经费来源承担保障的职责。本轮以司法财物"省级统管"为改革目标，是推进"省以下地方法院、检察院人财物省级统一管理改革"的难点之一，是破解司法地方化难题、根除司法保障受制于地方财政"分灶吃饭、分级负担"体制弊端、确保司法公正的关键之举，也是防止和纠正司法不公不严不廉的基础性制度创新和司法管理体制改革的破局之举。鉴于我国东部、中部、西部地区经济社会发展不平衡性、省级地方财力的差异性，试点省（直辖市）结合本地经济社会发展与财力实际探索改革，形成了符合建立"省以下地方法院、检察院人财物省级统一管理"改革部署要求的三种模式。

1. "省级统管"模式

省、市、县三级司法机关经费全部由省级财政保障，没有要求市县级财政承担保障责任。实行此模式的地区有17个，其中15个省份、2个单列市，东部4个（3个直辖市、1个单列市）、中部8个（7个省份、1个单列市）、西部5个省份。在实行司法财物"省级统管"的17个省份中，湖北对省以下法院、检察院财物统管改革较为彻底，其改革举措是在全省市（州）、县（市、区）全面铺开，一步到位。其改革的主要内容是：（1）统一经费保障方面。按照"全额保障、收支脱钩"原则，人员经费、日常运行公用经费、审判检察业务经费（含办案业务经费和业务装备经费）、基础设施建设经费以及维修经费纳入省级财政预算、省级预算内固定资产投资计划统筹安排。（2）统一财物管理方面。市县两级法院、检察院作为一级预算单位，通过省法院、检察院统一审核平衡，向省财政厅编报预算。非税收实行"收支两条线"管理，做到收支脱钩。在省级财政预算中安排备用金，用于特殊情况的经费保障。（3）统一资产管理方面。由省法院、省检察院牵头，省级财政部门参与，组织省、市（州）、县（区）三级法院检察院和财政人员组成专班，集中组织清产核资，及时上划资产入账。市（州）、县（区）法院、检察院的基础设施建设项目，由省法院、省检察院归口划归、实施检查监督管理，由省发改委实施统一审批与项目监督管理，并纳入省级预算内固定资产投资计划予以保障。（4）统一债务化解方面。采取"一揽子"省级解决的方案，省财政新增基建投资21亿元，用于解决法院检察院信息化建设，一次性拿出 9.7 亿元资金用于历年法院、检察院的基础设施建设债务化解。上海市对法院、检察院的财物统管改革，则采取由直辖市财政部门（市财政局、市计管局）统管的进路，将所有区县法院、检察院全部调整为一级预算单位，由市财政局直接管理。其法院、检察院的土地、房屋、办公用地等由市财政局、计划财务装备管理局直接接管；区（县）法院、检察院基础设施建设投资项目统一由市发改委审批管理，并纳入市级财政予以保障。

2. "省地结合"模式

省、市、县三级司法机关经费由省级财政保障为主，市县级财政保障为辅（主要保障地方性津补贴和聘用人员司法财物工资）。实行此模式的地区有 4 个，其中：东中部各 1 个、西部 2 个。在实行"省地结合"的省份中，安徽是其中的典型代表。在坚持"省级统管"的大原则下，强调发挥地方作用，是一种偏向"省地结合"的模式。其试点改革实践可以概括为："四统并举""三个不变"。"四统并举"即：（1）统省级管理模式。确立省财政厅与省法院、省检察院协同管理的"一处两中心"管理模式，其中省财政厅作为管理主体归口政法处统筹协调，法检两院各设立一个中心协助管理。（2）统经费资产责任。试点法院、检察院作为省级财政预算单位，由省法院、省检察院负责审核，统一向省财政厅编报预算，预算资金通过国库集中支付系统负责统一拨付；同时明确基础设施建设和债务化解的地方承担责任。（3）统项目规划。省法院、省检察院对省、市（州）、县（区）需系统推进的基础设施建设等进行项目可行性研究，提出共建方案，省财政部门进行评估、论证，安排经费开展项目共建。（4）统政策保障。省法院、省检察院会同相关部门围绕财物省级统管改革，在经费保障、职业保障、推动管理监督转型等方面制定多项制度。在地方实施层面，考虑到安徽省各地经济社会发展水平不同步，制定两级保障的机制。法官检察官、司法辅助人员、司法行政人员工资、公用费、业务费、装备费由省财政统筹保障的前提下，做到"三个不变"：一是政策性奖励、公积金等经费支出依据属地原则，由地方财政保障不变；二是基础设施建设等债务化解由地方政府负责清理承担不变；三是地方政府支持法院检察院基础建设的力度不变。这种"省地结合模式"在其他省推行"财物省级统管改革方案"中也并不鲜见。如广东在贯彻"统分结合"原则下规定，法官检察官、司法辅助人员、司法行政人员的基本工资由"省级统管"，但地方性津补贴则由地方财政负担；市、县级法院、检察院作为省财政一级预算单位，由省财政直接保障。

3. "市级统管"模式

在实行司法财物"市级统管"的省份中，贵州是其中的典型代表。贵州省根据中央司法体制改革关于省以下地方法院、检察院人财物"省级统管"的部署精神，结合本地经济社会发展实际，实行法官、检察官、司法辅助人员、司法行政人员经费、业务费、办案费、装备费、基础设施建设费以及资产由县（区）级管理上收为市（州）级统一管理的《改革实施方案》，建立省以下地方法院、检察院经费、资产暂由市（州）级财政部门管理的体制，待条件成熟再过渡到"省级统管"模式。截至 2017 年 7 月，贵州毕节市已完成市级财物统管工作；9 个市（州）已出台法官、检察官、司法辅助人员、司法行政人员的人员经费、公用费、业务费、装备费、基础设施建设费与资产由市（州）统管的《改革实施方案》并逐步全面推开。此外，该省在一些条件不具备的地区，财物统管改革暂未启动，人财物管理体制仍维持现状。

二、司法预（决）算管理类型

在司法预算编制层面，法院、检察院预算权的归属问题也是决定司法机关能否实行财务"省级统管"的关键一步。改革前，我国司法机关财物保障实行"分灶吃饭、分级负担"，"收支两条线"的政策。实行财务统管后，由省级财政部门主导、省级法院、检察院协同、下级财政与发改委等党政公共管理部门以及法院、检察院参与，建立起了省以下地方司法财物预算管理统一汇总机制。与此相适应，在预算管理方面，省级统管后将市、县级法院、检察院作为一级预算单位，由市、县级法院、检察院独立编制预算，报省级财政部门审核，再由省级财政部门通过省级政府提请省级人大及其常委会审议批准。省级人大及其常委会对预算审核通过后，省级财政由过去对下级财政系统拨付的方式，改为直接下拨给市（州）、县（区）法院、检察院，这种司法经费拨付方式改革，既可以有效防止司法经费被地方财政截留、挪用，也可以更好地保障司法机关的经费科学合理规范使用。

从管理模式上看，根据省财政部门与三级司法机关在财物管理之间不同关系，亦可以分为三种不同的模式。第一种是"直管"模式，即省级财政直接管理。三级法院、检察院独立编制经费预算并直接上报财政；三级法院、检察院直接与省级职能部门对接所有经费保障事项；实行此种模式的地区有12个，其中：10个省份、2个单列市，东部3个（2个直辖市、1个单列市）、中部6个（5个省份、1个单列市）、西部3个省份。第二种模式为"托管"模式，即省级财政直接管理，省高院、检察院协助管理。三级法院、检察院拥有一定数量的专项经费，省高院、省检察院可以向省财政提出建议后，由省财政下达，日常财物工作由省高院、省检察院协助管理。由三级法院独立编制经费预决算，经省高院、省检察院对报表的合理性、规范性进行初审汇总后报省财政审核；三级法院、检察院预算执行均纳入省财政国库支付系统，由省财政各部门按职责分工，审核完成法院、检察院资金收付；市、县法院、检察院日常财物管理工作由省高院、检察院协助监管；三级法院所有与省财政、省发改委等职能部门协调对接事项，由省高院、省检察院负责统一对接。实行此种模式的地区有8个省份，东部2个、中部3个、西部3个。第三种模式为"托管"模式，省级财政直接管理、委托省级高院、省检察院管理。三级法院、省检察院财物统管事项由省级财政授权委托省高院代为管理。实行此种模式的地区有1个，为西部省份。①

从各省份试点的情况来看，由于"省级统管"模式不同，导致预算管理方式不尽相同。如在实施州级统管的贵州省，将市（州）、县（区）法院检察院作为市（州）级财政一级预算单位；而在实行"省级统管"的省会城市中，虽然将省以下地方法院、检察院作为省级财政一级预算单位，但是在具体的管理操作中也存在一些细微差异，如福建省在预（决）算管理上，省以下"两院"均单独向省级财政编报预（决）算，预算批复后则严格执行，执行中一般不办理预算追加；对大要案办理和突发事件处置等特殊情况如确需追加的，则按省级预算追加程序办理②。同样，在已经实施了"省级统管"财物的湖北试点改革中，司法预算的编制权归于各级法院、检察院，基层法院、检察院上报省财政部门时，都要经过省级法院、检察院审核、汇总后再统一向省财政厅报批③。具

---

① 唐虎梅：《省以下法院财物统管改革的现状与展望》，载于《法律适用》2018年第21期。
② 张子剑、吴舟：《省以下法院检察院经费省级统管改革实施》，人民网，2017年1月24日。
③ 根据《湖北省高级人民法院司法改革试点工作实施方案》，在建立省以下地方法院财物由省级统一管理体制时指出市、县两级法院按照预算管理规定编报预算，经省法院审核、汇总后，统一向省财政厅报批。对预算执行中必需的调整事项，由省法院汇总后，按规定程序报批。预算执行监督、专项检查考核等工作由省财政厅会同省高级法院共同组织开展。

体的做法是,由各级法院、检察院自行编制本单位的经费预算,县(区)级法院、检察院财物部门编制完成预算层报市(州)级法院、检察院,再由市(州)级法院、检察院将各县(区)级法院、检察院的编制预算汇总后统一上报到省法院、检察院,然后由省法院、检察院统一上报至省财政部门,统管前后司法机关财物管理工作流程对比情况见图5-1、图5-2。值得注意的是,这里的预

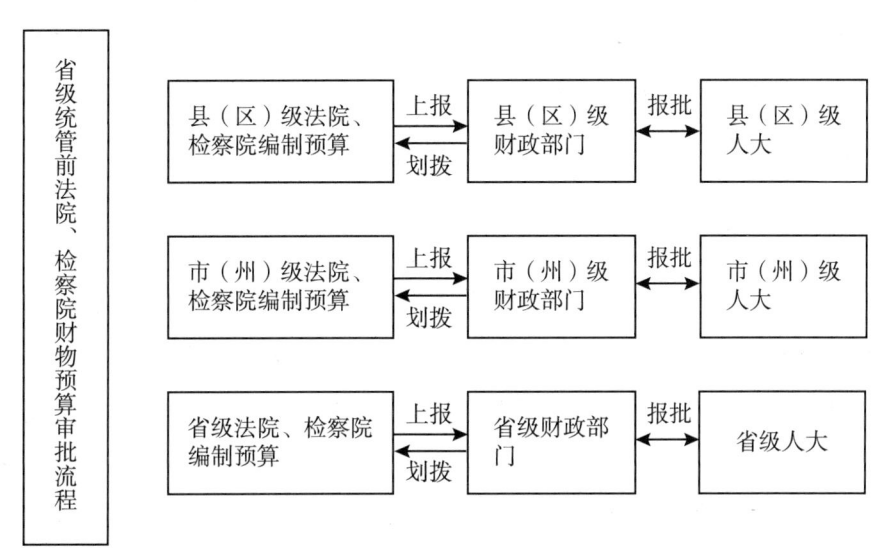

图5-1 省级统管财物前法院、检察院预算管理审批流程图

资料来源:本课题组根据调研材料梳理总结绘制。

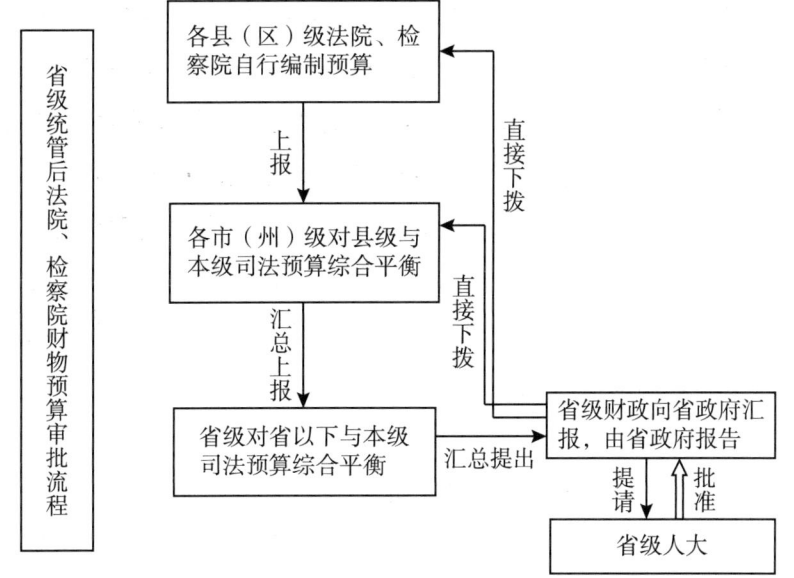

图5-2 省级统管财物后法院、检察院预算管理审批流程图

资料来源:本课题组根据调研材料梳理总结绘制。

算编制权虽归属于各个经费使用单位，但是这种编制权并不是真正独立意义上的预算，因为，它是根据财政部门制定的预算经费标准之内进行的，是一种被限定了的"独立"保障，是一种相对独立的经费管理权。同时，我们也可以看到这一"硬币"的另一面，即正是在这种既定标准范围之内的预算编制，使得各级法院、检察院上报的预算很少被调整或修改。而这一标准也是省级财政部门根据本地经济实际以及司法机关既有的经费数据进行测算后拟制出的指导标准，其不仅具有合理性和可行性，而且减少了不必要的沟通协商成本，特别是实行财物"省级统管"后的省以下地方法院、检察院财物管理部门工作量剧增的现实情境下，可以有效提升省以下地方司法财物管理的质量与效率。

经费保障、债务处理与资产管理。在确定划转基数经费保障、债务处理与资产管理等方面，各省份的做法也多有不同。（1）经费保障基数划转方面。贵州省实行对州级管理的法院、检察院人员经费由"州级统管"，而"统管"司法人员经费标准，则以其上年度截至12月底的工资清册测算下一年度工资总水平，并以此为基数统一上划至州级财政部门。（2）绩效经费保障方面。对于绩效经费管理，有的省份如贵州大多数州（市）仍实行"属地管理"原则，由各级财政承担或与州级财政分担；该省黔东南地区对于目标绩效管理奖的规定是按照州级标准的50%、所在县标准的50%，由各县（市）保障，不纳入划转基数。而广东省的做法则是坚持"统分结合"的基本原则，司法人员基本工资由省级统管，津补贴则仍由地方财政负担。而深圳则在市级层面统管两院人财物。（3）债务处理方面。多数省份采取分类处理的办法。如海南省坚持"制止新债、核清底数、明确责任、分类处理、彻底化解"的原则，对于属欠发（缴）的人员工资、社会保险费、住房公积金等历史旧账，仍由同级财政负责；对与外单位发生的各项债权债务，则统一划转省级财政负责；与本单位职工个人发生的债权债务，由原单位在统一管理前完成追缴或清偿。还有的省份采取"零债务上划"的措施，即由原单位按照有关政策清理化解债务。如山西省按照制止新债、核实底数、分清责任、分类处理的总要求，提出"谁举债、谁负责""先清理后化解""直接偿还到债权人"的化解原则，区分省级债务和县（市）级债务，要求各试点院县（市）零债务上划。[①] 贵州省黔东南地区在实施"州级统

---

① 于晓虹：《"去地方化"与"去行政化"的博弈与平衡》，载于《中国法律评论》2017年第5期。

管"财物后,对于基层法院、检察院的债务实行"锁定债务,划清责任"的原则,并制定了《黔东南法院检察院经费资产由州级统一管理实施方案》,明确规定各县(市)政府在法院、检察院财物管理划转前,按有关政策清理化解法院、检察院的基础设施建设债务。(4)"收支两条线"管理方面。各试点省份全面落实"收支两条线"管理,建立涉案财物的统一管理平台,司法机关追缴的赃款赃物全额上缴省级国库。努力形成符合分类管理要求的经费分配体系,理顺三级法院、检察院工作人员收入分配关系,为法院、检察院依法独立公正行使审判权、检察权提供可靠保障,为全面推进法院、检察院人财物"省级统管"改革铺平道路。[①]

第二节 省以下司法财物 "省级统管"体制改革的区域实践

在推进省以下地方司法财物"省级统管"改革的过程中,各省份相继探索司法财物管理的新机制,由此出现一批各具特色司法财物"省级统管"模式,为我们提供了宝贵的经验。由于篇幅与资料可获得性的限制,本书在最早启动第一批的 7 个试点省(直辖市)中选取了东部、中部、西部地区三所具有代表性的省(直辖市),分别是东部的广东、中部的湖北、西部的贵州,为其他省份推进改革提供有益借鉴。之所以选择以上三个省份作为个案研究,一方面,东部地区的广东省是经济社会发展"火车头",改革开放的前沿;中部地区的湖北省经济社会发展虽与东部地区有一定差距,但后来居上,经济社会发展综合水平在中部地区排位靠前;西部地区的贵州省经济社会发展虽然与东部、中部地区发展有明显差距,但其在西部地区自然资源得天独厚,生态保护好,发展潜力较大,在西部地区具有代表性。另一方面,这三个省份实行省以下地方法院、检察院人财物"省级统管"改革都能结合本地实际,解放思想,因地制宜,大

[①] 周斌、李豪:《司法改革亮点:探索省以下法院、检察院人财物统管体制》,载于《法制日报》2015 年 7 月 31 日。

胆探索，分别创造出了法院、检察院人财物实行"统分结合"，省以下省级法院、检察院人财物实行省级统管、一步到位，省与州实行相结合的统管模式，对于东部、中部、西部地区分别具有指导性、借鉴性和可复制性。

一、广东省司法财物"省级统管"体制改革实践

（一）广东司法财物"省级统管"体制改革的理念与路径

2014年6月，广东被中央选定为首批司法体制改革试点7个省份之一，同年11月底，广东正式启动司法体制改革试点，其中深圳、佛山、汕头和茂名四个市中级法院、检察院及各2个基层院被作为第一批试点单位，进行"先行先试"的改革探索。2015年初，广东全面推行各项司法体制改革工作，与此同时，省以下地方法院、检察院"省级统管"全面试点。

广东省在探索司法体制改革时，秉着"敢为人先、务实进取"的探索精神，进行大胆创新。法院在推行第一批试点的基础上，第二批将17个市中级法院与下辖两个基层法院，广州海事法院、广州知识产权法院、广州铁路运输法院的两级法院系统纳入试点范围，审判机关的各项经费也随之有所提升。据调查统计，2018年广东省高级人民法院经费决算支出23 643.93万元，[①] 2019年，广东省高级人民法院经费决算支出24 991.59万元，增加1 347.66万元，增长5.7%。检察院提出"灵活实施改革举措，确保提升保障水平"，这是广东省检察机关在探索财物"省级统管"改革的经验所在。该省检察机关由省检察院、广州、深圳、铁检等21个地市分院及135家基层检察院组成。该省制定了2016年"磨合夯基础"、2017年"监管促规范"、2018年"提升上台阶"的三年改革规划。他们提出，在遵循中央司法体制改革总体部署的前提下，凡是能够有利于强化检察机关保障基础，有利于提升法律监督能力，有利于提升检察干警的改革获得感，就可以大胆去探索、去实践、去创新，在检察财物"省级统管"改革领域走出一条适合自身发展的路子。截至2018年底，除深圳和铁检以外的142家市、

---

① 2018年广东省高级人民法院部门预算，http：//www.gdcourts.gov.cn/web/content/40359 - .

县级检察院参与省级财物统管改革,且全部成为省财政厅新增的一级预算单位。根据广东省人民检察院阳光检务网公布的相关数据,2015年一般公共预算基本支出合计14 022.54万元;[①] 2016年为17 940.80万元[②],增长3 918.26万元,增长27.94%;2018年为20 814.75万元[③],较2017年增长15 017.70万元[④],增长5 797.05万元,增长38.6%(见表5-2)。

表5-2 广东省人民检察院2015~2018年度各项经费支出情况对比图

年份	一般公共预算基本支出（万元）	同比增长（万元）	同比增长率（%）	人员经费支出（万元）	同比增长（万元）	同比增长率（%）	公用经费支出（万元）	同比增长（万元）	同比增长率（%）
2015	14 022.54			12 644.37			1 378.17		
2016	17 940.8	3 918.26	27.94	16 763.31	4 118.94	32.58	1 177.49	-200.68	-14.56
2017	15 017.7	-2 923.1	-16.29	12 990	-3 773.31	-22.51	2 027.7	850.21	72.21
2018	20 814.75	5 797.05	38.60	17 590.44	4 600.44	35.42	1 824.31	-203.39	-10.03

资料来源:本课题组根据调研材料综合整理。

(二)广东司法财物"省级统管"改革的主要经验与初步成效

1. 正视地域发展差异,保障来源"有统有分"

广东省虽为我国第一经济大省,但省内有"寒极"之称的粤北山区贫困,经济发展条件较差、财力基础薄弱。据调查,自20世纪90年代以来,广东省经济发展迅猛,但区域之间的差异——"富省穷山"现象愈发明显,尤其是珠三角发达地区与粤东、粤西北欠发达地区之间经济社会发展水平严重不平衡。从2015年市县两级检察院人均实际公用经费支出情况看,深圳检察机关人均达到22.29万元、佛山检察机关人均16.31万元;而潮州检察机关人均仅有4.36万元、湛江检察机关人均5.25万元、汕头检察机关人均5.36万元。为实现法院、检察院经费"全额保障"、检察干警待遇"托底保高"的目标,2017年

---

① 2015年广东省人民检察院部门预算(按新要求公开)http://www.gd.jcy.gov.cn/jwgk/ysjs/201804/t20180413_2181520.shtml,访问日期2019年3月18日。
② 2016年广东省人民检察院部门预算(按新要求公开)http://www.gd.jcy.gov.cn/jwgk/ysjs/201708/t20170825_2053933.shtml,访问日期2019年3月18日。
③ 2018年广东省人民检察院部门预算(按新要求公开)http://www.gd.jcy.gov.cn/jwgk/ysjs/201802/t20180227_2152972.shtml,访问日期2019年3月18日。
④ 2017年广东省人民检察院部门预算(按新要求公开)http://www.gd.jcy.gov.cn/jwgk/ysjs/201702/t20170224_1950212.shtml,访问日期2019年3月18日。

起,广东省"两院"创造性地建立了省级财政和地方财政"统分结合"的司法财物双重保障机制。所谓"统分结合"有两层含义:一是分块保障,即政法编制内法院、检察院人员经费、公用经费、业务费、装备费和基础设施建设资金由省级财政全额负担;有关津补贴由各市、县自行出台配套规定;对于改革前的离退休人员和聘用制人员的工资由同级财政负责保障,如2016年东莞市财政拨付市检察院的"三项经费"约2 400万元,占该院全年经费保障总额的18%。二是分级统管。该省除计划单列的副省级城市——深圳市法院、检察院财物实行单列统管外,自2018年起,对省会城市广州及所辖13个基层法院、检察院财物实行"市级统管";其他市以下法院、检察院财物则实行"省级统管"模式。

2. 注重预算再平衡,建立机动经费保障机制

为了规范非税收入,切实保障司法办案需要,广东省法院、检察院与省财政厅反复沟通,确立非税收入的基准核算单位,即将全省法院、检察院143个非税收上缴单位捆绑为一个整体编报年度非税收入上缴预算单位基准数,并按全省法院、检察院全年实际上缴非税收入的一定比例返拨作为年度项目经费;若项目经费不足可追加一定额度;对于项目经费由省法院、检察院根据各自实际需求拟定具体分配方案。这项改革举措可取之处在于:一是有利于调剂年度预算省人大批复额度与中央最高司法机关与省委省政府新增临时司法工作任务所需经费无预算安排的缺口,从而保障新增临时司法工作任务的有效执行。二是有利于年度预(决)算安排的规范执行与动态平衡,弥补年初预算不足,或项目预算安排不合理部分的缺陷,从而确保法院、检察院各项任务的顺利完成。

3. 聚焦财物管理实务,创设"四个一级"项目经费

该省检察院在编报2017~2019年中期财政规划中,立足全省司法财物统管的实际和经费保障需求,经科学论证,创设了"办案业务经费""检察业务综合保障经费"(法院系统为"审判业务综合保障经费")"业务装备及信息化建设经费""办案用房与技术用房及其他基础设施建设维护经费"等"四个一级"项目经费,初步完善了"省级统管"中长期财政规划中一级项目经费的"全覆盖、可延伸、便调剂"的预算科目体系,尤其是对"检察业务综合保障经费"一级项目经费的提出,较好地突破了传统的项目经费仅包括办案业务费、业务装备费、基础设施

建设经费预算科目的局限，切实解决了以往检察机关物业管理费、水电费等无法在日常运行公用经费有限额度内全额列支，而在检察业务费中列支项目科目预算政策依据不足的问题，得到了省财政厅的高度认可。自 2017 年起该省实行法院、检察院财物"省级统管"过程中全面推行"四个一级"项目经费预算，不仅确保了省以下财物实行"省级统管"的改革顺利进行，而且丰富发展了司法财物经费预算体系，促进了全省范围内司法财物管理能力的科学化、规范化建设。

4. 强化财物组织建设，设立地方"财物统管"机构

为加强对市（县）法院、检察院财物工作的指导，该省法院、检察院积极争取省编办支持，将"两院"机关自身原有计划财务装备处分设为机关财务装备处与地方财物统管处，各增加政法专项编制 6 人，并调整充实财务管理人员。同时，省法院、检察院会同编制、组织、人事部门，在推进人财物"省级统管"与内设机构改革中，对已有的计财装备工作机构和人员予以保留，配齐配强专职人员；拿出专项编制在省、市设立"财物统管"专门机构，明确县级法院、检察院设立专（兼）职岗位。据统计，近四年来，该省法院、检察院通过公务员招录等途径，新增财会专业人员近 200 人。

经过近四年的司法改革运行实践，广东"省级统管"财物改革取得了令人瞩目的成效。首先，保障标准明显提高。在全国率先建立了较高的公用经费"保高托低"保障标准。改革前，广东省对欠发达地区县级法院、检察院公用经费保障标准仅出台了年人均 3 万~3.5 万元。实行财物"省级统管"改革后，不仅有"量"的增加，更有"质"的提升。全省建立起了经济发达地区珠三角与欠发达地区"两级"法院、检察院相对均等化的保障标准及其运行机制，即全省"两级"法院、检察院年人均公用经费（包括日常运行公用经费和办案业务费）分别按照 7.6 万元、6.5 万元、6 万元的标准"保高托低"（见图 5-3）。据调查，2016 年度全省 72 个市、县（区）法院检察院通过实施"保高托低"的保障机制，增加公用经费预算 2.84 亿元。据调查统计 2018 年广东省高级人民法院经费决算支出 23 643.93 万元，① 2019 年，广东省高级人民法院经费决算支出 24 991.59 万元，增加 1 347.66 万元，增长 5.7%。②

---

① 2018 年广东省高级人民法院部门预算，http://www.gdcourts.gov.cn/web/content/。
② 2019 年广东省高级人民法院部门预算，http://www.gdcourts.gov.cn/uploadfile/files/2019/20190228/1902281044151297169.pdf

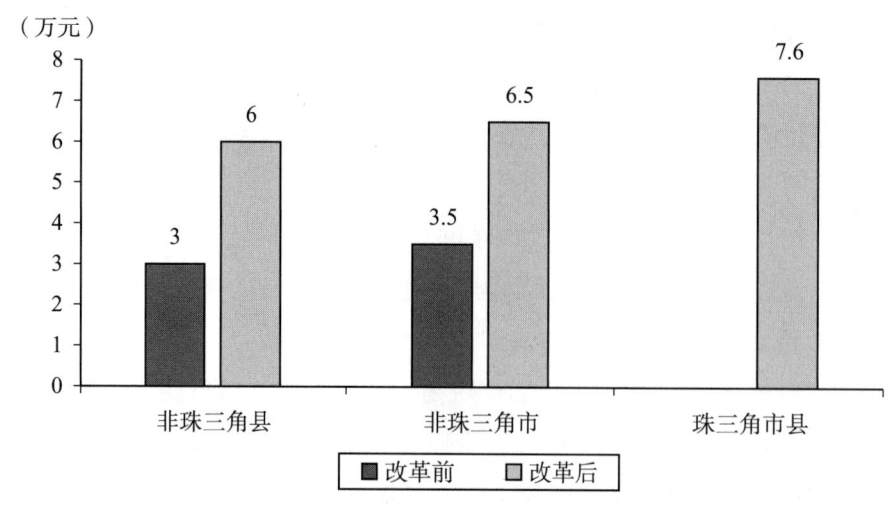

图 5-3 广东省各地区人民检察院改革前后日常运行与项目经费标准对比图

资料来源：本课题组根据广东省检察院计划财物部门提供年度统计资料综合整理。

    法院、检察院实行财物"省级统管"改革，破解了省域范围内基层法院、检察院经费保障的困境，解决了多年来"同工不同酬"的尴尬，消解了因经济发展水平与财力增长不平衡性，造成基层法院、检察院财物保障捉襟见肘，司法精英人才"孔雀东南飞"、基层司法人才流动、恶性竞争的动力，使多年来司法均等化的保障构想得以初步实现。据调查统计，2016 年广东省粤东西北地区基层法院、检察院经费决算支出为 191 171 万元，较 2015 年同口径 177 352 万元，增加 13 819 万元，增长 7.8%，粤东西北地区经费占统管法院、检察院总经费比例由 49.25% 提升至 51.12%，（见图 5-4），进一步改善了与珠三角发达地区法院、检察院经费保障水平差异悬殊的状况。

    财物管理明显规范。省以下法院、检察院实行"省级统管"前提下的"统分结合"改革，给预算编制、预算审查批准、预算下达执行、预（决）算公开与接受社会监督都提出了新的更高要求，通过四年实施改革，使省以下地方法院、检察院预算管理逐步实现了统一规范。据调查，2016 年 3 月和 2018 年 12 月，广东省财政、法院、检察院自上而下在各级门户网站中对司法财物预算实行同步公开，接受社会监督，得到社会高度好评。司法财政预算主管部门与法院、检察院对全省司法财务预算指标下达与执行进度进行每月发文通报，对于执行进度不力的约谈预算责任单位的院长、检察长。目前，市（县）法院、检察院全部接入省直财政会计核算监管平台，接受省财政厅、省审计厅的实时动态监督。为切实提升规范化水平，广东省检察院还整理编印了《广东省检察机关财物统管改革政策制度汇编》，收录有关基础性规范、预算管理、国有资产管理、政府采购、基础设施、装备建设和审计监督等八个方面的法律法规和制度规定共计114个，印发至全省各级检察机关贯彻执行。

改革前后粤东西北地区
日常公用和项目经费占全省总经费比重对照

2015年　42.58%　　　2016年　51.12%

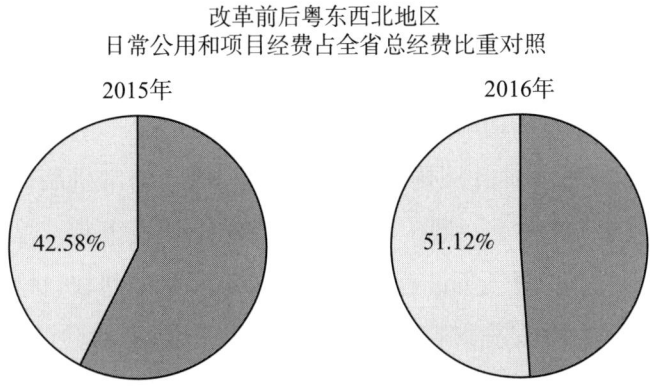

图5-4　改革前后粤东西北地区日常公用和项目经费占全省总经费比重对照图

资料来源：本课题组根据广东省检察院计划财物部门提供年度统计资料综合整理。

二、湖北司法财物"省级统管"改革的实践

（一）湖北司法财物"省级统管"改革的理念与路径

作为中央确定第一批7个省（直辖市）司法体制改革试点省份，湖北省司法体制改革试点方案于2014年11月18日获得中央政法委批准。2014年12月15日，武汉、襄阳、黄石、恩施4个市（州）24个单位基层法院、检察院同步开展先行试点。在试点改革实施阶段，针对司法财物"省级统管"的复杂性，省司法改革领导小组综合考虑全省财力的不平衡性，"省级统管"司法财政预（决）算须以年度运行特点与会计核算一贯性、可比性，切实增强"省级统管"预（决）算的整体性、同一性，省委决定司法财物"省级统管"改革不搞分步分级试点，而直接在全省全面推开。经过精心准备，上下努力，分步实施，至当年年底就完成了下一年度司法财物实施"省级统管"的五项工作，即全省法

院、检察院的经费预算编制、财务专网建设、账户审批开户、各类信息统计上报、经费拨付等项工作。至 2015 年伊始，司法财物"省级统管"在湖北全省顺利推开，成为全国率先对省以下地方法院、检察院实行"省级统管"的省份，为全国试点改革起到了引领性、标志性、可行性作用。

1. 细化改革总体思路

湖北省根据中央有关司法财物"省级统管"改革的顶层制度设计与部署要求，紧密结合湖北实际，细化省以下地方法院、检察院财物实行"省级统管"改革的基本思路。即以新时代中国特色社会主义思想、司法改革理论为指导，着力构建具有湖北特色的司法财物"省级统管"保障体制机制；确立司法财物统管"三个有利于"的原则，即：坚持以"有利于促进审判、检察机关更好地履行宪法法律赋予的职责任务，有利于依法独立行使审判权、检察权，有利于提升全省各级法院、检察院财物保障质量和水平"作为检验改革成效的标准，强调改革必须在严格遵循中央统一部署的前提下，只要符合规定，于法不悖，涉及"打基础、管长远"的改革举措，就要勇于探索，大胆实践；明确提出"三个确保"的政策举措，即在改革过渡期间，必须"确保全省各级法院、检察院工作正常运转，确保人员工资正常发放，确保改革后经费支出水平不降低"的原则，为全省审判机关、检察机关财物统一管理改革提供了有力的政策导引和实践遵循，为湖北在全国率先司法财物"省级统管"改革提供了正确的政治方向与政策保证，也为第二、第三批省份司法财物"省级统管"改革提供了先行先试、可复制的经验。

2. 实化改革具体框架

湖北省司法财物实行"省级统管"制度框架的核心要义和实践要求是，着力建立健全司法财物"省级统管"的"两个一体化"的保障体制，即司法财物"省级统管"保障一体化；全省审判机关、检察机关经费保障一体化。改革的实施路径是，司法财物由传统"分灶吃饭，分级负担"管理体制改为整体上收，实行"省级统管"；省以下法院、检察院作为传统属地管辖的预算单位统一上收列入省级财政一级预算单位；从而形成"上下统一、管理科学、规范有序、监督有力、服务到位""省级统管"的新型司法财物保障体制机制。湖北之所以敢为人先，率先实施司法财物"省级统管"改革，其主要基于全面分析"九省通衢"的湖北在拥有众多区位优势，又直面湖北经济发展不平衡性、基层财力保障差异性对公正司法的严重制约性,紧扣保证公正司法、提高司法公信力的司法改革主题,牢牢把握实行省以下地方法院、检察院人财物"省级统管"改革的"重头戏",紧紧扭住实行司法财物"省级统管"与湖北区域协调发展的关系,关系保障公正司法,提高司法公信力的关键。在实化司法财物"省级统管"实施路径方面,坚持统筹兼顾,因地制宜,既考虑省会城市武汉和副中心城市宜昌、襄阳的发展态势,又兼顾其他二级城市如十堰、荆州等城市现有经济发展状况,还顾及贫困山区、革命老区如恩施、黄冈、咸宁等城市的经济基础,从而使司法财物"省级统管"改革具有科学性与引领性,又充分体现湖北司法财物保障鲜明地域特色。

3. 强化基层保障重点

坚持问题导向、以基层为重点,推动司法财物"省级统管"改革着力解决基层实际问题。相对其他试点省份,湖北司法财物保障的难题问题之一是财政供养的司法人员的基数大,与财政保障实力存在不对等的关系。尤其是基层法院、检察院由来已久的"案多人少,工资待遇低、保障水平差,导致人才流失严重"的现实问题突出。为此,该省试点方案的最大亮点是坚持问题导向,将改革政策向基层倾斜,破解基层保障诸多难题,让基层最大限度获得改革的红利,让基层干警增强改革的获得感、职业责任感、承担历史使命感。其主要做法:(1)调增上划基数标准。以检察机关为例,省以下 100 多个检察院与地方财政部门联合发布文件,调增经费预算上划"省级统管"的基数达 2.02 亿元,与原经费预算基数相比增加了 12%。自司法财物"省级统管"改革以来,湖北省检察机关经费预(决)算年度总额逐年递增。据调查统计,湖北检察机关 2017 年经费决算支出为 260 194.44 万元,较 2016 年同口径 212 576.69 万元,增加 47 617.75 万元,增长 22.4%;2018 年经费决算支出为 283 084.48 万元,较 2017 年同口径 260 194.44 万元,增加 22 890.04 万元,增长 8.8%(见表 5-3,图 5-6)。① 同一时期下,② 2017 年"省级统管"法院基本支出 352 701.40 万元,③ 较 2016 年 293 179.00 万

---

① 湖北省人民检察院 2015 年度部门决算信息公开,http://www.hbjc.gov.cn/gsgg/201608/t20160830_890930.shtml;湖北省人民检察院 2016 年度部门决算信息公开,http://www.hbjc.gov.cn/gsgg/201603/t20160308_800371.shtml;湖北省人民检察院 2017 年度部门决算信息公开,http://www.hubei.gov.cn/xxgk/czyjs/qt/jcy/201808/t20180831_1335936.shtml;湖北省人民检察院 2018 年度部门决算信息公开,http://www.hubei.gov.cn/xxgk/czyjs/qt/jcy/201803/t20180305_1258790.shtml;访问日期 2019 年 3 月 17 日。
② 湖北省高级人民法院 2018 年度部门预算及"三公"经费预算公开说明,http://www.hbfy.gov.cn/DocManage/ViewDoc?docId=450819c4-0303-4393-8d57-45d9bf8c593b,访问日期 2019 年 3 月 18 日。
③ 湖北省高级人民法院 2017 年度部门预算及"三公"经费预算公开说明,http://www.hubei.gov.cn/xxgk/czyjs/qt/rmfy/201811/t20181105_1365075.shtml,访问日期 2019 年 3 月 18 日。

元,增长 59 522.4 万元,增长 20.30%;① 2016 年 293 179.00 万元,较 2015 年 231 744.96 万元,增长 61 434.04 万元,增长 26.51%（见表 5-4）。②（2）建立备用金制度。这是针对年度预算人大权力机关审查批准的时滞性与司法机关办案亟须临时性的经费保障困局所建立的调解机制,备用金制度仅仅作为年度预算的配套制度性安排,旨在解决司法机关临时性、应急性经费支出刚性要求。自 2016 年起,司法财物"省级统管"年度预算安排中均设置预备金,以调剂司法财物年度预算的应急之用的缺口。按省以下司法机关重特大案件应急项目经费,省财政在年度司法预算总盘之内预留预备金 2 500 万元,以统筹解决全省各级法院、检察院重特大案件应急处理所需资金。（3）提高公用经费保障标准。根据有关数据,2015 年~2017 年湖北检察机关各项经费支出稳中有升（见图 5-5）,其中,市（州）法院、检察院人均公用经费标准提高到 4.4 万元,基层院人均公用经费标准提高到 4 万元。（4）建立基建经费保障机制。对基层法院、检察院总投资低于 500 万元的零星小项目,省法院、检察院商省发改委联合发文,在三年期间内,省发改委全部委托给当地发改部门审批;其他超过 500 万元以上的大、中型项目由省法院、检察院会同省发改委审批,或呈报国家发改委与最高人民法院、最高人民检察院审批。（5）建立非税收入集中管理机制。省法院省检察院设立全省法院、检察院涉案款专户,在市县两级法院、检察院设立涉案款过渡账户;所有法院、检察院涉案款一律进入财政专户管理;法院、检察院办理案件待结案后形成的非税收入通过涉案款专户统一上缴省级国库。

表 5-3　　湖北省检察机关 2015~2018 年度各项经费支出情况对比

年份	一般公共预算基本支出（万元）	同比增长（万元）	同比增长率（%）	人员经费支出（万元）	同比增长（万元）	同比增长率（%）	公用经费支出（万元）	同比增长（万元）	同比增长率（%）
2015	189 235.05			149 085.06			40 149.99		
2016	212 576.69	23 341.64	12.33	160 946.18	11 861.12	7.96	51 630.51	11 480.52	28.59

---

① 湖北省高级人民法院 2016 年度部门预算及"三公"经费预算公开说明,http://www.hubei.gov.cn/xxgk/czyjs/qt/rmfy/2017/201711/t20171120_1224869.shtml,访问日期 2019 年 3 月 18 日。
② 湖北省高级人民法院 2015 年度部门预算及"三公"经费预算公开说明,http://www.hubei.gov.cn/xxgk/czyjs/qt/rmfy/2016/201711/t20171121_1229419.shtml,访问日期 2019 年 3 月 18 日。

续表

年份	一般公共预算基本支出（万元）	同比增长（万元）	同比增长率（%）	人员经费支出（万元）	同比增长（万元）	同比增长率（%）	公用经费支出（万元）	同比增长（万元）	同比增长率（%）
2017	260 194.44	47 617.75	22.40	236 404.69	75 458.51	46.88	50 222.23	-1 408.28	-2.73
2018	283 084.48	22 890.04	8.80	231 024.16	-5 380.53	-2.28	52 060.32	1 838.09	3.66

资料来源：本课题组根据调研资料综合整理。

表5-4 湖北审判机关2015~2018年度各项经费支出情况对比

年份	一般公共预算基本支出（万元）	同比增长（万元）	同比增长率（%）	人员经费支出（万元）	同比增长（万元）	同比增长率（%）	公用经费支出（万元）	同比增长（万元）	同比增长率（%）
2015	231 744.96			182 612.71			49 132.25		
2016	293 179.00	61 434.04	26.51	237 318.03	54 705.32	29.96	55 860.97	6 728.72	13.70
2017	352 701.40	59 522.40	20.30	290 851.28	53 533.25	22.56	61 850.12	5 989.15	10.72
2018	345 988.21	-6 713.19	-1.90	282 864.06	-7 987.22	-2.75	63 124.15	1 274.03	2.06

资料来源：本课题组根据调研资料综合整理。

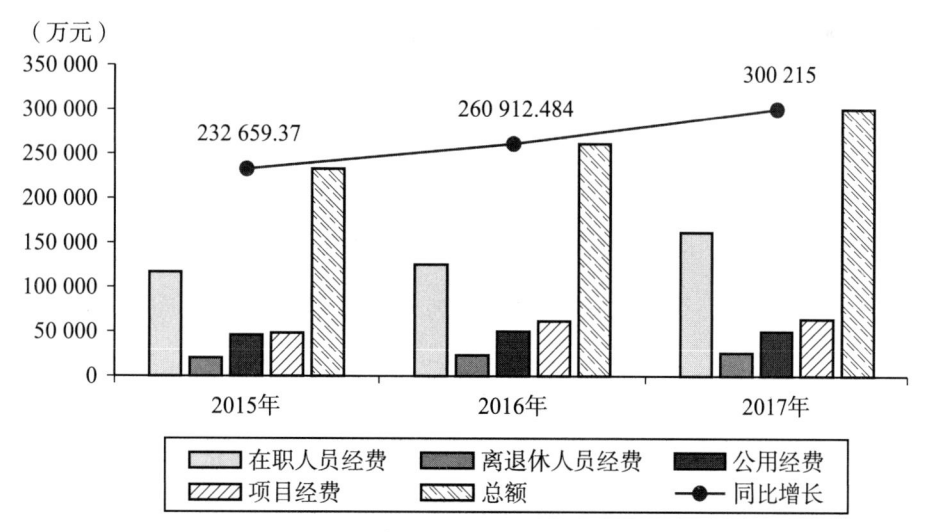

图5-5 2015~2017年度湖北省检察机关各项经费增长图

资料来源：本课题组根据湖北省检察院计划财物部门提供年度统计资料综合整理。

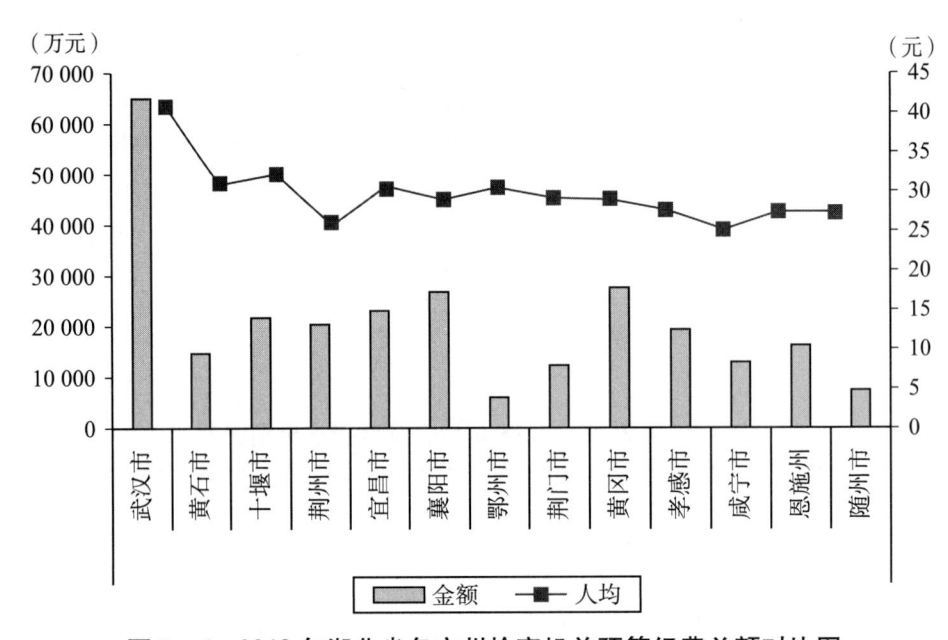

图 5-6　2018 年湖北省各市州检察机关预算经费总额对比图

资料来源：本课题组根据湖北省检察院计划财物部门提供年度统计资料综合整理。

（二）湖北司法财物"省级统管"改革的主要做法与初步成效

1. 建立财物统管机制，提高保障水平

根据中央政法委批复的改革方案，紧紧围绕省以下地方司法财物统管坚持"一个原则"、建立"两个一体化"、健全"两大标准体系"、完善"一套内控规章制度"的工作框架和基本思路，制定省以下地方法院、检察院经费资产实行"省级统管"改革的实施方案，建立符合司法规律和各自工作性质特点的经费保障体系。[①] 全面推进法院、检察院财物"省级统管"体制改革的总体部署要求，明确改革的目标、任务、重点和要求，规划了明晰的路线图和时间表。市县两级法院、检察院相应成立领导小组，下设办公室，负责日常组织管理工作。建立审判、检察机关资产统一管理机制，明确由省财政厅主管，省法院、省检察院密切配合，全省各级法院、检察院分别将资产配置统一列入单位年度预算；建立固定资产管理的统一经费账与物资账的两本账，做到账实相符、账物相符、账账相符和账表相符，确保资产真实、完整和准确无误，实现司法资产保值增值，管理安全。

---

① 邓七一：《奋力吹响司法体制改革的号角——湖北司法体制改革试点工作进入实施期》，湖北省检察院网，2015 年 5 月 8 日。

2. 摸清底数，科学确立上划预算基数

司法财物预算基数，是改革开放以来各级法院、检察院在传统财政保障管理体制改革下形成的同级财政对司法保障的客观尺度与制定年度经费预算的依据之一，带有历史性、政策性、体制性与地方性相互融合的特征，直接影响和制约司法财物上收"省级统管"体制改革。因此，对省以下地方法院、检察院上划预算基数的确定，往往直接关系到地方各个法院、检察院经费保障在实行省级统管体制后能否提高保障水平。为此，湖北省法院、省检察院会同财政部门上下协力、共同一致地把准确确定财物预算上划基数，并作为提高省以下司法财物综合保障能力和水平，顺利推进司法财物"省级统管"体制改革的关键环节来对待。一方面，科学确定财物预算基数的上划范围。省法院、省检察院在会同财政部门在深入调查研究基础上，广泛听取基层法院、检察院与财政部门的意见建议，确定市、县两级法院、检察院以 2013 年 12 月支出决算数作为上划基数的基本依据。其中包括：基本支出（人员经费和公用经费）、项目支出、基础设施建设支出等全部纳入上划范围；非税收入一并上划省级统一管理；对司法人员规范津补贴改革已经落实或尚未落实的，均按相应规定和标准测算数上划；对中央及省转移支付支出已形成的支出基数也一并上划。在具体操作过程中，湖北省根据各地实际情况，将湖北省政府新近出台的改革性补贴、养老、医疗等社保缴费中由单位负担的部分和 2014 年年终结余的预算经费等项目全部纳入上划范围。从而实现了全省司法财物预算基数上划工作的"一盘棋"，上划预算经费基数的范围全覆盖，预算项目上划不遗漏，地区之间预算基数上划工作平衡推进。另一方面，争取司法财物经费上划基数的科学合理。湖北省三级法院、检察院高度重视财物预算基数的上划工作，从全省审判、检察机关抽调精干力量，集中时间，加强对各级法院、检察院上划基数工作的审核和指导，全面掌握情况，注意发现和纠正问题，防止工作出现失误。同时，以省法院、省检察院名义连续多次专门下发关于做好基数上划工作的通知，明确为"一把手"工程，各级法院、检察院主要领导积极主动做工作，多与当地政府主要领导和财政部门同志沟通协商，及时宣传有关政策，反映当前实际情况，最大限度争取支持，做到全面清理历年财物预算基数，盘清家底，准确测算预算新增因素，确保应划尽划。针对湖北省法院、省检察院首次上报汇总各地经费预算基数上划数据出现的新情况新问题，及上划基数不平衡，部分地方数额明显偏低等，湖北省法院、省检察院与省财政厅进行反复沟通协调，于2015年3月初启动对全省审判机关、检察机关预算上划基数的核定、调整工作；对首次上划预算基数明显偏低的地方，由省法院、省检察院分管领导亲自带队进行实地调研，认真复核，逐项摸底，与当地党委政府主要负责同志面对面沟通交流，提出调整上划基数的具体意见和建议，切实加强对上划预算基数的督办指导工作，使司法财物"省级统管"的预算基数上划工作协调平稳开展，为司法财物实行"省级统管"体制改革奠定了坚实基础。这主要体现在五个方面：一是湖北省的法院、检察院经费收入总额逐年快速增长。据检察院统计，2011~2015年全省检察机关经费收入总额从18.07亿元增加到26.4亿元，年均增幅为11.52%，其中，财政直接拨款从16.35亿元增加到26.4亿元，年均增长15.37%，人均财政拨款从18.5万元增加到24.86万元。二是基层法院、检察院经费收入增长水平高于全省法院、检察院系统的增长。如2011~2015年，湖北省基层法院、检察院经费收入从15.96亿元增加到24.54亿元，年均增长13.44%，高于全系统1.92个百分点。如湖北省检察机关2016年度人员经费项目经费以及公用经费总和为260 912.484万元，较2015年的232 659.37万元增长28 253.114万元，增长12.14%；2017年统一口径下为300 215.3235万元，较2016年的260 912.484万元增长39 302.8395万元，增长15.06%（参见表5-5）。三是中央和省级财政转移支付资金占比逐渐加大。检察机关10.69亿元，在政法机关的转移支付资金分配比由11.88%上升到14.5%，提高了近3个百分点。四是公用经费保障标准全部落实。实行司法财物"省级统管"体制改革后，该省建立市、县两级法院、检察院相对均等化的公用经费保障标准体系。即公用经费保障标准实行类型化的保障标准，对武汉、宜昌、襄阳三个城市根据其办案任务重、

表5-5　　2015~2017年度湖北省检察机关年度预算经费测算表

年份	实有在职人数	离退休人数	人员经费		公用经费	项目经费	总计
			在职人员	离退休人员			
			金额（万元）	金额（万元）	金额（万元）	金额（万元）	金额（万元）
2015	10 163	3 567	117 248.962	20 326.6275	45 426.80553	49 656.975	232 659.37
2016	9 790	3 760	126 191.8535	23 798.2505	50 199.5485	60 722.8315	260 912.484
2017	9 682	3 979	160 777.0405	26 444.8555	49 343.684	63 649.7435	300 215.3235

资料来源：本课题组根据湖北省检察院计划财物部门提供年度统计资料综合整理。

案件复杂、案多人少等特点实行统一的人均公用经费保障标准；对其他市（州）、三个直管市及神农架林区实行统一的人均公用经费的保障标准；对其他县（区）法院、检察院实行统一的人均保障标准。五是，"收支两条线"的财务管理制度得到有效执行。全省法院、检察院认真贯彻执行"收支两条线"的管理规定，强化财物统管意识，实行非税收入专户管理，规范财务管理流程，对执法办案的暂扣款统一实行财政专户监管，罚没款、诉讼费依规全额上缴国库。

3. 制定配套制度，强化长效管理

湖北省法院、检察院把司法财物"省级统管"配套制度作为基础性建设，突出前瞻性、针对性和可操作性，在调查研究、总结经验的基础上，分门别类地制定了一系列财物管理配套制度，既为规范管理提供了保障，又为实行司法财物"省级统管"体制改革提供了支撑。其主要特点：一是出台司法财物"省级统管"体制改革政策。湖北省委、省政府创造性贯彻中央与最高法、最高检关于司法财物"省级统管"体制改革的政策精神，适时听取省委政法委、省财政厅、发改委、省法院、省检察院的意见和建议，进行顶层制度设计，作出准确判断与科学决策，加强组织领导、统筹协调、监督检查，支持职能部门共同研究出台《湖北省省以下人民法院、人民检察院财物统一管理实施办法》《湖北省人民法院、人民检察院非税收入省级统一管理办法》《湖北省政法系统涉案款物统一管理实施办法》《湖北省人民法院、人民检察院基础设施建设债务清查及化解办法》和《湖北省省以下人民法院、人民检察院资产划转及管理实施方案》等5项改革配套工作制度，使这些配套制度与中央司法财物"省级统管"体制改革顶层设计、湖北司法财物"省级统管""四梁八柱"实施方案协调统一。二是健全司法财物制度管理体系。按照"依法理财"的要求，认真贯彻落实司法改革对财物"省级统管"体制改革要求，紧密结合司法财物工作实际，建立科学合理、层次清晰、职责明确、覆盖全面的全省审判机关、检察机关财务管理制度体系。如省法院、省检察院研究制定了湖北省审判机关、检察机关《财务管理暂行办法》《基本建设管理暂行办法》《非税收入管理暂行办法》等规范性文件；各市（州）法院、检察院同步对本单位现有司法财物规章制度进行了清理、修订，完善了司法财物"省级统管"、司法单位落实主体责任的配套性制度，为司法财物统管体制机制统一高效、协调有序运行提供了制度保障。三是健全监督机制，加强廉政风险防控体系建设。针对司法财物"省级统管"体制改革后管理主体权责关系的调整变化，管理监督责任上移与管理监督重心下移等难点，省级法院、省检察院成立了专门的审计机构，强化内部审计；各级法院、检察院认真落实司法财物的主体责任、监督责任，梳理管钱管物过程中的廉政风险点，采取针对性措施，着力提高防控实效。根据修订的《预算法》要求，各预算单位全部实行法人负责制管理，即省法院院长、省检察院检察长与各市、县两级法院、检察院"一把手"分别签订了单位财务管理法人负责制责任书，明确了财务管理的责任和义务及承担的相应职责，使司法财物"省级统管"体制改革监督措施根根柱头落地。四是明确监管重点，把住监督关口。严格执行《会计法》和各项财务管理规章制度，完善内控机制，强化监督制约，依法规范财务收支行为；严格执行会议和差旅定点管理、公务卡结算等改革措施；严格控制"三公"经费，落实中央"八项"规定和湖北省委"六条"意见，严格从源头上杜绝浪费、预防腐败，节约财政资金。大力推行部门预（决）算公开和"三公"经费公开等措施，实行阳光操作，接受社会监督，同时，明确由省法院、省检察院纪检监察部门牵头，建立健全监督检查、举报受理与责任追究机制。五是强化财物审计监督，完善动态监督机制。强化内部审计，实施动态监督。该省法院、省检察院结合内部审计发现财务管理方面如资金使用、项目申报、资产管理等问题，在督查整改的同时，有针对性地完善内部控制制度，形成科学有效的权力运行制约和监督体系，增强监督合力和实效。同时，该省法院、省检察院依据国家现行财务管理法规，对本单位现有的财务管理制度进行一次全面梳理；对有悖于国家、最高法、最高检财务管理制度相悖的予以废除；对现有制度不能满足司法财物省级统一管理需要的及时予以修订和完善；对应建立但尚未建立的，要抓紧研究制定。

4. 建立"两大标准体系"，促进司法财物保障规范运行

（1）建立经费保障标准体系。这主要包括：人员经费标准方面，明确建立符合审判机关、检察机关职业特点和职业保障需求的人员经费保障体系。日常公用经费标准方面，按市（州）、县（区）两级法院、检察院分地区、分级次合理确定新的经费保障标准。该体系根据市场物价变化指数、司法办案成本、人员编制异动、岗位工作特性、工资增长幅度等客观因素综合考量，以此建立经费保障标准动态调整机制。司法业务经费标准方面，根据司法办案（业务）经费需求，综合考虑工作量、办案成本以及办案特性，参考相关因素等权重，据

实给予保障；装备（业务）经费方面，由省法院、省检察院统一提出建设计划，按程序自下而上呈报批准后，纳入省级财政统一保障。基础设施建设及维修经费方面，在全省普遍摸清家底、提出建设方案之后，由省法院、省检察院联合省发改委、省财政厅等相关部门专题研究予以重点保障。（2）建立经费管理标准体系。明确提出"三个统一"要求：即统一预（决）算管理。按照湖北省财政厅管理监督，省法院、省检察院领导统筹协调，机关职能部门积极配合的工作模式，形成系统完备、科学规范、运行有效、监督有力，符合司法体制改革分类管理要求的经费保障体系。与此同时，湖北省还制定出台保障标准体系实施的一系列配套制度及相关措施。一是规范一级预算单位流程管理运行体系。通过司法财物"省级统管"体制改革，明确市（州）、县（区）两级法院、检察院均作为省财政一级预算单位，按照预（决）算管理规定要求，经省法院、省检察院财务部门审核、汇总后，统一送省财政厅审核，由其提请省政府审查平衡，并通过省政府提请省人大审议批准。二是规范预算执行实行国库统一集中收付管理运行体系。全省各级法院、检察院所有财政性资金统一纳入省级国库单一账户体系和国库集中支付系统管理；司法预算资金的基数及其年度预算指标，则由省国库通过财务专网直接下达全省各地法院、检察院预算执行单位；用款计划必须事先通过省法院、省检察院财务部门确认并提请省国库管理机构核定批复，对涉案财物实行省级统一管理。三是规范涉案财物流程控制运行体系。全省审判机关、检察机关建立涉案财物统一管理运行控制配套制度；司法涉案财物一律实行网上全程流转，审判机关、检察机关建立互联互通网络平台，与涉案财物国库集中收付监控网实施无缝衔接，从而实现三级司法机关、三级财政部门通过对680多个涉案财物划拨、冻结、发还、结案上缴的网络节点规范管理、动态监控，随案流转、案结物清的流程管理，既达到了司法财物实行"省级统管"体制改革的宏观目标，又有效实现了"流程控制、节点考核、持续改进、集约高效"的管理目标。从而解决了多年来涉案财物管理领域的"一本烂账"、破解了涉案财物管理领域违法乱纪，易发高发的难题，从源头上根治了涉案财物管理领域的腐败违法犯罪。四是规范备用金调解运行机制。湖北省在法院、检察院财物实行"省级统管"体制改革中，建立备用金调解机制，明确省级财政年度预算包含安排三级法院、检察院备用金，由省财政厅和省法院、省检察院共同实施管理，主要用于大要案办理、司法干警伤残抚恤和突发事件处理等专项经费保障。

5. 强化资产管理，提升保障效能

由于历史遗留问题，湖北省"两院"个别基层单位资产状况较为复杂，产权不清晰的资产较多，尤其是部分市县级法院、检察院原有的办公、办案和其他业务用房无证或权属不清，导致产权界定难度较大，清产核资工作任务繁重。对此，本轮实行司法财物"省级统管"体制改革中，湖北省采取的改革举措是：首先，广泛组织开展资产专项清查工作。通过普遍对基层法院、检察院历年来形成的实物资产逐一盘点登记，详细翻阅固定资产账本、查看每一笔原始记账凭证等，做到"账、证、物"相对应，事实和缘由清楚，确保清查工作的不重不漏，准确无误，再将资产清查结果报当地财政部门审核确认。省法院、省检察院依据当地财政部门审定的结果，及时将上划资产集中入账，纳入省直行政单位资产统一管理，并要求全省各级法院、检察院建立资产动态管理台账，规范相关制度，落实主体责任，明确专人负责，防止司法资产流失。其次，严格落实政府采购。本轮司法管理体制改革之前，湖北省基层法院、检察院的办公、业务、技术装备、基础设施建设等采购工作都是在当地财政采购部门统一组织实施的。司法财物实行"省级统管"体制改革、司法财物经费统一上划后，地方财政部门不再承担同级法院、检察院的采购事项，导致基层法院、检察院的采购工作出现运行体系缺失与监管盲区，不同程度的影响和制约了实行司法财物"省级统管"体制改革。对此，省法院、省检察院经商省财政厅同意，仿效省工商、省税务等实行省垂直管理的做法，明确基层法院、检察院的批量业务与技术装备、大型基础设施建设项目、固定资产投资等由省法院、省检察院各自组织实施集中采购；对其他日常办公、业务与技术消耗器材、小型设施维修、燃（材）料损耗等日常性采购项目，则由省财政厅、省法院、检察院联合发文，委托当地财政部门组织实施与监督管理。最后，完善基础设施建设保障。湖北省法院、省检察院与发改委联合专题向省政府报告，提出对合规项目核实其审批立项时确定的资金来源。对经省发改委重新确认的在建基础设施项目，后续建设资金继续按原渠道安排。实行司法财物"省级统管"体制改革后，全省各级法院、检察院涉及省级预算安排的基础设施建设项目，参照省发改委的审批程序统一办理。

三、贵州司法财物"州级统管"体制改革的实践

(一) 贵州司法财物"州级统管"体制改革理念与路径

2014年,贵州省主动申请获得中央批准而加入首批7个省(直辖市)司法管理体制试点改革的行列。2014年12月,贵州省司法管理体制改革试点工作会议召开,正式启动司法财物试点工作。2015年1月,贵州省选择省会贵阳市花溪区基层法院、检察院,贵州西部欠发达地区的遵义市汇川区,东部少数民族地区的黔东南州榕江县、黔南州贵定县的法院、检察院作为第一批司法财物统管改革的试点单位。随后,将六盘水市安顺市的平坝区、毕节市的织金县、铜仁市的碧江区、黔西南州兴义市的法院、检察院作为第二批司法财物"统管体制改革"试点单位。2016年7月,贵州省将司法财物"统管体制改革"试点向全省其他州(市)、县(区)法院、检察院全面推开。

贵州省贯彻落实中央、最高法、最高检关于省以下地方法院、检察院实行人财物"省级统管"体制改革的指示精神,坚持从本地实际出发,以问题为导向,紧扣司法财物"统管改革"的部署安排,抓住司法经费与资产管理两个核心要素,以"保高托底"为改革目标,按照"各类经费保障水平不低于原有水平"的原则,探索以理顺管理体系、调整管理架构、优化资源配置、规范运行程序、提升保障质量、落实监管责任为切入点,采取具有贵州特色的"州级统管"司法财物的体制运行机制,即将州(市)、县(区)两级法院、检察院的财物、经费和资产管理上收至州(市)统管。

(二) 贵州司法财物"州级统管"体制改革的主要做法与初步成效

1. 激活财力资源与提升管理效能并重

实施司法"州级统管"体制改革前,贵州省内各城市间经济社会发展不平衡,导致司法机关人员经费、日常公用经费、司法业务经费保障水平之间极不平衡。如经济欠发达地区的施秉县、紫云县法院、检察院年公用经费分别人均仅为0.94万元、1.26万元。这与其遵义地区所在的法院、检察院公用经费人均

保障 2.8 万元、2.6 万元的标准相差较大；这两个县法院、检察院正常办公所需经费都难以得到保障。① 贵州省 9 个州（市）结合各自实际，调整提高所属基层法院、检察院公用经费保障标准，并确定由州（市）级财政全额保障。使贵州欠发达黔东南地区法院、检察院公用经费水平与贵阳发达地区和遵义较发达地区法院、检察院的保障水平基本相当；9 个州（市）、县（区）法院、检察院财物保障水平大幅增长，使得长期困扰基层法院检察院经费短缺与司法办案业务快速增长的矛盾得以缓解（参见图 5-7）。

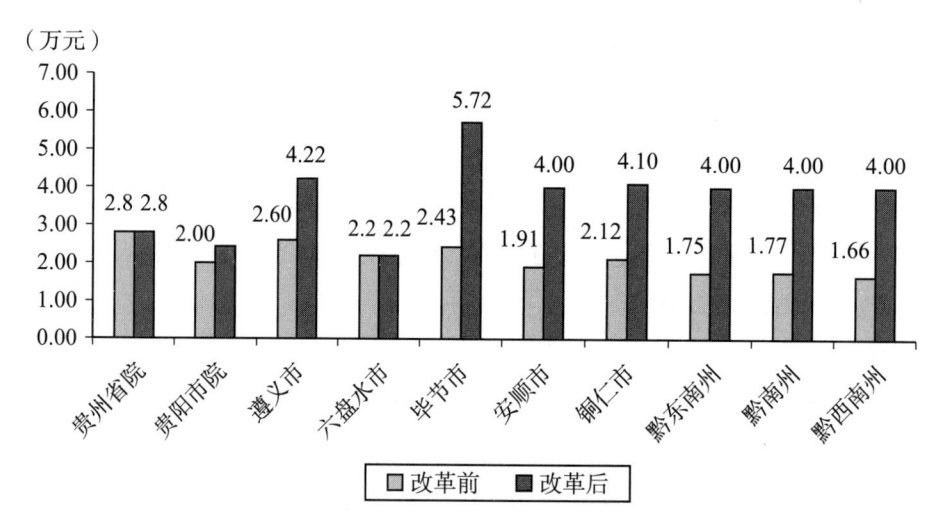

图 5-7　贵州省检察机关省/市人均公用经费改革前后对比

资料来源：本课题组根据贵州省检察院提供资料和贵州社科院相关资料综合整理。

根据贵州省高级人民法院公开数据，2019 年贵州省高级人民法院一般公共预算基本支出 7 582.91 万元，② 统一口径下 2018 年为 7 174.25 万元，③ 2017 年为 6 826.74 万元，④ 2016 年贵州省高级人民法院一般公共预算基本支出 6 261.47

---

① 贵州省政协社会与法制委员会课题组：《关于贵州省司法改革情况的调研》，参见《贵州蓝皮书·法治》，贵州省社会科学院与社会科学文献出版社联合发布，2017 年 5 月 13 日。
② 贵州省高级人民法院 2019 年度部门预算及"三公"经费预算公开说明，http：//www.guizhoucourt.cn/sfxzgk/203954.jhtml，访问日期 2019 年 3 月 18 日。
③ 贵州省高级人民法院 2018 年度部门预算及"三公"经费预算公开说明，http：//www.guizhoucourt.cn/sfxzgk/26694.jhtml，访问日期 2019 年 3 月 18 日。
④ 贵州省高级人民法院 2017 年度部门预算及"三公"经费预算公开说明，http：//www.guizhoucourt.cn/sfxzgk/15190.jhtml，访问日期 2019 年 3 月 18 日。

万元。① （见表 5-6）。贵州审判机关的各项经费支出逐年稳步上涨。同一时期下，贵州检察机关各项经费的表现与审判机关的不同，实行司法财物"州级统管"改革后，2015 年以来，省级一般公共预算财政拨款基本支出逐年下降。根据贵州省人民检察院网上公开数据，2015～2018 年度②③④部门决算和"三公"经费决算公开情况，贵州省人民检察院 2015 年度一般公共预算财政拨款基本支出 8 270.24 万元，2016 年为 8 291.42 万元，2017 年为 7 000.35 万元，2018 年为 6 922.06 万元（见表 5-7）。

表 5-6　贵州省高级人民法院 2016～2019 年度各项经费支出情况对比

年份	一般公共预算基本支出（万元）	同比增长（万元）	同比增长率（%）	人员经费支出（万元）	同比增长（万元）	同比增长率（%）	公用经费支出（万元）	同比增长（%）
2016	6 261.47			5 067.66			1 193.81	
2017	6 826.74	565.27	9.03	5 640.88	573.22	11.31	1 185.86	-7.95
2018	7 174.25	347.51	5.09	5 922.12	281.24	4.99	1 252.13	66.27
2019	7 582.91	408.66	5.70	6 370.23	448.11	7.57	1 212.68	-39.45

资料来源：本课题组根据贵州省高级人民法院网上公开数据综合整理。

表 5-7　贵州省人民检察院 2015～2018 年度各项经费支出情况对比

年份	一般公共预算基本支出（万元）	同比增长（万元）	同比增长率（%）	人员经费支出（万元）	同比增长（万元）	同比增长率（%）	公用经费支出（万元）	同比增长（%）
2015	8 270.24			7 118.79			1 151.45	
2016	8 291.42	21.18	0.26	7 159.61	40.82	0.57	1 131.81	-19.64
2017	7 000.35	-1 291.07	-15.57	5 815.26	-1 344.35	-18.78	1 185.09	53.28
2018	6 922.06	-78.29	-1.12					

资料来源：本课题组根据贵州省人民检察院网上公开数据综合整理。

---

① 贵州省高级人民法院 2016 年度部门预算及"三公"经费预算公开说明，http://www.guizhoucourt.cn/sfxzgk/3174.jhtml，访问日期 2019 年 3 月 18 日。
② 贵州省人民检察院 2016 年度部门预算及"三公"经费预算公开说明，http://www.gz.jcy.gov.cn/tzgg/201709/t20170905_2060658.shtml，访问日期 2019 年 3 月 18 日。
③ 贵州省人民检察院 2017 年度部门预算及"三公"经费预算公开说明，http://www.gz.jcy.gov.cn/tzgg/201702/t20170210_1936929.shtml，访问日期 2019 年 3 月 18 日。
④ 贵州省人民检察院 2018 年度部门预算及"三公"经费预算公开说明，http://www.gz.jcy.gov.cn/tzgg/201802/t20180228_2153458.shtml，访问日期 2019 年 3 月 18 日。

除了对办公费进行资源输入外，在这一改革中，司法机关内部按照"以案定员"的原则对相关的人员经费进行相应的增长。在《贵州省省以下地方法院、检察院经费、资产由州（市）级统一管理的意见》中明确规定，州（市）财政部门按照"从优安排"的原则，及时足额安排司法人员的工资福利待遇。为了使司法财物"州级统管"体制改革政策不空转，省、州（市）、县（区）三级财政及其法院、检察院主动采取"四个一点"的方式筹集资金，对试点法院、检察院分别支持 300 万元启动经费，使贵州"州级统管"体制改革的薪酬保障政策得以兑现。① 截至 2016 年 11 月底，贵州省三级法院、检察院员额制法官、检察官改革后的基本工资在全国率先全部兑现；绩效考核奖金也全部兑现到位。同时，这一政策并不是简单提高待遇，而是建立规范的保障规则，即根据'以案定补'原则、以案定补项目、标准及计算方法、各类人员分配比例、各类案件办案成本核算以及绩效定补扣减条件等确定。从试点地区法院、检察院反馈的情况看，一线办案法官、检察官人均收入每月提高 2 000 元左右，司法辅助人员人均每月收入提高 1 000 元左右，成为第一波收到"改革红利"的人员。② 例如，贵州遵义市汇川区法院根据《贵州省司法体制改革试点方案》，探索制定《办案绩效考核奖惩办法（试行）》，采取以"现行工资＋办案补贴"的方式，确定各类司法人员的薪酬保障待遇，即根据案件的难易程度设定不同的评估指标，综合测算审判单元的绩效结果，按照一定标准换算成办案补贴，从而动态性的提高一线办案法官的津补贴福利待遇，激发了一线法官的办案活力。③

2. 构建与司法财物"州级统管"相适应的财力资源整合新格局

贵州实行司法财物"州级统管"体制改革前，司法机关的经费来源主要分为两个部分，即中央转移支付占据司法经费保障总额的 2/3，地方财政拨款占据司法经费保障总额的 1/3。本轮实行司法财物"州级统管"体制改革中，该省制定《省以下法院检察院经费资产由省级统一管理实施方案》，确定司法财物"州级统管""保高托底"的原则，优化司法财物资源配置，将中央转移支付专项经费，省级财政专项补助经费与州财力即县区集中捆绑、实行财力下沉与财力上提

---

① 贵州省政协社会与法制委员会课题组：《关于贵州省司法改革情况的调研》，参见《贵州蓝皮书·法治》，贵州省社会科学院与社会科学文献出版社联合发布，2017 年 5 月 13 日。
② 徐海星：《贵州法院司法体制改革观察》，载于《当代贵州》2016 年第 9 期。
③ 侯兆晓、刘国彬：遵义汇川法院 全国司改试验田里的一面旗帜——《贵州司改纪实》专题报道之二，《民主与法制》2017 年 5 月 27 日。

至州级统筹，集中财力保障司法财物"州级统管"体制改革提供充足财力资源保障。确保各地财政对司法经费保障力度不减，司法经费保障基数不减，干警薪酬待遇不减，从而确保地方法院、检察院司法财物"州级统管"改革整体顺利推进。

3. 科学测算、比较选择推出司法财物"州级统管"体制改革运行模式

贵州省在推进司法财物"州级统管"过程中，因地制宜，区别情况，着眼实际，摸索出司法财物由"州级统管"体制改革过渡的改革方案，即建立州（市）县（区）法院、检察院经费资产由州级财政过渡"统管"的司法财物保障体制；将州（市）所属各县（区）法院、检察院的经费资产上收州级财政部门统一管理，并分别作为州级财政一级预算单位。这是因为：一方面，贵州省属于经济欠发达地区，经济社会发展相对缓慢，省级财政保障能力十分有限，每年省级财政可调配的财力也较匮乏。在推进司法财物"省级统管"体制改革中，该省根据全省经济发展与财力状况进行统管保障分类测算，即实行司法财物"州级统管"体制改革，按法院、检察院人均公用经费最低保障标准估算，一类地区的贵阳、六盘水、遵义人均 4.1 万元；二类地区的毕节、铜仁、安顺人均 3.7 万元；三类地区的黔东南、黔西南、黔南人均 3.3 万元；全省每年将增加司法财物经费达 3 亿元左右。在中央对司法机关相关经费保障政策没有增加投入的情况下，以贵州实有财力是难以承受的。另一方面，贵州省内地区与地区之间经济社会发展水平不一，省际区域间的财力差异也比较突出，不同行政区域的司法保障水平不尽相同，导致各地法院、检察院人员收入、公用经费的差异十分突出，甚至表现出较大的差异。例如，以 2015 年贵州省法院、检察院公用经费支出情况为例，贵阳为人均 6.12 万元，居全省司法机关最高水平；而六盘水地区的法院、检察院，公用经费人均支出仅 1.82 万元，两者相差 3 倍有余。①面对这两种情形，如果选择司法财物实行"省级统管"体制改革，不仅不能破解司法财物保障两级差异大、实现保障均等化的难题，而且会给省级财政造成更大的负担和压力。为此，该省司法改革领导小组通过科学测算、反复比较，最终作出实行司法财物"州级统管"的改革方案。与此同时，该省全面深化改革领导小组审议通过《贵州省省以下地方法院、检察院经费资产由省级统一管理实施方案》《贵州省法院、检察院人员薪酬管理试点方案》等相关制度，

---

① 贵州省政协社会与法制委员会课题组：《关于贵州省司法改革情况的调研》，参见《贵州蓝皮书·法治》，贵州省社会科学院与社会科学文献出版社联合发布，2017 年 5 月 13 日。

各州（市）出台相关的具体管理细则，确保省级司法财物改革的"四梁八柱"在州级层面落地生根。经过近四年的探索实践，司法"州级统管"体制改革模式运行良好，实现了既定的改革方向和目标，省统管后贵州省检察机关省/市州人均公用经费增幅情况如图5-8所示。

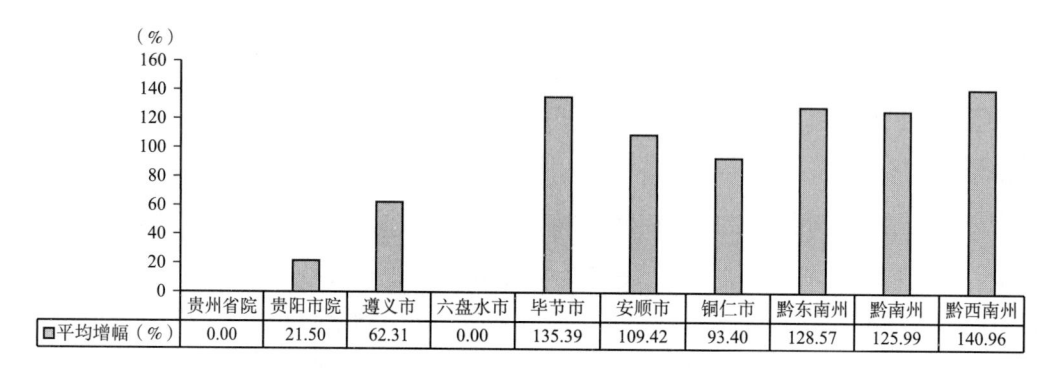

	贵州省院	贵阳市院	遵义市	六盘水市	毕节市	安顺市	铜仁市	黔东南州	黔南州	黔西南州
平均增幅（%）	0.00	21.50	62.31	0.00	135.39	109.42	93.40	128.57	125.99	140.96

图5-8　省统管后贵州省检察机关省/市州人均公用经费增幅情况

资料来源：本课题组根据贵州省人民检察院提供的统计数据和赴基层调查收集材料综合整理。

第三节　共性与差异：司法财物"省级统管"体制改革的比较分析与经验借鉴

处于同一时代背景下，各地的司法体制改革具有诸多共通之处。但同时，各地具体的改革环境千差万别，地方统管改革也各具特色。在当前推进司法管理体制综合配套改革的宏观背景下，各个省（自治区、直辖市）对于司法财物管理改革的实践探索表现出一定的同质性。但同时也应当看到的是，由于我国经济社会发展的不平衡性，省与省之间的改革情况千差万别，因此，这一改革过程中也呈现出各个地区的独特之处。

一、异曲同工：司法财物"省级统管"体制改革共性探究

处于相同的制度大背景下，综观各地的司法财物"省级统管"体制改革无一不表明，司法财物"省级统管"体制改革不是一项单一的工作，而是一项"牵一

发动全身"的系统工程,不仅体现着改革的共性要求,须遵循共同的价值目标与相似的改革路径,而且需要统筹谋划,正确处理因利益格局的调整所带来的新的矛盾变化,在推进司法人财物管理体制改革过程中,关系到与此相关联的党的组织体制、编制体制、财政及发改委等政府管理体制的适度调整与变动,避免因建立司法"省级统管"新体制对其他党政管理体制不适当的扰动和削弱,必须使之形成有机联系、协调互动的制度群体系,从而助推国家治理体系和治理能力现代化。所有这些启示司法"省级统管"体制改革继续观察到其同质性,寻找出一定的规律,又观察到特殊性,使司法"省级统管"改革体现渐进性的发展特征。

(一) 以保障公正司法为共同价值追求

财物统一管理是克服司法地方化,确保法院、检察院依法独立行使职权,保证公正司法、提高司法公信力的重要机制。作为国家机关的基本组成部分,法院和检察机关自产生之时就被赋予了独特的政治属性和重要使命。因此,法院、检察院行使审判权、检察权的各种具体实践活动,都应当充分考虑和高度重视对社会发展和社会运行全局的影响,以人民群众从每个司法个案中感受到公平正义为司法办案质量的第一标准、以保障服务和促进新时代社会基本矛盾发生变化后人民群众对民主、法治、公平、正义、安全、环境的新要求为第一选择、以忠诚、公正、担当、清廉、文明为第一价值取向。这要求国家须给法院、检察院提供高素质人力支持,充足的财物保障。对于司法经费长期实行分级负担的财政管理体制使得司法经费受制于地方政府,司法机关与地方政府之间存在着千丝万缕的利益联系等问题必须正视;对司法地方化困扰司法公正的顽疾必须医治;对损害司法公正的体制性障碍、机制性困扰、保障性束缚必须革除。基于此,司法财物"省级统管"体制改革作为一项致力于保障司法机关依法独立公正行使审判权和检察权,保障公正司法、提高司法公信力的改革措施应运而生。通过实行司法财物"省级统管"体制改革,切断了法院、检察院与地方政府之间的"利益纽带",遏制了司法机关"为钱办案""办案为钱"的利益驱动,减少了地方政府对司法机关的利益掣肘,从而适当隔离基层法院、检察院与地方政府的"共生关系"。其比较优势在于:一方面,可以有效维护司法权中央统一性的根本属性;另一方面,健全法院、检察院的财物保障体制,纠正和防止司法地方化或成为地方保护主义的工具,维护法制的统一尊严和权威;再一方面,可以适度提升各项经费的保障水平,改善司法干警的工作和生活条件,增强司法人员的职业尊严感和历史使命感。

(二) 以拓宽司法财物"省级统管"体制改革为相向路径

各地在推进司法财物"省级统管"体制改革过程中,都经历了调查研究、科学测算、统筹兼顾、上下协同的相向路径。力求做到:司法财物"省级统管"体制改革方向层面,既贯彻中央顶层制度设计,又注重从实际出发,因地制宜;设计改革框架层面,既体现中央改革"四梁八柱"要求,又注重适应地方特点,形成区域特色;司法财物保障体系层面,既注重分类调整,又细化"五类经费"(司法人员经费、公用经费、办案费、技术装备费、基础设施建设费)保障标准;司法财物"省级统管"改革上划基数层面,既坚持"省级统管"或"州级统管"基数上划"托底就高"原则,又使"统管改革"不低于原有司法经费的整体保障水平;非税收入统管层面,既坚持运用成熟的管理经验和方法,又创新"四位一体"(国库集中统一收付、网络流程监控、案结全额入库、收支脱钩)的管理机制等。这些改革举措,既贯彻落实了中央决策的"规定动作",又结合区域实际创新了"自选动作",使各地改革呈现百花齐放、亮点纷呈的可喜局面。具体而言,建立司法财物统管改革体制和运行机制;加强司法财物统管改革配套制度的基础性建设;依托省级或州级财政公共财物管理平台,使之管理统一、便捷、规范、公开;普遍注重制定司法财物向基层倾斜的政策;注重建立财政统筹平衡机制,建立司法财物相对均等化的保障机制;把稳定基层、留住人才,作为检验保障基层司法机关工作正常运转、"保证公正司法、提高司法公信力"的标准之一。

二、区域差异:司法财物"统管体制改革"比较分析

马克思主义经典作家在创立辩证唯物主义和历史唯物主义,建立科学哲学理论大厦的过程中,曾从唯物史观的视角对社会物质生活条件的地域差异性与文化发展的延续性做过经典的分析与判断。恩格斯在给奥·倍倍尔的书信中讨论这一哲学问题时曾指出:"省和省、地方和地方之间总会有生活条件方面的某

种不平等存在，这种不平等可以减少到最低限度，但永远不可能完全消除"①。毋庸置疑，马克思主义经典作家这些观察分析问题的立场、观点和方法，在观察分析和统筹推进本轮司法财物"省级统管"体制改革的语境下仍然具有重要的现实指导意义。本轮司法财物"省级统管"体制改革必须直面与正确处理的重大现实问题是，我国的基本国情是社会主义将长期处于初级发展阶段，在经济社会发展不平衡的客观条件下，影响和制约省以下司法财物"省级统管"体制改革的众多因素中，地方经济总量的大小与地方财政能力的强弱，始终是影响和制约东部、中部、西部地区司法财物"省级统管"体制改革模式的类型化与经费保障水平参差不齐的主要因素。受司法传统和地方经济体制等因素的影响，长期以来，我国地方法院、检察院在编制核定、职级配备、经费供给等方面受到地方政府的制约，在事实上接受和地方党政机关一样的一体化管理②。在这种"地方化"体制的制约和影响下，我国司法财物保障及其管理长期处在复杂而差异化的区域经济环境之中，呈现出保障模式的多样化、保障体制的多元化、保障内容的复杂化、保障标准的低效化、保障水平的差异化等特征。如，东部经济发达地区不仅经济发展水平明显高于中、西部地区，而且财政对司法财物经费保障的支持度、保障力明显高于中、西部地区，不仅形成"同工不同酬""孔雀东南飞"现象，而且一度呈现"办案为钱、为钱办案、插手经济纠纷"，甚至以案谋私、司法腐败的乱象环生现象。不少东部地区因地方财力的雄厚与支持，纷纷以高薪引进甚至"抢挖"中、西部地区司法精英人才，一些中、西部地区司法人才大量流失，形成"掏空基层"，掏空中、西部司法队伍的不正常现象。这种因区域经济发展、财力状况所决定和形成司法经费整体水平低、差异化、多元化及其衍生出的不少问题，使得本轮司法财物保障"省级统管"体制改革路径呈现出强烈的迥异性，使之在本轮司法财物"省级统管"体制改革的辩证扬弃、克服保留过程中，司法财物"省级统管"体制改革呈现出方向选择目标确定的同质性、路径安排实施步骤的统一性，统管改革模式与改革成效的多元性、多样性。基于此，根据对广东、湖北、贵州三省法院、检察院司法财物统管保障情况调查，以司法人员人均公用经费保障 2016~2018 年三年保障变量数据为基准，比较和剖析广东、湖北、贵州三省司法财物"省级统管"

---

① 恩格斯：《给奥·倍倍尔的信》，引自《马克思恩格斯选集》（第3卷），人民出版社1995年版，第325页。
② 徐隽：《让司法去除地方化》（新观察·关注司法体制改革），载于《人民日报》2014年8月6日。

体制改革绩效与现实差异,主要表现如下。

1. 中西部地区与东部地区经费保障水平差异悬殊

以人均司法公用经费为例,通过上文分析与下列图表包含内容可以清晰发现,西部地区人均司法经费保障水平明显低于东、中部地区。比如,检察机关人均公用经费水平最高的为东部广东省,其次为中部湖北省,西部贵州省最低。其中,2017 年广东省人均公用经费平均为 6.7 万元,同口径下湖北省的为 5.1 万元,贵州省为 3.75 万元,广东省人均公用费用水平近 2 倍于贵州省 2018 年公用费用水平。三个省份的人均公用经费在"省级统管"体制改革后均呈现增长趋势。但是,通过进行横向比较可见,三个省份的人均公用经费逐年增加的同时,中部、西部地区与东部地区的差异也随着时间逐年增长。通过对比 2017 年度广东、湖北、贵州三个地区检察机关的人均公用经费可以发现,如改革前广东(数字以三年平均数为准)省欠发达地区县级检察院公用经费保障标准是年人均 3 万~3.5 万元,改革后成为 6 万~7.5 万元,而同期的贵州改革前全省人均为 2.12 万元,改革后为 3.75 万元(参见图 5-9、图 5-10、图 5-11)。这表明,西部地区实施司法经费统管改革后,虽然人均公用经费有所增长,但相较于东部地区的增长速度却是愈发放慢。这意味着实行司法财物统管改革带来的新的矛盾是,其省际之间司法人均公用经费保障水平未能呈现相对均等化、缩短保障之间的差距,而是不同省份间的人均公用经费保障差异越来越加剧,并使这种差异化呈现新的"固化"特征。

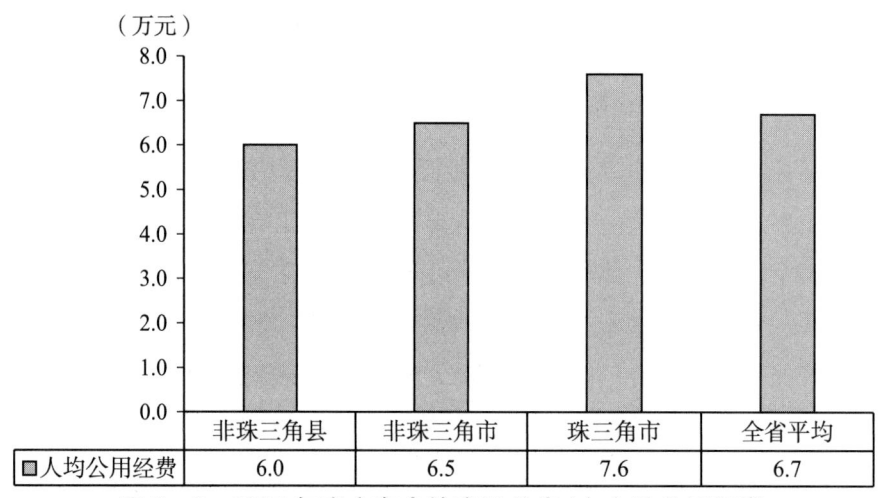

(万元)

	非珠三角县	非珠三角市	珠三角市	全省平均
人均公用经费	6.0	6.5	7.6	6.7

图 5-9 2017 年度广东省检察机关省/市人均公用经费

资料来源:本课题组根据广东省法院、检察院提供的统计数据和赴基层调查收集材料综合整理。

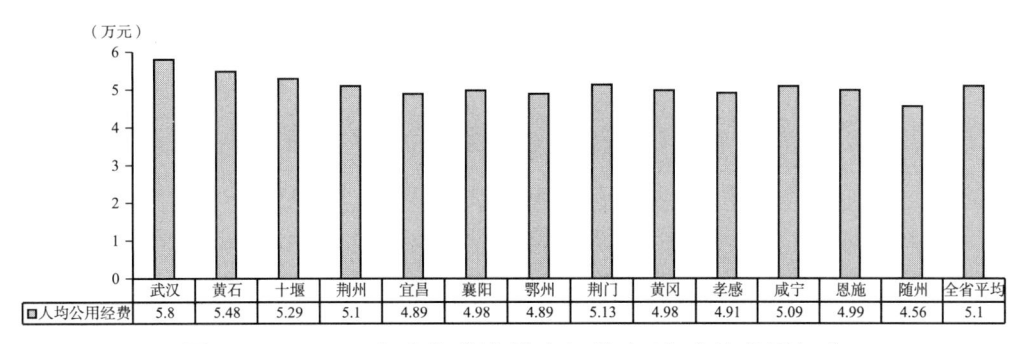

（万元）	武汉	黄石	十堰	荆州	宜昌	襄阳	鄂州	荆门	黄冈	孝感	咸宁	恩施	随州	全省平均
人均公用经费	5.8	5.48	5.29	5.1	4.89	4.98	4.89	5.13	4.98	4.91	5.09	4.99	4.56	5.1

图 5-10　2017 年度湖北省检察机关省/市人均公用经费

资料来源：本课题组根据湖北省检察院提供的统计数据和赴基层调查收集材料综合整理。

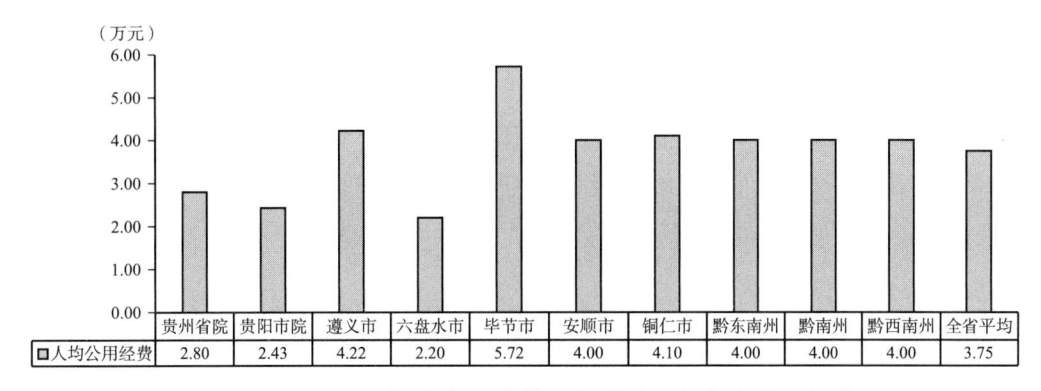

（万元）	贵州省院	贵阳市院	遵义市	六盘水市	毕节市	安顺市	铜仁市	黔东南州	黔南州	黔西南州	全省平均
人均公用经费	2.80	2.43	4.22	2.20	5.72	4.00	4.10	4.00	4.00	4.00	3.75

图 5-11　2017 年度贵州省检察机关省/市人均公用经费

资料来源：本课题组根据贵州省检察院提供的统计数据和赴基层调查收集材料综合整理。

2. 司法财物"省级统管"体制改革保障政策不尽相同

从省域层面研究来看，我国司法财物"省级统管"体制改革模式所囊括的政策内容不尽相同。这表明，以省为单位所构建的统管改革模式、实施路径虽然具有相似性和相向性，但各省司法财物统管体制改革的政策取舍则与该省的财政能力和区域经济均衡程度表现出高度的正相关关系。虽然，三个省份都存在各城市发展的区域不平衡特性，但是其差异程度却不相同。即便是东部地区经济发达、财政能力超强的广东省，其司法人员保障经费在津补贴方面仍然选取"统分结合"的财政政策，该省明确法院、检察院有关津补贴由各市、县自行出台配套规定；对于改革前的离退休人员和聘用制人员的工资由同级财政负责保障；在省内区域经济差异较小的湖北省，其在推进司法财物"省级统管"体制改革过程中，则对人员经费在核算人员经费基数统一上划时，采取类型化的保障政策，由省财政统筹解决，并且选择改革"一步到位"。

综上所述，自司法财物实行"省级统管"体制改革（省级统管、州级统管）以来，各省（自治区、直辖市、新疆生产建设兵团）法院、检察院财物保障水平整体呈逐年上升趋势。但是，不同区域间的司法财物保障水平差异明显；同一时段内东部地区的广东的司法人均经费保障标准高于西部地区的贵州省近两倍；在司法财物"省级统管"体制改革具体实践探索中，由于受各自区域经济、政治、文化等社会物质生活条件的影响及制约，东部、中部、西三个地区的典型代表广东、湖北、贵州则表现出三种不同的改革态势，即广东省采用司法保障"统分结合"的"互补式"体制保障模式；湖北省选择"省级主导性"的"省级统管"体制保障模式；贵州省则以"省级统管"体制改革精神为指导，实行"州级主导性"的"过渡式"体制保障模式。毫无疑问，推行司法人财物由中央统管应当是未来司法管理改革体制的终极目标，但是，由于我国现阶段基本国情和社会物质生活条件的阶段性特征，使得现阶段司法财物"省级统管"体制改革仍处于探索阶段。因此，各地在具体的改革路径上既有结构相似性又有改革发展阶段的时序差异性。

第六章
司法财物管理体制改革的成效、困境与原因

司法财物实施"省级统管"体制改革（省级统管、州级统管）以来，我国司法机关的财物管理保障体制进入了一个新的历史发展时期。在这种财物管理体制架构下，管理网络更加密集和富有张力，司法财物管理规模、管理范围、管理技能以及管理绩效等方面都进入了一个新的历史发展阶段。司法财物保障呈现出相对稳定且逐步增长的良好态势，地方法院、检察院的经费保障体制由此进入了一个良性循环的运转时期，在很大程度上缓解了备受社会争议的司法财物保障"地方化"困境。整体上看，目前着手推进地方法院、检察院财物"省级统管"体制改革，会在相当程度上解决以往法院、检察院财物管理"地方化、低水平"等问题。与此同时，司法经费保障水平的提高与保障体制机制的相对稳定，对于树立司法权威，保障公正司法、提高司法公信力具有基础性制度性的助力作用。应当看到的是，现阶段的司法财物"省级统管"体制改革仍处于阶段性的探索实践特征，无论是"省级统管"还是"州级统管"保障模式，不仅"统管政策"的实际执行效果仍存在诸多不理想的地方，而且"统管保障"体制机制在一定程度上出现运行阻滞的现象，遭遇到了诸多发展困境，如面临改革实施层面存在的"弱执行性""强差异性"以及"低效率性"等一系列问题。

第一节　司法财物管理的变化

随着省以下地方法院、检察院财物"省级统管"体制改革逐步推开，加上科学技术水平的飞速提升和经济社会环境的不断变化，司法财物管理体制机制发生了重大变化。新形势新任务下，要求司法机关财物管理工作须更加科学化、规范化和精细化，也要求公共权力部门与司法财物管理部门的组织机构、人员素质须不断适应新的财物统一管理工作需要，以确保司法机关各项工作及活动能有序开展。整体而言，当前我国司法财物管理发生了如下变化。

一、司法财物管理规模日趋扩大

司法财物"省级统管"体制改革以来，改变了传统司法财物管理系统地方各自为政的管理格局，转向由"省级统管"（州级统管）的大系统管理模式。这必然造成司法财物管理规模的日趋扩大。以湖北省司法财物"省级统管"体制改革为例，目前，全省各级地方法院、检察院日常财物支付均通过国库系统进行，总体运行平稳。为此，湖北省开设了公共司法财物专网，三级法院、检察院与公共财政专网实施点对点的无缝对接，并开设了各类专用账户，其专网集中统一收付、招拍挂、政府采购等司法财务业务规模、日常性财务收支活动等管理呈现出网络化、信息化、现代化的特色。在实施司法财务专网工程建设中，由于法院、检察院现有专网属于机密型，难以新增财务传输通道。为确保司法财务专网及时开通，确保司法财物统一管理于2015年1月1日正式启动运行，在省司法改革领导小组的统一协调下，省法院、省检察院会同省电信、移动、联通等部门联合成立司法财务专网建设专班，统一组织、统筹协调、上下联动、挂牌督办，并采用"每日报进度，三天一通报"的督办方式，仅用时不到一个月就建成了全省法院、检察院财务专网；全省三级法院、检察院依托专网平台，开设了财政零余额账户、工资统发账户、暂扣款账户、工会账户以及实有资金账户，从而实现了司法财物"省级统管"体制改革工作点对点对接，达到了"省级统管"新体制新机制对司法财物经费、资产的分类管理的统一要求。

二、司法财物管理技能日趋精密

在经济发展新常态和全面深化改革大背景下，当前经济下行压力加大，财政预算拨款不可能年年快速递增，这就从客观上要求司法财物管理工作从过去主要依靠加大投入、扩大规模的"外延性增长"管理，向更加注重精细利用、提高效益，走"内涵式增质"管理转变。此外，与传统司法财物管理方式不同，在互联网与大数据的时代背景下，现代司法财物管理活动要求日益精准化、便捷化与规范化。以国库集中支付为例，现行财政支付体制主要是在国库统一集中支付下进行的，即法院、检察院的全部财政支出均采取依托国库集中支付系统。国库集中支付主要是财政部门通过各预算单位开设的统一银行账户，经预算单位申请后，将资金拨付到预算单位在银行开设的账户，该账户为财政与预算单位之间的过渡户，通常无余额储存，而是通过财政部门严格审核,授权银行将资金直接转给收款人。预算单位不直接接触到财政资金,对财政预拨资金没有绝对的控制权,只有相对的使用权和财政专户监管下的网络流程节点管理权。换言之,预算单位可对本单位预算指标申请使用,并接受省级财政部门审核,所结余的经费指标由财政决定是否收回。在这种精准化、便捷化与规范化的操作下,可以提高司法财物管理的统一性、效率性、公开性,减少司法财务经费开支的随意性,进而确保了司法财物经费开支的合理性、经济性、安全性。

三、司法财物管理内容愈加复杂

新时期的司法工作发展对司法财物管理工作提出新的更高要求,特别是修订后三大诉讼法的颁布实施,法院、检察院的工作量、办案成本相对增加,在公共经费、基础设施、装备需求等方面的资金缺口较大,司法财物管理任务加重,内容也日趋复杂,其主要表现在:司法人员经费管理层面,司法人员分类管理带来法官、检察官、司法辅助人员、司法行政人员三类工资福利待遇保障标准的差异化、规范化与精准化;年终绩效奖金功能作用层面,司法责任制的推行给司法人员绩效奖金考核评定、分层次发放、发挥年终绩效奖金的激励约束功效提出了新的管理难题;日常公用经费管理层面,对接待费、会议费、出国考察费等日常公用经费实施项目管理、动态同步监察、全流程监控、超标准开支零容忍的"管理铁律",给司法日常公用经费开支的节俭化、公开化及规范化管理提出了新的更高要求;司法业务经费层面,法院、检察院司法办案重心下移、案件管理的信息化、网格化、动态监督网络化,使得办案业务费的基数不断增大,节点考核控制程序增加,一体化、透明化的管理方式不断扩大,国库集中统一收付全面实施、点对点同步监控监督,给司法办案费增加总量、盘活存量与向基层办案一线倾斜的现代集约高效的管理提出了急迫要求;信息技术网络建设经费层面,随着以互联网技术广泛推广和运用于司法办案,破解"案多人少"矛盾,释放司法财物管理体制改革与高科技运用带来司法办案的活力,不断节省司法成本提高司法效率,形成保证公正司法、提高司法公信力的制度环境与配套制度体系支撑;司法管理人员素质层面,随着司法财物"省级统管"改革体制机制运行和高科技的广泛运用,对三级公共财政等管理部门与法院、检察院的管理人员的管理理念素质能力都提出了全方位的挑战,使新一轮司法财物"省级统管"体制改革给其司法财物管理内容既注入了强大的生机与活力,又不断丰富了管理内容成为矫正和进一步推动司法财物"省级统管"体制改革的内在持续动力与外在强大压力。进而言之,各地法院、检察院管理的对象如土地、房产、设备等各类资产实行国有所有权、财政审计监管权、法院与检察院使用权的"三权分置",使司法财物管理也呈现出内容丰富性、监管层级性、方式程序性的复杂特点。

四、司法财物管理范围有所扩大

本轮司法财物"省级统管"体制改革的制度框架与实施路径,在一定程度上体现了司法权国家化的逻辑,即打破了传统财物管理体制机制,将司法财物管理权统一收归于省一级（州一级）,司法财物管理范围正由属地分权控制管理转向上级职权机关集中统一管理,从而改变了既有的权力结构和制度格局,创新了由"省级统管"（州级统管）地方法院、检察院并为其提供相关资源的新模式,不同程度地缩小了省域内司法财物管理存在的地方性差异。对于省一级财政经费保障而言,司法财物"省级统管"体制改革以来,省级的司法财务管理内容不仅仅是简单的司法资金增减与管控,而且它包含的管理范围更为广泛,其中包括全省范围内的预算管理、收入与支出管理、资金管控和成本控制等内容。司法财物管理空间层面,对于基层法院、检察院而言,司法财物管理的业务范围、工作流程、管理要求虽然没有发生明显的变化,但是从纵向隶属关系层面,司法财物管理主体由横向互动转向上下垂直互动,从而引发了管理对象、管理内容、管理方式、管理绩效监督与评估等一系列根本性变化。这有利于从横段空间切断司法财物管理,按照"分灶吃饭、分级负担"的管理模式、管理体制与运行机制的联系,也有利于堵塞"司法地方化""司法地方保护"的体制性机制性通道,从而释放"省级统管"体制机制的聚集功效。对于一些试行司法财物"州级统管"过渡模式的省份来说,司法财物"州级统管"的保障范围则由县（区）转向了州级,其管理范围同"省级统管"体制而言,除管理地域多寡的差异外，与其他所引发的管理对象、管理内容、管理方式、管理绩效监督与评估等一系列根本性变化并无二治。

五、司法财物管理效率日益增强

就管理工作的实质而言，管理的根本问题是效率问题。优质的管理必定意味着良好的效率。司法财物"省级统管"体制改革以来，随着司法财物管理工作信息化和规范化的不断增强，财物管理的工作效率也随之提高。在办公信息化、自动化的助力下，全程留痕的管理工作减少了不必要的人情干扰，以网络节点控制、流程管理的"点对点"对接，使司法财物管理机制正常运转、管理效果更加高效。但对司法财物管理工作流程而言，加大了司法财物预（决）算的权重，改变了属地管理、受制于人的"层层审批、层层拨付"的传统运行模式。比如，实行司法财物"省级统管"体制改革，在司法经费预算审核通过之后，不是采取财政系统下拨的方式，而是由省级财政直接下拨经费保障指标，由各有关法院、检察院自行管控，从而减少了人力成本、人情干扰等制约因素，有效避免了地方财政对司法经费的截留与挪用、私分、贪污、短款、差错等问题。具体来说，司法财物实行"省级统管"改革后，各法院、检察院预算单位需要购买产品或者需要支付劳务款项时，严格按照既定的基数和标准执行，提出详细的申请后上交至国库支付中心，由有关人员审核并通过之后，开具经费报销支付令，然后再通过代理银行进行支付操作，将资金直接转入收款人账户。这种管理方式的变革，可以有效地规范资金拨付流程，充分利用国库单一化账户体系及其对应规范支出拨付程序，将资金直接由集中支付转付于收款人银行账户的国库资金管理机制，极大地减少资金"层层审批、层层拨付"的环节，可使国库资金运转程序化、规范化、高效化，不仅提高了财政资金支付效率，而且保证资金运行全过程公开透明，也可以预防和减少资金使用方面的问题发生。同时，司法机关的财物管理在对预算、收入、支出、资金、成本等进行有效控制，从而在一定程度上提升了公共服务效率与效能，也提升了司法机关财物管理保障水平，也为司法机关对外提供公共服务时带来了便捷化、公开化的条件。

第二节 司法财物管理的成效

一、司法财物管理改革的基本特点

司法财物"省级统管"体制改革的实施，以"五个标准"体系、分权控制、重心上移为主要内容的省以下地方法院、检察院统一管理运行模式的运行，初步建立起了省以下司法财物管理相对均等化的经费保障体制，促进了司法财物管理体系和管理能力现代化建设，改革成效初显。其主要特点是：

（一）"四个账簿"统一核定上划管理机制全面建立

东、中、西部试点的广东、湖北、贵州等省份司法改革领导小组决策以2013年度省、市（州）、县（区）法院检察院三级经费决算支出（人员经费、公用经费、项目支出、基础设施建设）为基数、连同非税费收入、资产设施设备购置、在职人员（含财政编制人数、离退休人数、地方编制人员、事业编制人员、临时聘用人员）"四个账簿"一并统一核定并上划由省（州）统一管理，为司法财物"省级统管"体制改革奠定了坚实基础。

（二）监管实行"五个统一"高效有效推行

从对东部地区广东、中部地区湖北、西部地区贵州抽样调查看，三省采取改省、市（州）、县（区）"三级预算、分灶吃饭、分层监管"为省一级（州一级）预算，取消市（州）与县（区）中间层次或县（区）层次，统一编制，省（州）级法院、检察院审核，所涉经费事务依职权由省（州）级财政、省（州）级发改委、省（州）级人社厅、省（州）级组织部、省（州）级编办分离控制，实行预（决）算、国库集中收付、涉案款物、办案备用金、资产"五统一"

的监管体制及运行机制,为建立司法财物"省级统管"的协调监管体制机制运行提供了制度保障。

(三)"五个标准"保障体系全面建立

试点省份的广东、湖北、贵州都把建立"五个标准"保障体系作为司法财物"省级统管"体制改革的关键。"五个标准"保障体系为:(1)人员经费标准体系方面,实行分类保障,即政法专项编制人员类经费标准执行国家规定,聘用人员类经费标准按政府购买服务方式统筹。(2)日常公用经费标准体系方面,即根据物价指数、办案成本因素、年终决算支出数合理确定公用经费保障标准。(3)业务经费标准体系方面,以年终决算支出为基数核定。(4)办案基础设施建设标准体系方面,包括土地有偿征用、建筑材料价格波动、劳动力成本增加、文明办案、增加设施技术设备投入及其基础设施建设配套费用、减免政策落实困难、增加成本等方面。(5)技术装备、设施设备养(维)护经费标准体系方面,根据设施设备折旧率、市场价格波动情况、设施设备使用年限合理确定。从而形成了较为科学完备的司法财物标准体系,寻找到了推进司法财物保障体系和保障能力现代化的抓手,使司法财物"省级统管"保障体制机制统一协调规范运行。

(四)"四类账簿"管理规范有序运行

试点省份的广东、湖北、贵州把建立"四类账簿"作为司法财物管理标准体系配套措施。即:人员编制工资账簿,"五类"经费(公用经费、业务经费、装备经费、基础设施建设费、技术装备、设施设备养(维)护经费)标准预(决)算账簿,资本产权簿册,非税费收入账簿,探索省以下地方法院、检察院人财物统一管理的方式、程序及基础平台。为司法财物统管的会计核算、审计监督、会计业务管理程序化、规范化、制度化提供了基础平台,从而促进了会计核算质量和财物管理水平。

(五)"五项制度"实施推进到位

试点省份的广东、湖北、贵州把建立健全"五项制度"作为司法财物"省级统管"体制改革"四梁八柱"落地的制度。即结合实际制定《省（州）以下地方法院、检察院财物统一管理实施办法》《省（州）法院、检察院非税收入省级统一管理办法》《省（州）政法系统涉案款物统一管理实施办法》《省（州）法院、检察院基础设施建设债务清查及化解办法》和《省（州）以下法院、检察院资产划转及管理实施方案》。有的省份法院、检察院还结合实际从司法财务管理、公务接待、装备配备、物品采购、赃款赃物管理、资产管理、监督考核等九个方面制定出台配套制度，探索省以下司法财物统一管理的方式方法。通过培训骨干、宣讲制度、岗位练兵、规范操作、定期检查、督促执行、绩效考核、奖惩兑现、联动抽查、典型引路等方式方法，充分释放司法财物"省级统管"体制改革相关制度的功效，提高制度的执行力，有效发挥制度对保障促进司法财物"省级统管"体制改革落地生根的作用。

（六）司法财务专网平台全面搭建

据对试点省份东部地区广东、中部地区湖北、西部地区贵州调查，为了加强对司法财物统管集约高效管理，实现司法财物管理公正、清廉、节俭、效益的目标要求，试点省份按照高起点、跨越式、建机制、重便捷的思路，筹措专项资金，与财政、发改委等公共管理部门及通信、移动等高科技运营服务商协同，在省（州）级法院、检察院统一搭建司法财务专网，开辟司法财务专用通道，建立网上财务集中统一收支，设置司法财物管理专栏，创建省（州）级法院、检察院财务人员QQ群，从而搭建起了便捷、规范、透明、高效运行的司法财务管理平台，实现了省（州）级司法财务管理与公共财政集中统一收付、非税收入、资产管理等司法财物资源的共建、共治、共享，促进了司法财物"省级统管"保障模式的便捷化、集约化、高效化。

（七）司法财物"一级预算、分级管理"的主体责任落实到位

试点省份的广东、湖北、贵州为明确司法财物管理主体责任，建立"一把手"负责制，即省级法院院长、检察院检察长与市（州）县法院院长、检察院检察长签订执行《预算法》《会计法》责任状；推行会议、差旅费定点管理、公款消费结算、"三公"经费公开等统一司法财物管理，强化预算、执行、监管与审计监督；建立省以下地方法院、检察院财物统一管理监督网，实行上下统一、

政府职能部门（财政、发改委、人社、卫生医疗等）主导、省级法院、检察院协同、一级预算单位自我规范管理与监督制约的监管体系，形成了一级抓一级、一级带一级、一级促一级、层层负责任、层层抓落实的司法财物管理责任链条，为强化主体责任，健全职责分工，增强风险意识，实化监管措施，提高监督实效创造了有利条件。从而促进了司法财物综合保障能力的全面提升。

（八）司法财务人员专业化、规范化管理水平全面提高

试点省份的广东、湖北、贵州坚持以统一遴选、招录高素质财务人员为抓手，以省以下地方法院、检察院财物"省级统管"所涉预（决）算支付、财务监管、审计监督、财务网络、计算机实务操作等为切入点，以一个主体机构（法院、检察院财务管理主体）、六个岗位平台（预（决）算、工资核算、项目采购、国库集中收付、涉案款物管理、资产监管）为依托，探索建立司法财物"省级统管"改革可复制、可推广的现代新型财物管理体系。从而有力地推动和加快建设一支忠诚、担当、公正、清廉的司法财物专业化、职业化、规范化管理队伍。

二、司法财物管理体制改革的阶段性成效

从对东部地区广东、中部地区湖北、西部地区贵州试点省份抽样调查情况看，各省份对司法财物"省级统管"体制改革高度重视，部署及时、行动自觉、措施可行、方法得当，既坚持认真贯彻执行中央有关决策部署"不走样""不变调"，又从实际出发，因地制宜，科学施策，统一路径，明确目标，狠抓落实，有力地推动省以下地方法院、检察院财物统一管理提供了观念引领、政策牵引、智力支持与组织保障。概括起来是：

（一）观念更新引领层面

试点省份党政机关、政府部门及法院、检察院都注重以"习近平新时代中国特色社会主义思想"为统领，用党的十八大以来"关于司法改革"的新理念、新思想、新战略为导引，以中央关于省以下地方法院、检察院人财物"省级统

管"体制改革的顶层设计、政策策略为参照系，以破除传统司法财务"分灶吃饭、分级负担"的体制性障碍、机制性困扰、保障性束缚为发力点，以构建"科学完备、集中统一、相对均等、保障有力"的司法财物统管保障体系和保障能力现代化为目标，不断解放思想、更新观念，从而冲破了长期以来存在司法财物保障观念陈旧、体制缺陷、机制扭曲、保障不力的种种弊端，确立了保障中央司法事权统一正确高效行使，保障公正司法、提高司法公信力，加快建立公正高效权威的与中国特色社会主义司法制度相适应的新理念、新思想、新模式，从而为建立省（州）级司法财物统一管理的新型保障体制和运行机制提供了强有力的智力支持。

（二）保障模式选择层面

试点省份注重把推进司法保障体系和保障能力现代化作为长远目标，把"省（州）级统管"司法体制改革作为保障模式选择的核心要义，把因地制宜、统分结合、与区域经济社会发展统筹协调的"司法财物统管模式"创建作为实践方法，把保证公正司法、提高司法公信力作为检验司法财物"省级统管"体制改革成效的标尺之一，把着力建立保障司法财物统管体制的"一个标准体系""两个保障机制"作为突破口及主要内涵。所谓"一个标准体系"，是指建立经费保障标准体系，具体包括人员经费标准、日常公用经费标准、法院检察院业务经费标准、技术装备费标准、基础设施建设及维修经费标准所构成的"五类司法经费"保障标准体系。所谓"两个保障机制"，是指建立司法经费统一管理机制与司法资产统一管理机制。其中，司法经费统一管理机制包括统一预（决）算管理，按照省财政厅监督、省法院省检察院领导协调的模式形成符合分类管理的经费分配体系；其运行程序是，市（州）县（区）法院、检察院均作为省（州）财政一级预算单位，按照预（决）算管理规定，经省（州）法院、检察院审核汇总后统一报送省财政厅。司法资产统一管理机制，是指对全省（州）司法资产实行资产省（州）级统一管理的体制，其运行程序是，由省（州）财政厅（局）主管，省（州）法院检察院配合，各级法院、检察院分别占有、使用，资产配置列入单位年度预算，建立资产管理统一经费账和物资账，做到账物相符，确保资产保值增值。"一个标准体系、两个保障机制"作为"省级统管"体制改革模式的核心要素的注入，使得司法财物"省级统管"体制改革模式有了鲜活的内容,呈现出生机与活力。而以司法财物"省级统管型""省市统分结合型""州级统管型"的类型化、差序化模式的定型化、规范化、制度化、区域化,为构建具有中国特色的确保中央司法事权统一公正高效行使,由中央与省共同提供以省级保障为主体的相对均等化的现代司法财物保障体系和保障能力现代化建设积累了新经验,开辟了新路径,提供了新范式。

(三) 相对均等保障层面

试点省份都把区域司法财物保障相对均等化作为推动制度公平、机会公平、保障公平,优化公共财政资源配置,激发司法人员的活力,释放司法制度优势的潜能,为保证司法财物"省级统管"体制改革顺利推进奠定坚实基础。如上海以司法人员单独职务工资序列为突破口,推出高于普通公务员工资福利待遇水平43%的改革模式①。深圳启用检察官比执法类公务员工资福利待遇水平平均增长15%的改革模式②。从湖北省2015年统一编制、审核、发布的检察机关经费预算看,湖北省检察机关预算比2011~2014年平均决算增加10.83%。全省29个贫困县的检察机关2015年人均经费收入预算为22.5万元,比2011~2014年人均经费决算收入18.2万元增加4.3万元,增幅为23.63%,超过湖北省人均经费收入预算增幅的12.81个百分点。湖北省29个贫困县的检察机关人均经费收入与全省平均人均决算收入的差距,由2011~2014年平均差幅14.87%降低为2015年的5.02%③。长期困扰基层法院、检察院保障的"六大难题"(保障标准不统一、津补贴、奖金等福利待遇差距大,基层保障水平低、基建债务无人兜底、基层人心不稳留不住人才、司法受制于地方引发司法不公),已经寻找到了合力破局的良方。

(四) 保证公正司法层面

根据对东部地区广东、中部地区湖北、西部地区贵州抽样调查,建立省

---

① 参见《上海员额内法官检察官收入将高于普通公务员43%》,载于《南方都市报》2015年4月24日。
② 参见《深圳普通法官可享副局级待遇检察官收入比执法类公务员高15%》,载于《湖南日报》2015年9月16日。
③ 徐汉明等:《关于湖北、上海、广东等七省(直辖市)检察机关经费保障与改革情况调研报告》("千名决策者咨询服务行动计划"2015年第13期),教育部哲学社会科学研究重大课题攻关项目"司法管理体制改革研究"(项目编号:14JZD024)阶段性成果。

（州）以下财物统一管理，从预（决）算编制下达层面不同程度提高基层法院、检察院人员经费、公用费、办案费、装备费等保障水平，源头上既破解了基层有的财政部门与法院检察院明里暗里协同一致地在预算方面"以收（年初下达追赃指标与预算指标捆绑）定支""年中追加指标（协商赃款一手上缴一手返还）""年终扫仓库追加指标（预算结余拨付、赃款上交返还扎账）"等不规范不严格不文明的问题，有力地推动了预算编制的科学性、标准的相对统一性、执行的严肃性；又在体制机制层面为审判机关、检察机关严格、公正、清廉、文明司法提供了保障。据基层办案人员反映，省（州）以下地方法院、检察院财物统一管理的保障体制创新，有效根治了基层司法办案的"办案为钱、为钱办案、插手经济纠纷"的顽症，出现了"三无一少"的可喜局面，"三无"为无"下达办案追赃指标""办案为钱、为钱办案、插手经济纠纷"的利益驱动的办案行为得到有效治理；无违规扣押、冻结、强制划拨非涉案款物的行为发生，违法违规扣押涉案款物的行为得到治理；无选择性执法办案，即有"油水"的案子争管辖、争立案、重复扣押，无"油水"的案子"张推李卸"的现象时有发生；"一少"即举报基层法院、检察院人员知法犯法、徇私舞弊、贪赃枉法的事例大为减少[①]。

第三节 "省级统管"司法财物管理体制改革以来司法财物管理的现实困难

司法财物"省级统管"体制改革既涉及完善司法管理体制，也牵涉司法人员的切身利益。其"省级统管"改革不仅提出要求高、改革难度大，而且范围广、程度深、难度大。虽然，中央出台了司法财物"省级统管"体制改革的顶层设计制度框架，各试点省份也出台了相关的具体体制框架、运行机制及其实

---

① 徐汉明等：《关于湖北、上海、广东等七省（直辖市）检察机关经费保障与改革情况调研报告》（"千名决策者咨询服务行动计划"2015年第13期），教育部哲学社会科学研究重大课题攻关项目"司法管理体制改革研究"（项目编号：14JZD024）阶段性成果。

施细则,其"省级统管"体制改革成效是显著的。但从对东部地区广东、中部地区湖北、西部地区贵州的司法财物改革抽样调查情况看,司法财物"省级统管"体制改革仍面临不少困难,直接影响和制约司法财物"省级统管"体制改革的统筹推进与成果巩固。司法财物统管改革的现实困难主要表现为以下方面。

一、宏观政策导向层面:中央财力支持政策存在缺陷

本轮推行省以下人财物"省级统管"体制改革,其指导思想、目标任务、基本原则、顶层制度框架设计,实行选点试验,上下结合,波浪式推进的方式方法无疑是正确的。但司法财物"省级统管"体制改革涉及增加财力投入、为统管改革"埋单",本轮改革选取宏观政策的导向是,中央统一出政策,省级财政"埋单"。这种中央财力支持政策不足带来试点省份在推进司法财物"省级统管"体制改革进程中存在左顾右盼、相互攀比的现象。从而导致财力雄厚的直辖市省份贯彻执行中央司法财物"省级统管"改革立场坚定、执行政策不偏离的地方如上海、北京、天津、重庆、湖北等"省级统管"体制改革一步到位。而经济发达、财力雄厚的广东等省份,在过多强调区域内经济发展不平衡性、财力保障的差异性而选择"统分结合"的体制改革模式;在西部地区却因经济欠发达财力薄弱,但无中央财力增加投入"扶一把",使得这些省份司法财物管理体制,不得不选择"州(市)级统管"的模式。这种贯彻中央关于法院检察院人财物实行"省级统管"体制改革的战略决策在有的省份之所以做了"减法",既要看到其经济社会发展不平衡性与财力保障相对薄弱的客观实际,又要反思中央财政加大财力支持的政策引导不足的教训,更要检讨有的省份存在贯彻中央战略决策步调不一致、"左顾右盼"的偏差。与此同时,我国现行财政预算实行中央预算与省以下地方财政预算相结合的管理体制,这一制度安排被国家《预算法》所确认和保障。作为保障中央司法事权统一正确行使的公共财政保障,法理上应当由中央财政予以全额保障,并将这种保障方式置入预算法律制度体系。2014年,正值推动省以下人财物"省级统管"改革如火如荼进行时,全国人大启动对《预算法》的修改;而组织司法财物省级统管改革的职能部门,未能适时将中央这一重大战略决策、宏观

政策转化为修法《草案》，而错失了将这项宏观政策予以制度化、法律化的良机，使本轮司法财物省级"省级统管"体制改革的历史性重大成果未能通过修改《预算法》，并未能以法律制度的形式予以巩固和发展的教训是极为深刻的。

二、中观制度建设层面：存在制度结构不完备、运行机制不协调、保障服务不配套

据对东部地区广东、中部地区湖北、西部地区贵州抽样调查，试点省份在推进司法财物统管改革过程中，在围绕建立省（州）以下法院、检察院《财物统一管理》《非税收入省级统一管理》《涉案款物统一管理》《基础设施建设债务清查及化解》和《资产划转及管理》体系的同时，结合实际，制定了司法财务管理、公务接待、装备配备、物品采购、赃款赃物管理、资产管理、监督考核等配套制度，发挥了中观制度与微观配套制度的功效，为司法财物"省级统管"改革的有序推进、规范运行提供了基本保障。由于本轮司法财物"省级统管"改革时间紧、任务重、要求高、牵涉面广，并且与监察体制改革、公安与司法行政体制改革、党和国家机构改革等多项改革叠加，使得司法财物管理制度建设存在制度结构不完备、运行机制不协调、保障服务不配套等问题。其中包括：（1）预算基数调节方面。由于司法财物"省级统管"改革预算基数的确定，各省份改革不是根据"人数＋标准"建立经费预算保障模式，而是采取"基数＋增长"的保障模式。其大都是以改革启动的前三年法院、检察院决算支出设定一级预算单位的年度预算基数，从而形成了"基数＋增长"的单位年度预算模式。其测算的一般方法是，以启动改革前的 2013 年为预算单位年度经费划转的基期年：以 2013 年市县法院、检察院部门决算支出数为基础，参考 2011 年、2012 年部门决算数据和 2014 年部门预算数据，核定法院、检察院上划基数，核减一次性如基建等支出因素，即上划基数＝核定法院、检察院 2013 年部门决算支出＋核定第三步规范公务员津贴补贴相关支出－核定法院、检察院 2013 年非税收入－核定法院检察院 2013 年专项转移支付支出。这导致部分法院、检察院改革之初上划基数偏低，随着其后地方奖励性政策所需经费的政策出台，新招录公务员和接收军转干部新进人员的人员经费未纳入预算基数，离

退休人员工资待遇政策性调整所需经费无预算基数来源，雇员制司法辅助人员劳务报酬经费预算安排缺项，基建资金保障机制缺失，办案用房、技术用房来源渠道成为盲点。基层法院、检察院普遍反映，这种保障模式在统管改革过渡期内对基层法院、检察院的经费预算基数顺利上划，使"省级统管"改革的平稳推进起到了很好的作用。但随着改革的不断深入，这种模式不能真实反映法院、检察院司法办案的实际需求，从而导致经费缺口而无法弥补平衡；一些基层法院、检察院为了确保干警、离退休人员工资福利的正常发放，普遍采取调整预算支出结构和争取地方财政支持予以消化；有的采取挤占项目经费的办法解决。经对中部地区湖北省检察机关调查，2015~2017年，全省检察机关决算支出数中项目经费占比分别为28%、25%、21%，呈逐年递减趋势；有9个基层预算单位出现运转困难；一些正常的项目经费不得不流向人员经费保障环节，不同程度的影响和制约了基层单位业务开展和建设事业①。究其原因，一方面，省级统管预算基数"核算模式"选取存在偏差。另一方面，预算基数运行机制僵化，不能适应新进人员、工资改革、政策性福利、奖励性绩效经费等开支增长，办案数量增加等多种因素变量，使得以基数+增长的模式成为制约本轮司法财物统管改革的掣肘因素。(2) "收支两条线"规范运行层面。伴随司法财物"省级统管"体制改革，试点省份东部广东、中部湖北、西部贵州都选择了同"收支两条线"彻底脱钩的"四个账簿""五个标准""五个统一""五项制度"的建立健全，释放了新制度带来的积极功效。但随着有的地方实行司法人员津补贴、绩效奖金由地方财政兜底的所谓"统分结合"保障政策，使得有的财力十分薄弱的地方不得不打非税收入的"主意"，将地方性调解预算与当地法院检察院非税收入挂钩，使得"办案为钱""为钱办案"的问题"死灰复燃"。(3) 司法财物统管保障机制运行不畅。这表现在，一方面，预算调整周期较长，影响预算执行进度，不同程度影响基层法院、检察院办案工作，形成了不真实的预算"结余结转"现象。一方面，基础设施项目审批层级多、程序复杂、周期长，基层院报送一次资料至少需要三天以上时间，给本来就人少事多的基层院增加了困难，特别是一些偏远山区基层院更是不便。另一方面，省级政府集中采购模式不适合基层需求。对纳入政府集中采购目录的部分品目实施

---

① 湖北省人民检察院计划财务装备局：《关于财物统管后检务保障工作调研的报告》，2018年2月。

省级集中采购以来，市、县级院普遍反映该办法虽然规范了政府采购工作，但在实际操作中给采购单位，特别是省会城市以外的单位带来较多问题，如采购计划核批滞后，影响正常运转，有时还导致部分采购资金结余结转；集中采购设备时间长，且售后服务保障难；政府采购政策针对供应商的部分在县级院难以落实等，均需要结合基层的实际，分类区别对待。

三、微观运行机制层面：配套保障机制存在缺失

推动省以下地方法院、检察院人财物"省级统管"体制改革，不仅牵涉完善组织、编制、人事管理体制，而且牵涉公共财政、计划发展、住建、卫生等多个领域、牵涉多个职能部门，涉及多项配套制度完善。其中包括：（1）办案业务用房改造与建设资金保障机制建设方面存在缺失。据对中部地区湖北抽样调查统计，湖北省检察机关2015年度有68个检察院实施了业务用房改造，投入资金1.35亿元；2016年度有96个，投入资金1.4亿元；2017年度有104个，投入资金1.5亿元；还有涉及"12309检察服务中心""案件管理中心"业务用房改造，有109个单位需要进行业务用房改造，需要投入资金约2.8亿元[①]。司法财物实行"省级统管"体制改革前，这些业务用房改造与建设经费主要依靠地方政府解决。司法财物"省级统管"体制改革后，这类业务用房改造与建设经费保障关系虽整体转隶到省级管理，但业务用房改造与建设经费保障机制尚未建立，对检察机关依法履职和业务建设与发展有一定的制约。（2）基层司法人员住房保障层面。由于现行住房管理体制的制约，本轮司法财物"省级统管"体制改革中，尚未将司法人员住房保障纳入改革范围，基层司法人员面临高价房买不起、廉租房分不上的尴尬，基层干警住房难的困境尚未根本解决。（3）医疗卫生保障层面。提供健全的医疗卫生保障体系，事关司法人员身体健康权益保障，也事关司法人员以体魄健康、精力饱满的姿态承担繁重的司法办案任务。由于传统的医疗卫生保障体制，体现与法官、检察官"四等十二级"相适应的医疗卫生保健体系尚未建立，基层司法人员医疗卫生保健待遇落实不到位，时常面临"大病开支难报销""小病门诊要自费"负担困难的后顾之忧。

---

① 湖北省人民检察院计划财务装备局：《全省检察机关财物统一管理工作调研报告》，2018年7月。

四、司法财物管理队伍层面：职业化、规范化、专业化建设挑战大

推动省以下地方法院、检察院财物"省级统管"体制改革，必然要求一支职业化、规范化、专业化的司法财物管理队伍与之相适应。通过对试点省份司法财物队伍状况进行调查，存在的主要问题：一是机构设置不合理，队伍不稳定。司法财物统管改革以来，省与市（州）司法财物保障任务日渐加重，管理标准、管理程序、监督制约都发生了全新的变化。而司法保障面临机构设置不健全、名称不规范，人少事多的矛盾突出。二是司法财物等专业技术职业化、专业化、规范化管理缺失。在人员分类管理中，有的计财人员身兼计财、政工、办公室等多项职责，长期处于超负荷运转状态；司法财物装备管理人员的会计师、审计师、工程师、预（决）算师、建筑工程师、计算机工程师等专业技术得不到尊重，工作辛苦，待遇清苦，普遍感到其职业尊严、专业地位、技术职称待遇得不到应有的尊重、保障和落实。对加快推进司法财物管理队伍职业化、规范化、专业化建设的改革提出了急迫要求。三是司法财物绩效管理有待优化。应当看到的是，我国的司法财物管理体制改革受到各种因素的影响与制约，有一个新旧管理体制摩擦碰撞、管理规章适时调整健全、司法经费保障预算基数动态调整、司法财物管理人员逐步补充渐进性的发展变化过程。同样，随着经济社会的发展变化，司法财物"省级统管"体制改革的建设也不可能一蹴而就，如同其他的改革路径一样，需要有一个由局部到整体，由初级探索向纵深发展，由一般财物管理向综合配套制度创新，由夯实司法财物工作基础向全面提升管理绩效的全过程。因此需要不断掌握新情况、发现新问题、推出新模式、完善新举措、总结新经验、树立新典型，切实加快推进司法财物管理体系和管理能力的现代化。

第七章
司法财物保障体系的优化路径

在司法体制改革大背景下，实行财物管理体制改革事关司法机关经费、物资及财产管理运行的科学化、规范化、程序化和管理绩效的最大化。它是以破除传统司法财务"分灶吃饭、分级负担"的体制性障碍、机制性困扰、保障性束缚为着眼点，以构建"科学完备、集中统一、相对均等、保障有力"的司法财物统管保障体系为落脚点，为有效促进司法保障体系和保障能力现代化，确保中央司法事权统一正确高效行使，保障公正司法、提高司法公信力奠定基础。因此如何坚定不移地贯彻落实党中央关于司法体制改革总体部署和要求，坚持在省以下地方法院、检察院财物统管总体原则、体制架构、运行模式的统领下，综合考虑当地政府财力和司法工作实际，从有利于排除地方对公正司法不当干扰和影响，有利于整合司法财力资源、发挥财物"省级统管"体制改革的最大功效，有利于保障司法机关统一公正高效行使职权，有利于构建"科学完备、集中统一、相对均等、保障有力"的司法财物保障体系。从而更好地发挥司法财物"省级统管"体制的政策引领作用，有效弥补司法财物"省级统管"体制改革存在的"短板"和不足，找寻司法财物"省级统管"体制改革的最大公约数，为司法财物省级统管向全国统管跨越开辟道路，加快推进司法财物保障体系和保障能力现代化。

第一节　发展完善司法财物管理保障体系的理论导引

从党的十九大到 20 世纪中叶，在"进行伟大斗争、建设伟大工程、开启伟大征程、实现伟大梦想"，坚定"一个时段、两个阶段"① 战略目标任务，全面建成富强、民主、文明、和谐、美丽的社会主义现代化国家进程中，社会基本矛盾发生深刻变化，人民群众对民主、法治、公平、正义、安全、环境的新要

---

① "一个时段"是指：从党的十九大到 2020 年全面建成小康社会决胜期。"两个阶段"是指：第一阶段，从 2020 年到 2035 年全面建成小康社会的基础上再奋斗 15 年，基本实现社会主义现代化；第二阶段，从 2035 到 20 世纪中叶，把我国建成富强、民主、文明、和谐、美丽的社会主义现代化强国。参见习近平：《决胜全面建成小康社会　夺取新时代中国特色社会主义伟大胜利》，引自《党的十九大报告（辅导读本）》，人民出版社 2017 年版，第 27~28 页。

求、新期待日益增长。一方面，不仅给加快推进中国特色社会主义体系建设，建设社会主义法治国家提出了新的更高要求，而且给建设公正高效权威社会主义司法制度提出了亟迫要求。另一方面，随着司法机关维护国家政治安全、确保社会大局稳定、促进社会公平正义、保障人民安居乐业的任务加重、难度加大，不仅要求司法机关和司法人员在更高起点上推动司法体制改革取得新的突破性进展，把专业化建设摆到更加重要的位置，加快构建优化协同高效的司法机构职能体系，努力为全体人民提供普惠均等、便捷高效、智能精准的公共服务方面的"法治产品"，让人民群众共享实实在在的获得感幸福感安全感；而且要求在全面深化政法领域综合配套改革的同时，把着力补齐"短板"、克服薄弱环节，发展完善司法财物保障体系，推进保障能力现代化提高到应有的高度，并且作为新一轮深化司法财物省级统管体制改革的切入点，通过发展完善司法财物保障管理体系，巩固和发展司法管理体制改革成果。其改革的总体目标是：（1）司法财物统管模式层面。实现由"差异化统管"向全面推行"省级统管"模式转变，到2050年前全面实现由中央财政统一管理的现代司法财物保障体系和保障能力现代化。（2）司法财物保障标准体系层面。实现司法财物保障标准由省级、市（州）级多元非均等化保障标准体系向以省级为主体、相对均等化的保障标准体系跨越，到2050年前全面实现以中央财政统一保障、相对均等化的全国司法保障统一标准体系。（3）司法财物预算管理体制层面。实现司法财物预算管理由省以下司法预算与中央预算分割管理，向省以下地方司法预算计划单列与中央司法预算并轨运行转变，到2050年前省以下地方司法财物预算纳入中央预算统一管理。（4）司法财物保障增长层面。实现司法财物保障增长由以地方财力增长为尺度向以国家财力增长为尺度的经费基准核算体系转变，到2050年前全面建立科学完备的司法财物预算基准、年度调节、适应司法办案任务增长要求的财力支持与保障的增长机制。（5）司法管理专业化建设层面。实现司法管理非专业化、非技术化、管理地位矮化向提升司法管理地位，按照"综合类+技术类人员职称工资福利待遇管理"的专业化、规范化、职业化转变，加快推进司法财物队伍建设，到2050年前形成以预算、会计、审计、计算机、公共工程管理、司法技术等专业技术为主体，适应现代司法财物保障的专业化的司法财物管理队伍。所有这些要求推进新一轮司法财物管理体制改革，发展完善司法财物管理体系，必须以习近平同志关于公共财政体制与司法财物保障体制改革的新理念、新思想、新战略为引领，不断解放思想、更新观念、凝聚共识、谋划思路、拓宽路径，形成新一轮司法财物保障体制改革的共识，加快推进司法财物保障体系和保障能力现代化。

一、习近平总书记关于司法体制改革的重要论述的形成与发展

以习近平新时代中国特色社会主义思想及其改革方法论为指导，深入推进以司法财物保障体系和保障能力现代化为重要内容的司法体制各项配套改革举措落地生根，是保障公正司法、提高司法公信力，推进司法体系和司法能力现代化，加快建设公正高效权威的社会主义司法制度，促进国家治理体系和治理能力现代化的重要任务。党的十八大以来，以习近平同志为核心的党中央在发展完善中国特色社会主义道路，进行理论创新，制度创新和实践创新的进程中，从理论与实践的结合上系统地回答了新时代坚持和发展什么样的中国特色社会主义司法制度，如何全面深化司法体制改革，加快建设公正高效权威的社会主义司法制度，如何以"员额制、司法人员分类管理、司法责任制、省以下人财物统一管理"四项改革为"牛鼻子"，推进司法保障体制改革，保证公正司法，提高司法公信力，直面和回答了司法改革及其司法保障体制改革等一系列重大理论与实践命题，从而形成了内容丰富、体系完备、具有实践面向，构成"司法保障体制改革理论"重要组成部分的"司法保障体制改革系列观点"，成为构建现代司法保障体系，提高司法保障能力的理论导引，为加快推进司法保障体系和保障能力现代化提供了长期遵循。

习近平总书记关于司法体制改革的重要论述的形成和发展有着深刻的经济社会发展的时代背景。一方面，直面经济社会发展"法治公共品"供给不充分等诸多新问题，是习近平总书记关于司法体制改革的重要论述萌发、催生和发展的客观需求。"法治公共品"是指国家权力机关依照一定的职责、权限、程序，制定和提供完备的法律制度，高效的法律实施体系，严密的法治监督体系，有力的法治保障体系，使公民、法人及其他组织在经济、政治、文化、社会、生态方面的生存和发展的实体权利能够充分有效地获得与实现，与保障实体权利实现的请求救济权充分与有效行使的质量、效率、效果及其满意度、认可度、

公信度评价的状态；社会充满活力，人民安居乐业，国家长治久安，经济社会发展的经济品、政治品、文化品、社会生活品、生态品获得高效、精准的法治保障与服务的最佳状态。伴随当代中国经济社会跨越式发展取得巨大成功，我国已跃升为世界第二大经济体，中国在国际政治、经济、金融、互联网等事务治理中乃至构建全球人类命运共同体、维护地区安全稳定、建立国际新秩序中的地位与作用日益凸显。我国社会的主要矛盾已经转化为人民日益增长的美好生活需要和不平衡不充分发展之间的矛盾。[1] 这一社会主要矛盾变化在法治领域的主要表现是：人民群众对生命健康、财产权益、文化权利、社会保障、生态环境安全的新需求新期待日益增长与法治保障体制机制及保障法律制度的"法治公共品"供给不匹配的矛盾；人民群众对崇尚民主、信仰法治、维护公平、守卫正义、保障人权、促进和谐、增进"法福利"[2]的新要求新期待，与法治提供制约公权、保障人权、维护公平、守卫正义、促进和谐、增进人民法福祉的公共品供给不平衡不充分的矛盾；人民群众对维护国家安全、政权安全、制度安全、长治久安的新要求新期待，与推进法治保障体系和保障能力现代化不平衡的矛盾等等。另一方面，作为"法治公共品"重要组成部分的"司法公共品"在满足人民群众新要求新期待方面同样存在供给不平衡不充分的矛盾也日渐凸显，这集中表现在：司法为人民群众提供生命健康、财产权益、文化权利、社会保障、生态环境安全保障的"公共品"不充分；为东、中、西部地区人民群众权益一体公平保障的"公共品"供给不平衡；司法为公民、法人及其他组织在涉诉事务中提供知情权、陈述权、辩论辩护权、申请权，为民便民利民服务等"公共品"供给不精细；司法为国家安全、政权安全、社会安全、国家长治久安等保障"公共品"供给不到位；司法在涉外经济合作、国际知识产权保护、境外人身财产保障等方面"公共品"供给不同步，等等。这些严重损害了司法公正，破坏了司法公信，损害了法治统一尊严和权威，也严重损害了党和国家的形象。再一方面，保证公正司法、提高司法公信力面临体制性障碍、机制性困扰、保障性束缚等诸多矛盾，其中包括：公共财力增长的有限性与转型期"诉讼爆炸"带来司法成本支出迅猛增长不协调的矛盾；传统司法财物保障体制

---

[1] 习近平：《决胜全面建成小康社会 夺取新时代中国特色社会主义伟大胜利》，载于《党的十九大报告辅导读本》，人民出版社2017年版，第11页。
[2] 徐汉明、王玉梅：《我国司法职权配置的现实困境与优化路径》，载于《法制与社会发展》2016年第3期，第41页。

"分灶吃饭、分级负担"的财力供给分散性与中央司法事权行使的财力保障供给统一性不适应的矛盾;司法财物保障低标准化与保障能力的低效化,与严格公正清廉文明司法带来司法成本不断增长不对称的矛盾;传统司法财物管理方式方法与司法财物保障信息现代化要求不符合的矛盾;地方司法保障"财政保温饱,小康自己找"土政策滋生司法腐败,与司法监督制度化、体系化、法律化要求不相洽的矛盾,等等。司法保障"皇粮"供给的短缺与体制机制供给的困扰导致司法机关"为钱办案、办案为钱";一些司法人员办案受利益驱动、插手经济纠纷,"有油水的案子抢着办""没有油水的案子推诿扯皮";有的甚至以案谋私、徇私舞弊、贪赃枉法,成为司法不公、司法腐败的体制机制性根源。正如习近平同志深刻指出"司法领域存在的主要问题是,司法不公、司法公信力不高"[①];司法不公突出表现为"一些司法人员作风不正、办案不廉,办金钱案、关系案、人情案,'吃了原告吃被告'等等"[②];司法不公的"深层次原因在于司法体制不完善、司法职权配置和权力运行机制不科学、人权司法保障制度不健全。"[③] 所有这些,不仅是习近平同志关于依法治国、依法执政、依法行政共同推进,法治国家、法治政府、法治社会一体建设,建设社会主义法治体系、建设法治国家等法治理论体系形成和发展的客观基础,而且是习近平总书记关于司法体制改革的重要论述形成、发展的现实条件,还是习近平总书记关于司法体制改革的重要论述萌发、形成和发展的客观性表征。

二、习近平总书记关于司法体制改革的重要论述的核心要义

习近平总书记关于司法体制改革的重要论述具有极为丰富的内涵。这一系列观点始终围绕"什么是司法保障体制""为什么要全面深化司法保障体制改革,建设公正高效权威的社会主义司法制度""怎样推进司法保障体制改革,保证公正司法,提高司法公信力,维护人民权益,让人民群众在每个司法个案中都能感受到公平正义"这三个基本问题展开的,其核心要义是围绕司法改革理

---

①②③ 参见习近平:《关于〈中共中央关于全面推进依法治国若干重大问题的决定〉的说明》,载于《〈中共中央关于全面推进依法治国若干重大问题的决定〉(辅导读本)》,人民出版社2014年版,第58页。

论体系展开的。习近平总书记关于司法体制改革的重要论述可概括为：人民主体性质论①；保障和促进社会公平正义论②；司法改革性质地位与目标方向论③；司法核心价值论④；遵循司法权运行规律论⑤；保证公正司法，提高司法公信力论⑥；优化司法职权配置论⑦；推进严格司法论⑧；完善人权司法保障论⑨；加强对司法活动的监督论⑩等，这些新理念、新论断、新思想、新要求构成了习近平总书记关于司法体制改革的重要论述的逻辑体系。

与此同时，习近平同志把司法保障体制改革作为保证公正司法、提高司法公信力的支撑点，放在经济体制、财税体制、司法体制改革的"大盘子"之中，统筹谋划、整体布局、协调推进，并形成了与经济体制、财税体制、司法体制改革思想相契合、相匹配的司法保障体制改革的系列重要论述。概括起来包括：（1）中央司法事权与财政事权属性论。如何破解司法地方化，恪守司法权的人民属性，将司法权的人民属性通过具体的制度设计成为司法体制改革的重要难题。对此，习近平同志明确指出，"我国是单一制国家，司法权从根本上说是中央事权。"⑪该论断从中央与地方关系的视角明确了司法权的中央事权属性，这一理论表述阐明了改革的理论基点，成为本轮司法体制改革的理论逻辑、政治逻辑及其实践逻辑的前提。如何统筹司法体制改革与深化财税体制改革，妥善处理财政保障与社会公平、国家长治久安的关系？以习近平同志为核心的党中央在十八届三中全会《中共中央关于全面深化改革若干重大问题的决定》中，专门就"深化财税体制改革"作出部署，指出"财政是国家治理的基础和重要

---

① 参见习近平：《关于〈中共中央关于全面推进依法治国若干重大问题的决定〉的说明》，载于《〈中共中央关于全面推进依法治国若干重大问题的决定〉（辅导读本）》，人民出版社 2014 年版，第 54 页。
② 参见习近平：《关于〈中共中央关于全面推进依法治国若干重大问题的决定〉的说明》；中共中央宣传部：《习近平总书记系列重要讲话读本》，学习出版社 2016 年版，第 94 页。
③⑥ 习近平：《以提高司法公信力为根本尺度 坚定不移深化司法体制改革》，载于《人民日报》2015 年 3 月 26 日第 01 版。
④ 习近平：《坚持严格执法公正司法深化改革 促进社会公平正义保障人民安居乐业》，载于《人民日报》2014 年 1 月 9 日第 01 版。
⑤ 参见习近平：《增强改革定力保持改革韧劲 扎扎实实把改革举措落到实处》，载于《人民日报》2015 年 8 月 19 日第 01 版。
⑦ 参见习近平：《中共中央关于全面推进依法治国若干重大问题的决定》，载于《〈中共中央关于全面推进依法治国若干重大问题的决定〉（辅导读本）》，人民出版社 2014 年版，第 58 页。
⑧⑨ 参见习近平：《坚持严格执法公正司法深化改革 促进社会公平正义保障人民安居乐业》，载于《人民日报》2014 年 1 月 9 日第 01 版。
⑩ 参见中共中央宣传部：《习近平总书记系列重要讲话读本》（2016 年版），学习出版社 2016 年版，第 95～96 页。
⑪ 《坚持公正司法，努力让人民群众在每一个案件中都能感受到公平正义》，http://theory.people.com.cn/n/2015/0511/c396001 - 26981416.html，最后访问时间：2018 年 12 月 25 日。

支柱,科学的财税体制是优化资源配置、维护市场统一、促进社会公平、实现国家长治久安的制度保障。"① 从而把中央司法事权与财政事权的属性有效统一起来。(2)建立事权和支出责任相适应的制度论。习近平同志在主持召开党的十八届三中全会作出《中共中央关于全面深化改革若干重大问题的决定》时,把建立中央与地方事权和支出责任相适应的制度作为深化财税体制改革与司法保障体制改革的切入点,明确"适度加强中央事权和支出责任,国防、外交、国家安全、关系全国统一市场规则和管理等作为中央事权……,中央和地方按照事权划分相应承担和分担支出责任。"② 与此同时,习近平同志把"确保依法独立公正行使审判权检察权"作为深化司法保障体制改革,推进法治中国建设的重要任务。一方面,他指出"现行财税体制已经不完全适应合理划分中央事权和地方事权、完善国家治理的客观要求……,全面深化财税体制改革有利于转变经济发展方式,有利于建立公平统一市场,有利于推进基本公共服务均等化的现代财政制度……"。③ 另一方面,在明确司法权作为中央事权属性、适度加强中央事权和支出责任的基础上,作出"推动省以下地方法院、检察院人财物统一管理,探索建立与行政区划适当分离的司法管辖制度,保证国家法律统一正确实施"④ 的重大决定,使司法机关人财物实行"省级统管"的保障体制改革与财税体制改革协调推进。(3)司法保障体制改革动因论。习近平同志坚持问题意识,他指出"司法领域存在的主要问题是,司法不公、司法公信力不够高";⑤ "这些问题不仅影响司法应有的权利救济、定分止争、制约公权的功能发挥,而且影响社会公平正义的实现。"⑥ 他从体制不完善、机制不科学、保障不健全三个方面,深刻剖析了司法领域存在的主要问题及深层次原因。⑦ 他强调指出,"解决这些问题,就要靠深化司法体制改革。"⑧ "要紧紧抓住影响司法公正、制约司法能力的重大问题和关键问题,增强改革的针对性和实效性。"⑨

---

① 《中共中央关于全面深化改革若干重大问题的决定》,载于《〈中共中央关于全面深化改革若干重大问题的决定〉辅导读本》,人民出版社 2013 年版,第 19 页。
② 《中共中央关于全面深化改革若干重大问题的决定》,载于《〈中共中央关于全面深化改革若干重大问题的决定〉辅导读本》,人民出版社 2013 年版,第 21 页。
③⑥⑦⑧⑨ 习近平:在党的十八届三中全会上作《关于〈中共中央关于全面深化改革若干重大问题的决定〉的说明》,载于《〈中共中央关于全面深化改革若干重大问题的决定〉辅导读本》,人民出版社 2013 年版,第 77 页。
④ 《中共中央关于全面深化改革若干重大问题的决定》,载于《〈中共中央关于全面深化改革若干重大问题的决定〉辅导读本》,人民出版社 2013 年版,第 33 页。
⑤ 习近平:《中央政法工作会议上的讲话》(2014 年 1 月 7 日),载于《习近平关于全面推进依法治国论述摘编》,中央文献出版社 2015 年版,第 76~77 页。

（4）优化司法职权配置论。习近平同志在主持党的十八届四中全会作出《全面推进依法治国的若干重大问题的决定》（以下简称《决定》）中，把"改革司法机关人财物管理制度，探索实行法院、检察院司法行政事务管理权和审判权、检察权相分离"作为优化司法资源配置的重大举措之一。① 习近平同志把推进跨行政区划司法机关的设立与排除司法地方干扰，依法独立行使职权、公正司法、监督政府依法行政紧密结合起来，对传统司法机关设置存在的弊端深刻剖析时指出，"随着社会主义市场经济深入发展和行政诉讼出现，跨行政区划乃至跨境案件越来越多，涉案金额越来越大，导致法院所在地有关部门和领导越来越关注案件处理，甚至利用职权和关系插手案件处理，造成相关诉讼出现'主客场'现象，不利于平等保护外地当事人合法权益、保障法院独立审判、监督政府依法行政、维护法律公正实施。"② 他说，"探索设立跨行政区划的人民法院和人民检察院，这有利于排除对审判工作和检察工作的干扰、保障法院和检察院依法独立公正行使审判权和检察权，有利于构建普通案件在行政区划法院审理、特殊案件在跨行政区划法院审理的诉讼格局。"③（5）完善人权司法保障论。习近平同志在剖析司法领域存在问题及根源时指出，"当前，司法领域存在的主要问题是，司法不公、司法公信力不高问题十分突出，一些司法人员作风不正、办案不廉，办金钱案、关系案、人情案，'吃了原告吃被告'，等等。司法不公的深层次原因在于司法体制不完善、司法职权配置和权力运行机制不科学、人权司法保障制度不健全。"④ 为此，习近平同志把"规范涉案财物处理的司法程序"作为破解司法不公、司法公信力不高难题的突破点，完善人权司法保障改革的抓手，他先后主持召开党的十八届三中、四中全会《决定》中，都把"规范查封、扣押、冻结、处理涉案财物的司法程序"作为完善人权司法保障制度的重要改革举措之一；⑤ 强调通过"深化司法体制改革，加快建设公正高效权威的社会主义司法制度，维护人民权益，让人民群众在每一个司法案件中感受到公平

---

① 参见《中共中央关于全面推进依法治国若干重大问题的决定》，载于《〈中共中央关于全面推进依法治国若干重大问题的决定〉（辅导读本）》，人民出版社2014年版，第22页。
②③ 参见《中共中央关于全面推进依法治国若干重大问题的决定》，载于《〈中共中央关于全面推进依法治国若干重大问题的决定〉（辅导读本）》，人民出版社2014年版，第60页。
④ 参见习近平：《关于〈中共中央关于全面推进依法治国若干重大问题的决定〉》的说明，载于《〈中共中央关于全面推进依法治国若干重大问题的决定〉（辅导读本）》，人民出版社2014年版，第58页。
⑤ 参见《中共中央关于全面推进依法治国若干重大问题的决定》，载于《〈中共中央关于全面推进依法治国若干重大问题的决定〉（辅导读本）》，人民出版社2014年版，第34页。

正义。"① (6) 加强对司法活动的监督论。习近平同志把加强对司法活动的监督，作为保证公正司法、提高司法公信力的重中之重。一方面，他强调"要紧紧牵住司法责任制这个'牛鼻子'，凡是进入法官、检察官员额的，要在司法一线办案，对案件质量负责……把司法权关进制度的笼子"。② 另一方面，他强调"依法规范司法人员与当事人、律师、特殊关系人、中介组织的接触交往行为，惩治司法掮客行为，防止利益输送，破除各种潜规则，决不允许办关系案、人情案、金钱案";③ 再一方面，他把"包括改革司法管理体制，推动省以下地方法院、检察院人财物统一管理，探索建立与行政区划适当分离的司法管理制度"作为对加强司法活动监督的源头性基础性的制度安排等。

三、习近平总书记关于司法体制改革的重要论述的特征及其现实意义

习近平总书记关于司法体制改革的重要论述是根植于我国经济社会加速发展，经济体制、政治体制、文化体制、社会体制、生态文明体制、党的领导体制和法律制度各项改革系统推进的宏大实践场域，司法保障体制改革与公共财政体制改革有机结合、协调互动过程中萌发、形成和发展的。具有实践性、时代性、科学性的特征。(1) 实践性。这套理论体系直面我国社会主要矛盾发生变化后存在的突出问题，即司法保障体制与公共财政体制在满足人民群众对公平正义、民主法治、安全环境"法福利"需求增长的滞后性、不充分性、不平衡性等所滋生司法不公、不严、不廉的突出问题。习近平同志不仅从推进司法保障体系与公共财政体系协调统一的角度，而且从加快建设公正高效权威社会主义司法制度，促进国家治理体系和治理能力现代化的战略目标的高度，着力破解司法不公、司法公信力不高的体制性障碍、机制性困扰、保障性束缚难题，强调按照"增强信心、树立勇气、解放思想、实事求是、超前思维、提前谋局

---

① 参见习近平：《关于〈中共中央关于全面推进依法治国若干重大问题的决定〉》的说明，载于《〈中共中央关于全面推进依法治国若干重大问题的决定〉（辅导读本）》，人民出版社2014年版，第58页。
② 习近平：《坚定不移推进司法体制改革 坚定不移走中国特色社会主义法治道路》，http://cpc.people.com.cn/n1/2017/0711/c64094-29395849.html，最后访问时间：2019年3月7日。
③ 参见习近平：《关于〈中共中央关于全面推进依法治国若干重大问题的决定〉》的说明，载于《〈中共中央关于全面推进依法治国若干重大问题的决定〉（辅导读本）》，人民出版社2014年版，第24~26页。

的战略思维""从顶层设计、整体谋划，加强对各项改革关联性、系统性、可行性研究"，① 适时推出了有关省以下地方法院、检察院人财物"省级统管"体制与"建立现代财政制度"的重大改革举措。与此同时，自 2014 年 1 月～2018 年 12 月，习近平总书记亲自主持召开的 43 次深化改革专题会议中，先后研究包括人财物"省级统管"改革在内的各项改革试点方案，这包括：设立跨行政区划法院、检察院试点，法官、检察官单独职务序列及工资制度改革试点，规范司法人员行为，上海市开展司法体制综合配套改革重大事项 27 次，他亲自审查签批规范性文件 21 个。正是以习近平总书记关于司法体制改革的重要论述的指引，在党中央坚强领导下，司法保障体制改革与其他各项改革融为一体、整体推进，使其彰显出实践性、渐进性、协调性、整体性的特色。（2）时代性。当代中国发展正处在人类文明发展的交汇点，中国作为第二大经济体在走向世界舞台中央的关键发展阶段上，面临全球经济大竞争、政治大博弈、文化大比拼、网络大较量，机遇挑战同时并存。如何赢得这场博弈、竞争的主动权、制胜权，其关键在于解放思想，锐意改革，发展和完善社会主义制度，加快推进国家治理体系和治理能力现代化。因此，深化包括司法财物保障体制、现代公共财政体制改革在内的各项改革，其根本目的在于实现三中、四中全会设定的改革目标，使我们的各项制度注入时代要素，在"进行伟大斗争，建设伟大工程，推进伟大征程，实现伟大梦想"的进程中，使各项制度定型化、成熟化，以科学完备的社会主义制度优势赢得这场大博弈、大竞争、大较量、大比拼，使中华民族屹立于世界民族之林。（3）科学性。习近平总书记关于司法体制改革的重要论述始终贯穿了辩证唯物论与唯物辩证法的立场、观点和方法。它是观察、分析和解决司法不公、司法公信力不高问题，对司法保障体系和保障能力现代化谋篇布局，把包括司法保障体制与公共财政体制改革纳入改革"大盘子"之中的一把"钥匙"。习近平同志关于"中央司法事权与财政属性论""建立事权和支出责任相适应的制度论""司法保障体制改革动因论"等重要论述与司法改革理论相互照应，形成了具有鲜明实践特色与哲学面向的理论，使之呈现出系统性、科学性的特征。这套理论体系是"马克思主义经典作家"关于"国家公共财政职能""人民司法"的基本原理在当代中国建立现代财政制度，推进司法保障体

---

① 参见《中共中央关于全面深化改革若干重大问题的决定》，载于《〈中共中央关于全面深化改革若干重大问题的决定〉辅导读本》，人民出版社 2013 年版，第 85～87 页。

系和保障能力现代化的创造性运用；是对新中国成立 70 年来司法保障与公共财政的成就进行总结与对传统公共财政管理体制与司法保障体制的深刻反思；是对党的十八大以来司法保障体制与公共财政管理体制改革实践的新鲜经验及重大成果的创新性理论升华。这对于推进新一轮司法体制综合配套改革，加快建设公正高效权威社会主义司法制度具有重大现实意义及深远影响，必将是保障公正司法、提高司法公信力的行动指南和长期遵循。

第二节 现代司法保障体系建构中的核心要素

健全完善司法保障体系是司法体制改革的重要任务，也是确保省以下地方法院、检察院司法财物保障体制改革顺利推进的客观要求，更是涉及司法机关打基础、利发展、管长远的系统工程。它的健全完善涉及中央司法事权与公共财政事权及地方财政事权诸多方面。在实行省以下地方法院、检察院财物"省级统管"保障体制改革的大背景下，司法财物"省级统管"保障工作面临不少新情况、新问题，这既给司法财物保障体制改革带来了前所未有的发展机遇，也给其带来巨大的压力挑战。推进新一轮司法体制综合配套改革，建立符合保证公正司法、提高司法公信力要求的现代司法保障体系必须正确处理好若干重大关系。

一、正确处理中央司法事权与财政事权的关系

财政制度安排不仅体现了政府与市场、政府与社会、中央与地方的关系，而且体现财政制度与司法制度、中央财政事权与中央司法事权的关系；不仅涉及经济、社会、文化和生态文明各个方面，而且涉及公正司法、维护法制统一尊严和权威；不仅涉及现代财政体系和财政能力现代化的推进，而且涉及加快推进司法体系和司法能力现代化，成为加快建设社会主义法治体系，建设社会

主义法治国家的重要保障。新中国成立以来，我国财政保障供给体制与司法需求支出管理体制的关系进行了多次调整。大体经历了从中央财政高度集中"统一保障"与司法"统收统支"，到中央与地方"分灶吃饭""包干制""分税制"的财政"分级负担"与司法支出"皇粮"+"杂粮"，再到中央与地方事权和支出责任合理划分、现代财政体系与司法保障体系改革协调推进，司法财物由中央与省两级分层统管保障的改革历程。一方面，我国社会主要矛盾变化后，人民群众对"法福利"需求不仅在实体权利保障的全面性，程序权利行使的充分性，而且在保障范围上的整体性，保障区域的平衡性方面提出了新要求新期待，给司法权行使的地方性，破除司法权地方保护、部门保护提出急迫要求，为中央全面深化司法体制改革，将司法事权定位为中央事权提供了客观要求。另一方面，作为为中央司法事权提供财力支撑、公共资源供给、正常的司法财物保障增长机制，提出了基本要求，破除公共财政保障的"分灶吃饭、分级负担""收支不脱钩"等保障体制机制束缚，深化财政体制改革，建立中央与省以下人财物两级分层保障的体制被提上了改革的议程，成为优化国家权力配置，建立公共财政管理体制与司法保障体制良性运行，维护中央司法事权的统一性、权威性的重要问题。因此，唯有通过深化司法保障体制改革，促进现代财政体制的健全完善，才能保证公正司法、提高司法公信力；唯有通过改革传统的司法保障体制，才能加快公共财政体制改革，丰富发展现代司法财政体制的内容和有效实现形式。

二、正确处理财政事权与司法财物事权的关系

近年来，围绕优化财政事权，推进财政体系和财政能力现代化，中央推出了一系列重大改革举措。包括：（1）收入分配模式方面。中央与地方财政收入的分配上实行由"分层模式""共享模式"到"混合模式"。（2）财政体制改革方面。对政府间收入划分做了相应调整；对转移支付制度进行初步改革；有效整合了转移支付结构；建立起了城乡基本公共服务均等化保障与服务的运行机制。[①]

---

① 参见财政部：《分步推进转移支付制度改革 进一步优化转移支付结构》，中国政府网，http://www.gov.cn/2014-09/10/content_2748050.htm，访问日期2019年12月26日。

(3)预算管理方面。建立了规范的中央与地方政府债务管理制度；建立了政府预算公开制度。(4)公务支出管理方面。从"三公经费"支出上入手，建立了新的严格可行的公务支出管理制度，出台了会议费、因公临时出国费、公车运营和维护费、培训费、接待费、差旅费等管理办法；推出了公车改革、办公用房改革，等等。司法财物实行"省级统管"体制改革以来，省以下地方财政事权与司法财物保障事权之间的关系发生了根本性变动。包括：(1)机构人员编制方面。改革后司法机关的机构人员编制由各级分层控制管理上收至"省级统管"，给人员经费的标准核定、保障标准相对拉平，预(决)算编制、执行、监督和管理增加了中间环节，给司法财物管理事权优化与管理绩效都提出了新的更高要求。(2)司法人员经费方面。适应司法人员分类管理、"员额制"、司法责任制的改革要求，建立以法官、检察官单独职务序列及单独职务工资福利待遇标准体系，与司法辅助人员、司法行政人员的职务工资福利按照"综合类"公务员工资福利待遇标准体系适度分离的两套工资福利保障体系，一方面破解了法官、检察官工资待遇保障长期偏低的难题，另一方面又带来司法机关工资福利保障管理平衡难、协调难的新问题。(3)司法公用费、办案费、装备费、基础设施建设费的保障标准方面。由传统按行政区划同级财政分层保障上收至省级统一保障，给司法财物事权的内容增加了核算与调节保障基数，适应基层办案任务的差异建立办案预备金，装备与基础设施建设标准的核定、"三公经费"支出标准等都要求精细化、程序化、规范化。(4)司法大型设备、器具采购方面。流程简化、保障办案急需、采购事项透明公开，防止暗箱操作，滋生腐败等管理机制的完善。(5)司法举债方面。省级财政等部门对"统管改革"前省以下司法机关所欠债务"一揽子"兜底解决后禁止任何新的债务发生，使司法机关的装备设施建设步入了规范化、制度化的管理轨道，从源头上堵塞了司法机关"办案为钱""为装备、设施建设办案"的不良运行机制。所有这些，都给传统司法财物事权与司法财物管理体制带来挑战，迫切要求地方财政、发改委等政府管理部门，司法机关及其司法管理人员都必须更新观念，破除"办案为钱，为钱办案""收支挂钩""以案养案""三来一补"(即发案单位举报案件线索后要求其来人、来车、来钱、补助吃喝)的思维定式，铲除"利益驱动""地方保护""插手经济纠纷"的传统管理体制机制滋生权力腐败的土壤，围绕预(决)算编制、审核、提请、执行、监督，大额资金分配、公共工程建设、政府采购等司法财物事权进行优化配置，对集中的部门和岗位实行分事行权、分岗设权、分级授权，定期轮岗，强化内部流程控制，防止权力滥用；① 完善司法机关内部层级监督和专门监督，建立常态化监督制度；完善纠错问责机制，健全责令公开道歉、停职检查、引咎辞职、责令辞职、罢免等问责方式和程序，② 把司法财物供给分配权与管理权统统关进制度的笼子里，从而保证审判机关、检察机关依法办案，促进司法公正、高效、清廉、文明。

三、正确处理司法权与司法财务管理权的关系

建立司法权与司法行政事务权适度分离的运行机制，是本轮司法管理体制改革的亮点。在司法行政事务管理权体系中包括综合事务管理权、政工人事管理权、计划装备事务管理权，司法财物管理权，后勤服务保障权，司法督查事务管理权等等。司法财物管理权在司法行政事务管理权体系中居于重要的地位与作用，正如古人所云："兵马未动，粮草先行"。本轮推行省以下地方法院、检索院人财物"省级统管"体制改革试点过程中，各省（自治区、直辖市）都把司法财物"省级统管"体制改革纳入公共财政管理体制改革的布局，与司法管理体制改革同部署、同检查、同奖惩、同落实。在优化司法财物管理职权、健全司法财物管理体制的过程中，有的省尝试设立省以下地方法院、检察院等司法行政管理局，这是改革后司法机关创设的适应司法财物管理与公共财政体制相协调的制度创新。一方面，司法行政管理局具有公共行政主体的地位，既是公共行政事务的执行机构，又是法院、检察院专司财物管理的部门，具有负责处理有关社会公共事务与司法内部财物事务的双重属性。司法财物保障管理活动的根本原则是依法管理。在实行司法财物"省级统管"的运行保障模式下，应重视发挥作用，运用司法行政事务管理权，增强司法财物管理的科学性、针对性和实效性。

---

① 习近平总书记提出：对审批权力集中的部门和岗位要分解权力、定期轮岗，强化内部流程控制，防止权力滥用。参见习近平：《在十八届中央政治局第四次集体学习时的讲话》，载于《习近平关于全面依法治国论述摘编》，中央文献出版社2015年版，第43页。
② 参见习近平：《关于〈中共中央关于全面推进依法治国若干重大问题的决定〉的说明》，载于《〈中共中央关于全面推进依法治国若干重大问题的决定〉辅导读本》，人民出版社2014年版，第54页。

（一）司法财务预算管理作用

财务预算管理是在认真研究分析司法机关有关历史资料、现行司法机关财务保障标准及开支运转情况以及暴露出来的实际问题，对未来的财务指标做出估计和判断，制订财务开支使用计划的过程。（1）预算编制层面。按照"先有预算后有支出"的原则，编制年度预算数据，其编制质量要求须遵循预算编制申报程序进行编制；人员经费、公用经费、项目经费分配合理；人员经费、公用经费编制符合规定；按要求细化使用项目经费的具体工作量和标准；"三公经费"编制符合规定；合理分配各明细科目金额；按要求将结转资金、实拨账户资金纳入预算管理；合理编制政府采购预算，实现应编尽编；报表数据填列齐全，无漏填漏报现象；预算文本各项要素填写齐全准确，格式规范；预算数据表内资金分配真实合理，表间勾稽关系正确；全面真实反映年度预算数据。其填报范围要求：规范填报政府预算科目和部门预算科目；准确编制资产配置预算；按要求通过预算绩效管理平台报送项目文本。（2）预算执行层面。①申报要求。按照有关规定要求报送年度用款计划；计划申报程序规范，附件齐全。②执行质量。要求经费支出合规；严格按照预算下达的批复数执行各项经费支出；会计科目运用准确。③预算进度。明确预算指标整体支出须达到序时进度要求；制定明确的项目进度计划，保证执行进度；一次性预算指标按合同、协议规定的进度执行；全年预算指标执行率原则上要求达到100%。（3）预算调整层面。①方案报送。要求预算调整方案报送审批手续齐全；预算调整方案报送要及时。②调整质量。要求预算调整科目规范合理；预算指标调整充足；预算调整限额符合标准；调整指标需要实施政府采购的，严格执行政府采购集中采购目录和限额标准等相关规定；预算经费调整的依据充分。（4）预算公开层面。要求在规定的时间内公开年度预算；预算公开的内容、范围和方式符合财政部门要求。通过编制、执行、调整、公开，对司法财务经费进行科学合理的预测和分析，找到申报经费的项目、数额和节支的途径。

（二）司法财务管理的控制作用

司法财务控制是保证司法机关财务活动符合既定目标，取得最佳管理功能和效益的一种方法。司法财务控制的内容主要有：加强财务管理的各项基础工作。加强财务管理的基础工作是做好司法财务控制工作的前提。财务管理基础工作的主要内容是：(1) 建章立制。建立健全司法机关内部控制管理制度，对本单位的财务活动进行控制和监督。(2) 预算管理。合理编制预算，严格执行预算，统筹安排、节约使用各项资金，保障司法机关履行职能和事业发展的资金需要。(3) 收支管理。收支管理包括收入管理和支出管理，它是对司法机关收入、支出实行的全面管理。规范资金收支行为，加强收支管控，对每笔收入均应登记入账，严格执行收支两条线的管理规定，及时全额上缴财政专户，严禁财务资金形成"小金库"。同时，要求各项支出须严格在预算控制范围内，经审批程序后，依法依规开展各项经济活动，严禁无预算、超支预算支出行为，提高资金使用效率。(4) 资产管理。对国家财政性资金形成的资产、按照国家规定运用国有资产组织收入形成的资产、国家调拨的资产，以及接受捐赠和其他依法确认为国家所有的资产，包括流动资产、固定资产、无形资产、在建工程等均应纳入司法机关资产管理。推动国有资产的合理配置和有效使用，保障国有资产安全。(5) 财务报告。定期编制财务报告，如实反映预算执行情况，对各项财务活动情况的分析，来评价各项管理工作的质量，为决策提供准确依据。(6) 其他财务管理任务。

(三) 司法财务管理的监督作用

司法财务监督主要是利用审计权、监督权对司法机关财务活动所实行的监督，具体来说就是对资金的筹集、使用、耗费、上缴和分配等活动进行监督。省级地方法院、检察院应建立内部审计机构，会同有关部门加强财务管理工作的监督检查；省级法院、省级检察院、市州分院根据国家有关法律、法规、财务规章制度，对下级法院、检察院的财务管理活动进行检查、指导。其内容包括：(1) 对预算的编制、执行和财务报告的真实性、准确性、完整性进行审核、检查。(2) 对各项收入和支出的范围、标准进行审核、检查。(3) 对有关资产管理要求和措施的落实情况进行检查。(4) 对违反财务规章制度的问题进行检查纠正。(5) 对财务机构的设置、人员的配备、财务建章立制、具体的会计处理方法等方面提出意见和建议。(6) 指导下级司法机关财务管理工作，组织财务管理经验交流，推进审判机关、检察机关保障系统应用，有计划、有重点地培训财务人员。

在实施监督过程中,应注重把握"三个"环节:(1)实行事前审核,对预算编制以及预算调整,在提交省、市法院、检察院和财政部门审核汇总,报请省级人大审批之前,由司法财政监督检查机构自下而上进行审核把关,依照国家有关法规和财政政策,监督检查预算编制与司法财务管理目标的符合程度。比如,收入预算编制的财政拨款、资产收益拨款、非税拨款和中央专项转移支付补助预算应符合国家和省(自治区、直辖市)有关政策规定;支出预算编制,应保障单位资金正常运转,完成日常工作任务而编制的年度基本支出计划,按其性质分为人员经费、日常公用经费和列入基本支出的办案(业务)经费等,以检查财政预算的合法性、合规性、有效性,防范阻止不合法或低效的预算支出,使有限的财政资金发挥更大的使用效益。省级、市(州)法院、检察院财务管理部门都具有事前监督的职能,在编制预算时,对机关内设机构和下级法院报来的预算应逐一审核,对不合理、不规范的预算支出不纳入预算编制;对有些预算支出应根据实际测算额度编制预算,不能按预算单位上报的口径来编制;对有些预算项目支出,应安排人员负责调研,或到项目实地考察,请专家帮助论证,看项目支出是否合理,支出额度应在多少范围内为好。这样既做到依法理财,又实事求是编制综合预算、部门预算、项目预算等,以履行经常性管理与监督的职责,切实加强事前审核力度。(2)实行事中监督。司法财务监督的事中跟踪监控,即事中监督,就是对预算执行过程中进行跟踪监控。依据财务收支的预算进度,由司法财务监督检查的专门人员,监控预算执行过程中各项财政性资金收入的征收、入库和各项财政性资金支出的分配、管理、使用等。省级、市(州)法院、检察院财务监督机构应按规定程序、计划和进度收支资金,圆满完成预算任务,保证司法财务资金收支的极大安全性。法院、检察院的预算执行部门在预算执行过程中,有责任行使好监督职能,严把事中控制关,避免出现预算执行错误。在财政拨付预算内的正常经费时,建议国库严格按年初预算、按计划、按指标、按进度拨款;对追加的预算,在各业务部门审核后,提出使用意见,报请领导审核,在领导批复意见后转预算执行部门审核。预算执行部门根据批复意见审核资金的额度及预算科目;建议国库部门根据资金的运行情况合理地调度资金。以履行对资金支付环节的监督责任,保证资金的安全性、有效性、合理性。(3)实行事后检查。司法财务监督的事后检查稽核,即事后监督,就是对预算执行结果进行跟踪监督检查。依照国家有关法律法规，由法院、检察院监督检查机构，对涉及司法机关财政收支事项及其相关事项的真实性、合法性、有效性进行审核、稽核与监督检查，评估财政性资金的使用效益。其主要内容包括：①依据《财政违法行为处罚处分条例》及相关法规，查处司法财务管理违法违纪行为，追究相关人员责任，纠正存在的错误。②检查财政性资金的管理。完善内部控制制度，提出改进和加强管理的建议和措施，以堵塞漏洞。③突出财政性资金使用效果的检查和评价。加强财政资金的有效性，完善内控机制，宣传和推广先进管理经验，努力探索各项资金使用绩效的评估标准、程序和办法。

(四) 司法财务管理绩效考评的激励作用

健全完善司法财务管理绩效考核体系，强化绩效管理与监督对于目标管理和工作行为结果的导向性作用，促使司法财物保障系统的考核工作落地见效，是目前省以下地方法院、检察院司法财物统管改革，注重抓落实的一项基础性、长期性的工作。作为各级法院、检察院司法财物管理部门应按照有关部门的要求，对本单位司法财物相关的整体工作或项目进行绩效管理与监督。其工作实施内容包括：(1) 绩效管理指标、评价标准层面。即应根据层级法院、检察院工作特性和司法财物具体绩效评价对象的不同，以财政部印发的《预算绩效评价共性指标体系框架》为参考，把绩效评价指标作为衡量绩效目标实现程度的考核工具。绩效评价指标的确定应当遵循"五性"：①相关性。应当与绩效目标有直接联系，能够恰当反映目标的实现程度；②重要性。应当优先使用最具评价对象代表性、最能反映评价要求的核心指标；③可比性。对同类评价对象要设定的绩效评价指标，以便于评价结果可以相互比较；④系统性。应当将定量指标与定性指标相结合，系统反映司法机关财物保障相关情况，主要包括预算编制、预算执行、预算管理、资产管理以及职责履行和效益，等等。⑤经济性。应当通俗易懂、简便易行，数据的获得应当考虑现实条件和可操作性，符合成本效益原则。与此同时，在其中灵活选取最能体现绩效评价对象特征的共性目标，也针对具体绩效评价对象的特点，另行设计具体的个性绩效评价指标，同时赋予各类评价指标科学合理的权重分值，明确具体的评价标准，从而形成较为完善的绩效评价指标体系。(2) 绩效管理评价原则层面。绩效管理评价应遵循"四个"原则：科学规范原则，绩效评价应当严格执行规定的程序，按照科学可行的要求,采用定量与定性分析相结合的方法;公正公开原则,绩效评价应当符合真实、客观、公正的要求,依法公开接受监督;分级分类原则,绩效评价由各级财政部门、各预算部门根据评价对象的特点分类组织实施;绩效相关原则,绩效评价应当针对具体支出及其产出绩效进行,评价结果应当清晰反映该单位司法财物整体情况。(3)绩效管理评价组织实施层面。省级法院、检察院司法行政管理部门负责拟订绩效评价规章制度和相应的技术规范,组织、指导本级预算部门、下级司法财物管理部门的绩效评价工作;根据改进司法财物管理意见并督促落实。司法财物管理部门负责制定本部门绩效评价规章制度;具体组织实施本部门绩效评价工作;向省级财政部门和法院、检察院司法行政管理部门报送绩效报告和绩效评价报告;落实省级财政部门和法院、检察院提出整改意见;根据绩效评价结果改进司法财物管理工作。可根据工作实际需要,绩效评价工作可委托专家、中介机构等第三方实施。省级财政部门和司法行政管理部门应当对第三方组织参与绩效评价的工作进行规范,并指导其开展工作。

第三节　现代司法财物管理体制的优化路径

现代司法财物管理体制是一个现代化的组织管理体系,其管理体制顶层设计与实施路径应当以维护中央司法事权的统一性、权威性为基点,以保障审判权、检察权的依法独立公正高效行使为目标,建构既符合司法财物管理体制性质特点,又确保司法权力公正高效行使的现代司法财物管理制度体系;其实施路径在于梳理总结本轮司法管理体制改革经验的基础上,直面改革过程中存在"短板"的现象,寻求破解影响制约"短板"问题的新的体制性障碍、机制性困扰、保障性束缚,即重点关照省以下司法财物"省级统管"体制多样化,保障标准的非均等化,保障主体的多元化,保障效率的低水平化等等,从而加快建立和完善现代司法财物管理体制,有效释放新体制新机制的活力,为保证人民法院和人民检察院依法履行法定职权,保证公正司法、提高司法公信力,实现自身科学发展提供充足的物质基础和信息技术支撑。

实行省以下地方法院、检察院人财物统管改革，是规范其经费保障权，优化财物保障正常运行，有效保证人民法院、人民检察院各项工作正常开展的重要举措，是提高司法保障能力的重要方面。而司法财物管理体制是指划分司法机关财物管理方面权责利关系的一种制度，是司法财物关系的具体表现形式。法制现代化是社会发展的必然要求，由此也对建立现代化的司法财物管理体制有了新的要求，基于现代司法理念下的司法财物管理体制应彰显以下功能作用。

一、明晰化的管理职能

现代司法财物管理体系的核心要素在于司法财务管理权能的明晰化。所谓司法财物管理职能是指依据财政法律法规规章及规范性文件，对司法财物的预（决）算编制、执行权，司法经费收支会计核算权，司法人员经费标准执行权，司法公务费、办案费、装备费、设施费、运行维护费开支标准报销稽核权，审计权等进行类型化划分，并构成司法财物管理职能体系。其特征包括以下内容。

（一）权力来源的法定性

法院、检察院司法行政部门的财物管理权的来源一方面基于《人民法院组织法》《人民检察院组织法》的相关规定。新修订的"两院"《组织法》围绕司法经费预算保障方面，明确规定法院检察院的经费按照事权划分的原则列入财政预算，保障审判检察工作需要（《人民法院组织法》第57条，《人民检察院组织法》第51条）；围绕信息化建设方面，明确规定法院、检察院应当加强信息化建设，运用现代信息技术，促进司法公开，提高工作效率（《人民法院组织法》第58条，《人民检察院组织法》第52条），从而为司法机关的司法财物职权的划定提供了宪法性法律依据。另一方面，司法财物管理的对象属于公共资金、资产、技术等，这些对象的所有权属于国家，其作为公共资源的供给、保障、监管属于国家公共财政、国有资产管理、计划投资、住建、卫生保健等部门，其供给、调配、保障、监管活动的法律依据是基于《预算法（2014年修订）》《政府采购法》《招标投标法（2017年修订）》《社会保险法》《会计法（2017年修订）》《审计法（2006年修订）》等专门法律；行政规章及规范性文件包括《党政机关履行节约反对浪费条例（2013年）》《行政单位财务规则》《行政事业单位内部控制规范（试行）》《政府会计准则——基本准则》《政府会计制度——行政事业单位会计科目和报表》《中央预算内投资计划实施综合监管暂行办法》《审计法实施条例》《社会保险法实施细则》，从而使司法财物管理职权作为公共财物事权的有机组成部分，构成一个相对独立的职权子系统，司法财务管理职权具有法定性、统一性、效率性和权威性的特点。

（二）权力类型的专门性

虽然，司法财物管理职能与公共财政、计划投资、医疗卫生、住建、工资福利、人员编制等公共管理职权密不可分，是公共管理职权体系的重要组成部分。但是，一方面基于司法财物管理职能与司法职能处于从属地位，其根本出发点和落脚点是为司法职权全面、公正、统一、高效行使提供充足保障和精准服务。另一方面，基于新中国成立以来司法财物管理体制的传统和本轮司法管理体制改革选取的样本是：司法财物管理权与司法权适度分离运行是在司法机关内部自上而下的管理系统中进行的，而未选取将司法财物管理权从司法管理系统中分离出来作为一个独立的系统，并代表公共财政、计划投资、医疗卫生、住建、保险等部门行使司法财物等管理职能。因而，司法财物管理职能既与司法职能密不可分，又按照"两权"适度分离的模式改革，使司法财物管理权在司法系统内成为一个相对独立的管理系统，因而司法财物管理职权又具有相对独立性，是相对独立的专门性的职权。

（三）职权运行的规范性

如何将司法财物管理职能的法定性、专门性在行使过程中纳入程序运行的轨道，抑或将司法财物管理职权装进制度的笼子，使之运行规范化、程序化？最高司法机关曾就司法财物管理权行使的规范性与财政部、发改委、住建部等公共管理职能部门分别制定相关规范性文件。这包括：《关于对行政性收费、罚没收入实行预算管理的规定》（1993年）、《行政事业性收费和罚没收入实行"收支两条线"管理的若干规定》（1999年）、《关于深化收支两条线改革进一步加强财政管理的意见》（2016年修订）、《部门决算管理制度》（2013年）、《政府非税收入管理办法》（2016年）、《人民法院诉讼费管理办法》（2003年）、

《诉讼费用交纳办法》（2007年）、《法院业务费开支范围及管理办法》（1985年）、《人民法院财务管理暂行办法》（2017年）、《检察业务费开支范围和管理办法》（1992年）、《人民检察院财务管理暂行办法》（2015年）、《县级人民法院基本业务装备配备指导标准》（2013年）、《县级人民检察院基本业务装备配备指导标准》（2010年）、《最高人民法院、最高人民检察院、财政部关于做好2000式审判服、检察服换装工作的通知》（2001年）、《人民法院枪支管理规定》（2015年修订）、《人民检察院枪支管理规定》（2015年修订）、《人民法院执法执勤用车配备实用管理办法》（2013年）、《人民检察院执法执勤用车配备实用管理办法》（2013年）、《人民法院法庭建设标准》（2010年）、《人民检察院办案用房和专业技术用房建设标准》（2010年）、《基本建设财务规则》（2016年）、《基本建设项目建设成本管理规定》（2016年）、《基本建设项目竣工财务决算管理暂行办法》（2016年）、《关于加强检察机关国有资产管理的意见》（2004年）等规定。这对司法机关的诉讼费及罚没收入规范缴纳管理、经费预（决）算管理、开支范围及标准、业务装备配备标准、执法执勤用车配备管理、基本建设预（决）算管理、办案与专业技术用房等方面都作出了翔实的规定，既体现了司法机关财物保障的专业属性，又涵盖了其作为国家机关的公共属性，使其规范统一、相辅相成、互为补充，共同构成司法财物保障职权运行的规范体系。

（四）职权优化的密织性

本轮司法财物实行"省级统管"体制改革，使传统的司法财物职权体系、运行程序、监督制约都带来了新的挑战。如何使司法财物统管改革的成果通过优化司法财务管理职权对传统司法财物管理体制下司法职权配置合理的部分予以保留，对实行司法财物统管带来管理职权缺位、越位和不到位的问题通过优化司法财物管理职权配置，使传统司法财物管理职权体系得到优化。

试点省（自治区、直辖市）在推动省以下地方法院、检察院财物"省级统管"体制改革过程中，坚持把贯彻中央司法体制改革与本地实际情况结合起来，从发展完善与体现完善司法财物统管改革成果出发，重点探索司法管理职权的优化配置与密织到位。其内容主要包括：（1）司法综合事务管理规范。它是司法综合管理机构须遵循和达到的管理目标、内容及其方法，包括职权配置，制度建设，规划计划，财务、资产、装备、基建等管理程序，业务培训、廉政建设等管理内容、职权及其程序。(2)财务管理规范。包括司法财务预算管理、决算管理、绩效管理、会计基础工作管理、账务处理明细表等规范。(3)装备管理规范。包括司法机动交通工具维护保养管理、使用管理规范,枪支弹药管理规范,服装管理规范等。(4)资产管理规范。包括层级司法机构取得的国有土地使用权及不动产管理;司法办案用房、技术用房、办公用房等固定资产管理;用于司法业务的空调、电梯、配电、供水、供气等大型设施设备管理以及办公设备、用品、用具等管理规范。(5)审计管理规范。包括按项目分为工资津补贴、奖金、公务接待开支、公务用车维护费、因公临时出国经费、餐饮费、会议费、培训费、工会费、政府采购、固定资产、涉案暂扣款及罚没收入、往来资金等均纳入审计范围,依照相关行政法规、规范性文件审核发放、报销等;加强审计管理规范建设,既能有效发挥物力财力资源的价值功能作用,又能纠正和防止违反财经纪律甚至违纪违法行为。

针对司法财物"省级统管"体制改革后相关管理规范缺失的问题,试点省(自治区、直辖市)突出重点,适时制定《省以下地方法院、检察院经费统一管理实施办法(试行)》《省级以下地方法院、检察院非税收入省级统一管理实施办法(试行)》《省级法院、检察院国有资产管理办法(试行)》等配套管理办法,明确对省以下地方法院、检察院的人员编制统一上划;经费预(决)算基数统一上收、分级层报,省级司法机关综合核算(设备采购、建设招投标等统一上报),公共财政(发改委、医疗卫生、住建)等部门协调平衡,省级权力机关审批,省级财政(发改委等公共部门)下达;相关经费(项目采购、工程招投标)通过财政专网集中统一收付(采购、招投标)等平台运行与同步监管,使得省、市(州)、县(区)三级司法机关的经费(项目采购、固定资产投资)都在省级政务网络平台上"点对点"的执行与被同步监控。司法财物管理权行使呈现出"过程控制、节点考核、同步监管、阳光运行"的特点,不仅提高了司法财物经费的效益,而且从源头上防止了司法财物权滥用,基本杜绝了铺张浪费、大手大脚、司法腐败等问题。这些有关司法财物管理权优化配置及其监督制约机制等配套制度因改革应运而生,创造性地贯彻了中央有关司法财物"省级统管"体制改革部署和要求,顺应了加快推进司法体系和司法能力现代化的客观需求。对于试点改革有关优化司法财物"省级统管"体制改革的新鲜经验,应当认真总结,使之定型化、制度化、成熟化,成为推进司法体制综合配套改革不可多得的知识资源。

二、专业化的管理主体

所谓专业化的管理主体,是指经过一定的财会、审计、建筑、技术等专门知识与专业技能训练,取得法定要求的职业技术职称如会计师、工程师、审计师、统计师、计算机工程师资格及其职务等级,并在司法财物及相关岗位履职、具有专门管理能力、熟悉专门管理规则、严守管理规范与纪律,遵循专门管理程序,为司法业务提供及时、精准、高效的保障、管理和服务的职业化、规范化、专业化的司法财物管理人员。其主要特点包括以下内容。

(一) 知识与业务的专门性

凡从事司法财物管理的人员必须经过一定的财会、审计、统计、建筑、技术等专门知识与专业技能训练,取得从业资格,才能从事司法财物等专业岗位。这类管理主体知识业务的专门性是其及时、精准、优质、高效地做好司法财物等管理工作的基本前提。任何未经该专门知识和专业技能训练的不应获得履职的岗位。

(二) 履职岗位的资格性

司法财物等管理岗位属于特殊的专业岗位,必须由专业人士才能担任。为此,国家《会计法》《统计法》《审计法》及《公务员法》等法律法规规定了从事财会、审计、统计、司法技术等工作岗位的人员,必须通过专业知识考试,取得专业证书,才能从事专业工作,并按照《公务员法》"专业技术类人员"工资福利待遇给予保障。履职岗位的资格性既表明了司法财物等专业的严肃性,又表明了该专业的独特规范性,只有具备从业资格的人员才能胜任该项岗位职责。任何降低标准,让无任职资格的人员从事专业技术工作,是对司法财物等专业管理工作的亵渎。

(三) 履职保障的等级性

司法财物等专业履职保障是以司法财物等从业资格为前提,以履职能力高低为基础,以单独职务序列管理及单独职务序列工资福利待遇为保障的。其实施路径在于从提高专门管理能力着手,熟练掌握专门管理规则,遵循专门管理程序,严守管理规范与工作纪律为要义,以遵守职业道德,以忠诚、公正、清廉、文明履职为本。

(四) 岗位目标的缜密性

由于司法财物等管理岗位的重要性和特殊性,决定了司法财物等专业人员必须增强管财理财的主体责任,牢固树立依法、严谨、规范、公开的工作理念,具有全面精通的政策水平,熟练高超的业务技能,严谨细致的工作作风,恪尽职守的道德素养,吃苦耐劳的奉献精神,廉洁奉公的职业习惯,才能适应司法财物等专业岗位工作的需要。

本轮司法管理体制改革在人员分类管理、"员额制"、司法责任制、司法财物省级统管四项改革方面,虽然取得重大突破,办成了多年想办未能办成的大事、难事,现代司法管理体系基本型构,为保证公正司法,提高司法公信力起到了奠基性、开创性的作用。但是,以司法财物保障为基调的司法行政管理体制改革从管理主体层面存在"三个不适应":(1) 司法财物管理机构设置不规范,专业人员量少质弱。受司法行政人员的 15% 员额限制,包括司法财物管理在内的司法行政管理工作受到严重削弱,形成综合、政工、计财、后勤服务一人身兼数职,呈现"小马拉大车"现象[①]。(2) 司法财物保障专业化建设尚未引起重视。司法财物等专业管理与公正司法密不可分。其自身具有综合性、专业性、技术性管理的特点,并且具有相关的行业规范、业务规范、技术规范的标准和要求,而不再是没有专业技术特点的"万金油"式的部门。其中包括计划、预算、决算、会计、出纳、装备、基建、司法技术等多个法律规范、行业管理规范与技术管理规程。本轮司法管理体制改革忽视尊重司法财物等管理的特殊行业、专业技术管理规范的规律,将司法财物等专业管理人员一律按行政人员"归大堆",采取简单员额控制比例大幅度削减,使司法财物专业化建设受到不同程度的削弱。(3) 司法财物等专业人员单独职务序列及工资福利待遇制度未能建立。长期以来,我国司法机关内部司法财物等管理人员虽然按照《会

---

① 徐汉明:《司法管理体制改革基础理论研究》,教育部哲学社会科学重大攻关项目"司法管理体制改革研究"(项目编号:14JZD024)阶段性成果,第 265~266 页。

计法》《审计法》《统计法》等法律规定，委托有关主管部门对其给予了相应的职称评定，建立起了会计、统计、审计的职务等级序列体系。但这仅仅是为了其履职所必须，而其工资福利待遇则按普通公务员的工资福利待遇管理，始终未能建立与其职务等级序列挂钩的专业技术人员工资福利待遇体系。本轮司法管理体制改革过程中，为了平衡法官检察官单独职务序列工资福利待遇成倍增长带来的不平衡性，改革选项仍将司法财物管理人员按照综合类公务员工资福利待遇标准执行，仅仅是对"员额"内的司法财物等行政人员按照其基本工资高于普通公务员20%的标准发放年终绩效考核奖金，而未建立司法财物、司法技术等专业人员单独职务序列及工资福利待遇，使得司法财物等专业管理人员难以获得职业尊严感、职业荣誉感和职业待遇感[①]。

新一轮司法管理综合配套制度改革在推进司法财物管理体系和管理能力现代化过程中，应当把专业化的管理主体建设作为重要的选项措施。包括：（1）建立专业化、规范化、职业化的管理模式。应当把司法财物、会计、审计、统计、装备、建筑、信息技术及司法技术（法医、文检、痕检、毒化、物证、司法会计、计算机数据鉴定等）作为司法机关一支特殊专业技术队伍建设和管理，摆在与法官、检察官专业化建设和管理同等重要的地位，并按照专业化、规范化、职业化的管理模式、管理标准、管理方式、管理绩效、管理评估一同部署、一同推进、协调发展，用司法财物、司法技术的管理体系的科学化、规范化、程序化来保障、服务和促进司法权运行的科学化、规范化、程序化；用司法权运行的公正高效带动司法财物、司法技术保障水平的提高。只有做到对这两支队伍的建设和管理思路和改革举措上"两手抓""两手硬"，才能实现司法综合配套制度改革的目标，保证公正司法，提高司法公信力。（2）建立司法财物、司法技术专业的权力清单、责任清单、负面清单体系。要以司法财物、司法技术专业岗位责任制为核心，明晰层级司法机关包括最高司法机关、省级、市（州）级、县（区）级司法机关的内设司法财物、司法技术机构（岗位）的纵向权力清单、责任清单、负面清单，本级与上下之间的权力边界，确定各自权力清单、责任清单、负面清单的范围以及上下之间承接的范围及边界。横向层面，明晰司法机关内设财物、司法技术机构（岗位）与平行党政机关所设公共财政、计

---

① 徐汉明：《司法管理体制改革基础理论研究》，教育部哲学社会科学重大攻关项目"司法管理体制改革研究"阶段性成果（项目编号：14JZD024），第244~245页。

划投资、医疗卫生、住建、保险、招标采购、机构编制、工资福利等公共管理与服务部门之间权力清单、责任清单、负面清单的范围及其边界，将司法财物管理、司法技术职权等权力来源的法定性、权力类型的专门性、职权运行的规范性体现落实在专业化的司法管理主体本位和司法管理岗位上，使其司法财物管理、司法专业技术职权的体系完备、权责明晰、运行高效、监督有力、保障到位。从而形成与司法权能结构、有序运行、监督制约体系相协调的保障管理、服务和监督的现代司法财物保障的职权体系。（3）建立司法财物、司法技术单独职务序列相匹配的职务工资福利待遇制度。改革传统司法机关内部司法财物、司法技术等行政化的管理模式、管理体制和运行机制。建立以财会、审计、统计、计算机、司法技术（法医、文检、痕检、毒化、物证、司法会计、计算机数据鉴定等）类型化的专业职务序列与专业等级工资福利制度。设立最高司法机关与省级司法机关司法财物、审计、会计、统计、司法技术专业职称评定委员会，吸纳公共管理部门的人社、会计、统计、审计、司法行政、科技等部门专业人士参与，专门行使对司法系统内司法财物、审计、统计、计算机与司法技术专业技术人员的职称评定、授予、考核、免除、撤销等职权，与"法官检察官遴选委员会""法官检察官考评委员会"构成司法与司法行政两套专业管理机构，以适应全面深化司法体制综合配套改革，司法权与司法行政事权适度分离运行的需要。为此，须借鉴会计、审计、统计、计算机、建筑、司法技术等人社管理机关的经验，参照高校对财经、工程技术人员职称管理与专业技术类工资福利待遇保障标准的管理制度，制定司法机关统一的财会、统计、审计、建筑、计算机、司法技术人员等单独职务及工资福利保障待遇标准体系，使司法机关司法财务等专业化的管理主体具有专业化的单独职务序列保障与单独职务工资福利待遇保障起到支撑作用。（4）严密规范的职业惩戒制度体系。司法财务、统计、审计、建筑、计算机技术、司法技术职责关涉司法经费的使用，司法活动的保障，司法个案的办理，也关涉司法人员职业保障、司法机关正常运转，往往牵一发而动全身。尤其是其管理所涉对象与社会交往密切，当事人关切，常常是司法部门滋生腐败的重点部位与关键环节。因此，一定要对司法财务、统计、审计、司法技术、政府采购、工程建筑等管理事项纳入全覆盖监督的范围，把司法财务等管理权装进制度的笼子，制定司法财物、司法技术等职务履职失职渎职惩戒制度。通过健全完备的职业准入、持证上岗、职业遴选、执业淘汰如处分、降级、开除留用、开除、追究刑事责任,从而建立起以单独职务序列及单独职务等级工资福利保障的激励机制与惩戒约束机制相协调、相统一的管理制度,确保专业化的管理主体在行使管理职权的过程中既坚持有权必有责、权责统一,又坚持违规违法受追究。

三、"类型化"的保障标准

所谓"类型化"的保障标准,是指以司法人员工资福利待遇相对均等化为基础,以司法财物在公用费、办案费、装备费、基础设施建设费保障标准相对均等化为基点,以司法财物"省级统管"经费预算上划基数适度调整形成相对均等化保障标准为关键,以司法财物省级统管绩效评估标准为条件的现代司法保障标准体系。新一轮司法体制综合配套改革的重要方面是完善司法财物"类型化"的保障标准体系。必须直面本轮司法管理体制改革过程中存在的若干"短板"问题,包括:各省级之间司法人员工资福利待遇保障标准应以各省(自治区、直辖市、新疆生产建设兵团)工资福利保障综合水平高低不均而提高50%与绩效奖金提高20%所导致东、中、西部地区司法人员收入分配新的不均等问题;财政保障支出上划基数的标准不科学;司法人员经费保障"缺口"挤占司法业务费;未实行司法财物"省级统管"体制改革的地方因保障标准低[①],司法罚没收入"收支不脱钩",而滋生新一轮"办案为钱,为钱办案"腐败现象。为此,新一轮司法体制综合配套改革完善司法财物保障标准体系应从以下几个方面入手:

(一)完善司法人员"类型化"的工资福利保障标准体系

新时代司法人员"类型化"的工资福利保障标准体系建立健全的选项是,把深化法官检察官单独职务序列及单独工资福利保障标准,与司法辅助人员、司法行政人员分类管理的综合类公务员工资福利保障标准,司法财务与司法技术等专业技术保障标准这三个类型的保障标准体系的建立健全,作为省级(自

---

① 徐汉明:《司法管理体制改革基础理论研究》,教育部哲学社会科学重大攻关项目"司法管理体制改革研究"阶段性成果(项目编号:14JZD024)。

治区、直辖市、兵团）之间保障标准的依据，把保障水平省级之间相对均等化作为切入点，使法官、检察官单独职务序列及单独职务工资福利保障标准，司法辅助人员与司法行政人员按照综合类公务员工资福利保障标准，与司法财物、司法技术等特殊专业人员按照专业技术类工资福利保障标准体系间相互分离、共同完善、同步推进，从而破解本轮司法财物保障体制改革新的不公平、司法"同工不同酬"的难题，逐步实现东、中、西部地区司法人员三类保障标准制度公平，保障水平相对均等化取得实质性进展，为以司法人员分类管理为基础的三类保障标准由省级统管向中央统管跨越奠定坚实的基础[①]。为此，须修订《公务员法》《预算法（2014年修订）》，制定《司法人员工资福利保障法》，使司法人员类型化的工资福利待遇保障标准体系标准化、定型化、法律化。

（二）公用经费保障标准

实施司法财物"省级统管"体制改革后，面临司法公用经费保障标准不统一，执行程序不规范，保障绩效不确定等问题。为此，急需以省级（自治区、直辖市、兵团）为单位，对省域范围内司法机关公用经费保障标准进行统一修订完善，以确保层级司法机关司法活动与司法行政管理活动所需的支出标准的统一性、规范性、协调性。其具体涵盖公用经费、单项（定额）标准、餐饮住宿费标准、培训费定额标准、公务接待费限额标准等二十余项。其中公务经费单项（定额）标准应按照单位定编司法人员测算出年均费用额度的限额开支标准；差旅住宿标准是指层级司法机构的司法人员因司法事务等出差的住宿费上限开支标准，即在限额标准内据实报销，其中省域内因司法事务出差的应执行《省内差旅住宿费标准表》的相关标准；因司法公务需省域外出差的（省会城市或其他地方出差），按照《财政部调整后的省外差旅住宿费标准（2016）》执行或者比照执行；培训费定额标准则是层级司法机构在境内举办三个月内的各类培训班需使用财政资金开展培训直接发生的各项费用支出，包括各级法院、检察院开展培训发生的各项费用支出，以及师资费、住宿费、伙食费、培训场地费、培训资料费、交通费以及其他费用；会议费综合定额标准则按一类、二类、三类、四类会议的标准据实结算报销；公务接待费限额标准则是司法公务接待

---

① 徐汉明：《司法管理体制改革基础理论研究》，教育部哲学社会科学重大攻关项目"司法管理体制改革研究"阶段性成果（项目编号：14JZD024）。

中各项开支，包括餐费、接待用车、购买副食酒水等项目的支出限额等。

（三）司法公务交通工具配置标准

这是指层级司法机构用于行使司法权、开展司法活动所需的专用机动交通工具。其配备所需支持包括机动交通工具的购置价、购置税及其他相关费用；其中配备中央和地方财政补助的自主创新新能源汽车则以补助后的价格为计价标准，司法公务机动交通工具的更新均限于国产产品。

（四）资产配备标准

这是指通用办公设备、用品、用具的配置的品目、数量、价格上限、最低使用年限与性能要求等，并按照《中华人民共和国政府采购法》的相关规定统一由省级司法机构组织招标采购后集中配发；采购配发办公设备、用品、用具，不得使用名贵木材，不得配备豪华用具；使用年限按固定资产折旧规定执行。

（五）基础设施建设标准

这是指层级司法机构办公、办案、专业技术用房以及法官、检察官学院用房的新建、改建、扩建的建筑面积、建筑标准、装修标准以及维修（护）所耗用专项经费的上限与下限标准。为此，最高司法机关应当会同政府发改委、财政等公共管理部门，对司法机关办案用房、专业技术用房、法官学院、检察官学院的建设标准、建筑面积、装修标准、维修（护）等标准进行修订，使层级司法机关适应司法财物省级统管体制改革，进行规范建设和使用。

（六）政府采购限额标准

这是指层级司法机构集中采购项目品目、分散采购限额、公开招标限额统一适用于省级政府集中采购目录及其标准。其实施由所需采购的省以下司法机构编制年度计划层级上报，由省级司法机构审核、批准并会同省政府采购部门组织采购，其资金使用情况接受省级公共财政部门监管与审计部门的审计监督。当下紧迫的问题是，最高司法机关与省级（直辖市、自治区、新疆生产建设兵团）法院、检察院应当会同本级财政、发改委等部门，制定政府采购管理办法，尤其是简化程序、便利基层、提高效率，使省以下司法机关一体执行。

从本轮司法管理体制改革实行省级以下地方法院、检察院人财物"省级统管"体制改革的省（直辖市、自治区）法院、检察院的实践看，通过制定和统一实施上述"六类保障标准体系"，不仅优化了省以下地方法院、检察院财力与物力资源配置，聚合了各类资源要素，而且有利于审判机关、检察机关干警牢固树立勤俭节约、精打细算意识，坚持从实际出发，因地制宜，量力而行，根治铺张浪费、大手大脚，浪费国家资产的不良作风；有利于司法财物管理人员正确行使手中权力，认真遵守财物管理制度，严格执行有关操作规程，为司法机关掌好财、管好物，把握财物进出关口，从源头上治理司法腐败现象；也有利于保证司法机关公正司法，提高司法公信力，树立司法机关的良好形象。

如何保障上述"六类保障标准体系"的正确执行，改革试点省的各地法院、检察院着眼于保证司法行政事务权集约高效与统一规范行使，建立与"六类保障标准体系"相配套的司法财物操作规程。这些内容包括：司法计划财物装备管理、预（决）算编制管理、财物收支管理、司法会议管理、司法人员培训管理、司法差旅管理、司法人员临时出国考察管理、司法业务预备费管理、司法财物票据管理、司法公务接待管理、公务卡管理、政府采购管理、国有资产管理、枪支弹药管理、司法公务用车与执法执勤用车管理、牌照办理流程、司法执法执勤用车使用管理、办案用房维护管理、司法基础设施建设管理、司法聘用合同工管理、司法内部审计管理等运行程序及内控规则等等。与此同时，准确界定其岗位类别、适用范围、基本原则、运行程序、绩效评估、执规执纪督查、内部审计等，以确保司法行政事务管理权规范有序行使。

四、项目化的管理责任

司法财物项目化管理，是针对法院、检察院的职业特性、项目范畴和项目特点所建立的司法财物规范化管理运行机制，其主要内容包括两层含义：管人和理事。应当看到，管人和理事是在一个特定的环境下和具体的专业领域内进行的管理。通俗地讲，管理就是"为了实现某一目标管人理事"。综合现代管理概念，对于司法机关财物保障而言，我们可以认为所谓管理就是：在包括司法财物保障在内的某一工作岗位和特定的管理环境下，为了实现司法财物管理既定的工作目标，省级财政部门和法院、检察院司法行政管理部门对拥有的资源禀赋，进行有效地计划、组织、领导、控制和创新的一系列活动。

试点改革省份法院、检察院在司法财物"省级统管"体制改革的背景下，对司法财物进行统管改革，一是实行工作任务项目化、清单化管理。各司法行政管理部门针对司法财物保障的阶段性任务，制定工作清单，报送本系统综合部门汇总，形成工作任务"项目库"和"计划表"，将经费基数上划、资产清理上收、基础项目建设、财物专网搭建等重点工作及临时保障任务进一步细化、量化、实化，把具体任务目标和工作责任落实到每位分管领导、每个承办部门和每一名司法财物管理人员，促使他们紧盯目标任务，狠抓落实环节，构建项目化管理、责任制落实的工作机制。二是对照清单查责任落实。坚持定期和不定期召开工作总结分析会，并制定周、月、季工作计划清单，安排具体岗位负责人对照责任清单，向局（科室）领导和全体人员汇报工作完成情况，分管领导逐一进行点评，主要领导进行总结分析，对已经落实的检查效果，正在落实的检查进度，还未落实的检查原因，建立工作问题台账，加大督查力度，层层传递压力，确保各项工作精细化、程序化、规范化、高效化。三是建立责任清单问责制。纪检监察部门对责任清单落实不到位的科室，第一次进行提醒谈话，限期整改，第二次进行诫勉谈话，点名通报，第三次按照相关规定进行问责处理。并结合干部积分制考核办法，将责任清单落实情况作为绩效考核的重要依据。通过实行"三化工作法"，司法财物干部职工的工作执行力得到进一步强化，工作节奏和工作效率明显提高，有力推进了司法财物统管各项工作的扎实开展。

新一轮司法财物保障项目管理程序化、规范化、制度化的实施路径可概括为项目支出管理责任、部门整体支出管理责任等方面。

（一）项目支出管理责任层面

1. 项目立项

法院、检察院的司法财物项目立项要求达到"三性"：（1）项目立项规范性。项目立项是否按照规定的程序申请设立；所提交的文件、材料是否符合相关要求；事前是否已经过必要的可行性研究、专家论证、风险评估、集体决策等。(2) 目标管理合理性。是否符合国家相关法律法规、单位发展规划和党组决策；是否与项目实施单位或委托单位职责密切相关；项目是否为促进事业发展所必需；项目预期产出效益和效果是否符合正常的业绩水平。(3) 管理责任指标明确性。是否将项目管理责任目标细化分解为具体的考核指标；考核指标是否通过清晰、可衡量的指标值予以体现；是否与项目年度任务数或计划数相对应；考核指标是否与预算确定的项目投资或资金量相匹配。

2. 资金调配

法院、检察院财物资金落实要求达到"两个"到位率：(1) 资金到位率。资金到位率=(实际到位资金÷计划投入资金)×100%；实际到位资金：在一定时期（本年度或项目期）内实际落实到具体项目的资金；计划投入资金：在一定时期（本年度或项目期）内计划投入具体项目的资金。(2) 到位及时率。到位及时率=(及时到位资金÷应到位资金)×100%；及时到位资金：截至规定时点实际落实到具体项目的资金；应到位资金：按照合同或项目进度要求截至规定时点应落实到具体项目的资金。

3. 业务管理

法院、检察院司法财物业务管理要求达到"三性"：(1) 管理制度健全性。单位是否已制定或具有相应的业务管理制度；业务管理制度是否合法、合规、完整。(2) 制度执行有效性。单位是否遵守相关法律法规和业务管理规定；项目调整及支出调整手续是否完备；项目合同书、验收报告、技术鉴定等资料是否齐全并及时归档；项目实施的人员条件、场地设备、信息支撑等是否落实到位。(3) 项目质量可控性。单位是否制定或具有相应的项目质量要求或标准；单位是否采取了相应的项目质量检查、验收等必需的控制措施或手段。

4. 财务管理

法院、检察院司法财物管理要求达到"三性"：(1) 管理制度健全性。单位是否制定或具有相应的项目资金管理办法；项目资金管理办法是否符合相关财务会计制度的规定。(2) 资金使用合规性。单位是否建立符合国家财经法规和财务管理制度以及有关专项资金管理办法的规定；资金拨付是否有完整的审批程序和手续；项目的重大开支是否经过评估认证；资金是否符合项目预算批复或合同规定的用途；资金是否存在截留、挤占、挪用、虚列支出等情况。(3) 财务监控有效性。单位是否制定或具有相应的监控机制；单位是否采取了相应的财务检查等必要的监控机制；单位是否采取了相应的财务检查等必要的监控措施或手段。

(二) 部门整体支出管理责任层面

1. 目标设定

法院、检察院财务目标设定要求达到"两性"。(1) 支出管理责任合理性。目标是否符合国家法律法规、基础设施建设和事业长远发展总体规划；是否符合部门"三定"方案确定的职责；是否符合部门制定的中长期实施规划。(2) 管理责任指标明确性。单位是否将部门整体的绩效目标细化分解为具体的工作任务；是否通过清晰、可衡量的指标值予以体现；是否与部门年度的任务数或计划数相对应；是否与本年度部门预算资金相匹配。

2. 预算安排

法院、检察院司法财务预算配置要求达到"三率"。(1) 在职人员控制率。在职人员控制率 = (在职人员数 ÷ 编制数) × 100%；在职人员数：部门（单位）实际在职人员数，以财政部确定的部门决算编制口径为准；编制数：机构编制部门核定批复的部门（单位）的人员编制数。(2) "三公经费"变动率。"三公经费"变动率 = (本年度"三公经费"总额 − 上年度"三公经费") × 100%；"三公经费"：年度预算安排的因公出国（境）、公务车辆购置及运行费和公务招待费。(3) 重点支出安排率。重点支出安排率 = (重点项目支出 ÷ 项目总支出) × 100%；重点项目支出：部门（单位）年度预算安排的，与本部门履职和发展密切相关、具有明显社会、政治和经济影响、党委政府关心或社会比较关注的项目支出总额；项目总支出：部门（单位）年度预算安排的项目支出总额。

3. 预算执行

法院、检察院司法财务预算执行要求达到"八率"。(1) 预算完成率。预算完成率 = (预算完成数 ÷ 预算数) × 100%；预算完成数：部门（单位）本年度实际完成的预算数；预算数：财政部门批复的本年度部门（单位）预算数。(2) 预算调整率。预算调整率 = (预算调整数 ÷ 预算数) × 100%；预算调整数：部门（单位）在年度内涉及预算的追加、追减或结构调整的资金总和（因落实国家政策、发生不可抗力、上级部门或本级党委政府临时交办任务而产生的调整除外）。(3) 支付进度率。支付进度率 = (实际支付进度 ÷ 既定支付进度) × 100%；实际支付进度：部门（单位）在某一时点的支出预算执行总数与年度支出预算数的比率；既定支付进度：由部门（单位）在申报部门整体绩效目标时，参照序时支付进度、前三年支付进度、同级部门平均支付进度水平等确定的，在某一时点应达到的支付进度（比率）。（4）结转结余率。结转结余率＝结转结余总额÷支出预算数×100%；结转结余总额：部门（单位）本年度的结转资金与结余资金之和（以决算数为准）。（5）结转结余变动率。结转结余变动率＝（本年度累计结转结余资金总额－上年度累计结转结余资金总额）÷上年度累计结转结余资金总额×100%。（6）公用经费控制率。公用经费控制率＝（实际支出公用经费总额÷预算安排公用经费总额）×100%。（7）"三公经费"控制率。"三公经费"控制率＝（"三公经费"实际支出数÷"三公经费"预算安排数）×100%。（8）政府采购执行率。政府采购执行率＝（实际政府采购金额÷政府采购预算数）×100%；政府采购预算：采购机关根据事业发展计划和行政任务编制的、并经过规定程序批准的年度政府采购计划。

4. 预算管理

法院、检察院司法财物预算管理要求达到"四性"：（1）管理制度健全性。单位是否制定或具有预算资金管理办法、内部财务管理制度、会计核算制度等管理制度；相关管理制度是否合法、合规、完整，并是否得到有效执行；（2）资金使用合规性。单位是否符合国家财经法规和财务管理制度规定以及有关专项资金管理办法的规定；资金的拨付是否有完整的审批程序和手续；项目的重大开支是否经过评估论证；是否符合部门预算批复的用途；是否存在截留、挤占、挪用、虚列支出等情况。（3）预决算信息公开性。单位是否按规定内容公开预决算信息；是否按规定时限公开预决算信息，其中包括部门预算、执行、决算、监督、绩效等管理相关的信息。（4）基础信息完善性。单位基础数据信息和会计信息资料是否真实、完整、准确，不出现任何差错。

5. 资产管理

法院、检察院资产管理要求达到"两性一率"。（1）管理制度健全性。单位是否已经制定或具有资产管理制度；相关资金管理制度是否合法、合规、完整，并是否得到有效执行。（2）资产管理安全性。单位资产保存是否完整；资产配置是否合理；资产处置是否规范；资产财务管理是否合规，是否账实相符；资产是否有偿使用及处置收入及时足额上缴。（3）固定资产利用率。单位固定资产利用率=（实际在用固定资产总额÷所有固定资产总额）×100%。

（三）职责履行目标

1. 管理人员履职目标

明确管理人员履职目标须达到"四率"：（1）实际完成率。实际完成率=（实际完成工作数÷计划工作数）×100%；实际完成工作数：一定时期（年度或规划期）内部门（单位）实际完成工作任务的数量；计划工作数：部门（单位）整体绩效目标确定的一定时期（年度或规划期）内预计完成工作任务的数量。（2）完成及时率。完成及时率=（及时完成实际工作数÷计划工作数）×100%；及时完成实际工作数：部门（单位）按照整体目标管理责任确定的时限实际完成的工作任务数量。（3）质量达标率。质量达标率=（质量达标实际工作数÷计划工作数）×100%；质量达标实际工作数：一定时期（年度或规划期）内部门（单位）实际完成工作数中达到部门绩效目标要求（绩效标准值）的工作任务数量。（4）重点工作办结率。重点工作办结率=（重点工作实际完成数÷交办或下达数）×100%。其是指党委、政府、人大、相关部门交办或下达的工作任务。

2. 管理人员履职效益

明确管理人员履职效益。可根据本部门实际并结合部门整体支出目标责任设立情况，有选择的设置履行司法财物管理职责的共性目标、效益要素，并将其细化为相应的个性化指标。对部门（单位）履行职责而影响到的部门、群体或个人的共性效益指标，应重点以社会公众或服务对象满意度为管理目标，细化若干个性化指标效益要素。对此项指标一般采取社会调查方式进行。

五、信息化的管理效能

信息化管理是当前我国经济与社会发展中一个十分重要的战略性问题，也是司法机关应该关注和研究的重大前沿问题。我国重大建设项目和机关、企业信息系统的开发应用始于20世纪70年代，特别是"金益工程""金盾工程"等党的十八大"金"字工程已经取得了显著成效。随着司法改革深入推进，省以下地方法院、检察院信息化建设得到明显加强，运用信息技术管理与司法财物管理的重要性也日益显现。

所谓司法财物信息化管理是为达到司法财物岗位职业目标而进行的一个管理过程。司法财物信息化管理是司法财物人员及相关管理者为了达到其工作目标、以适量投入获取最佳工作效益和管理效益，借助信息技术工具和手段而有效利用现有人力、财力和物力等资源的管理运行过程。一方面，信息技术的运用是优化司法财物保障业务流程重组的核心。另一方面，运用信息化管理不能简单期望将某种解决方案、ERP等系统套用在既定的管理模式之上。此外，信息化管理是一个动态的系统和一个动态的管理过程。岗位职业的信息化并不能一蹴而就，而是渐次渐高的。职业的内外部环境是一个动态的系统，职业管理的信息化系统软件也要与之相适应，管理信息系统的选型、采购、实施、应用是一个循环的动态过程。这一动态过程是与职业的战略目标和业务流程紧密联系在一起的。

作为法院、检察院信息化工程的建设和应用部门，信息化管理的目标是为了有效提高司法财物保障的决策力、执行力、监督力，以增强审判、检察专网与公共财政专网的互联互通、共建共享，从而提升司法财物保障项目化管理的精细化水平。各层级法院、检察院司法财物保障信息化管理应以项目建设过程为核心，涵盖立项、招标、建设、验收、运维等阶段，应强调将司法财物项目管理、流程管理和知识管理等三种方法有机结合，而不是简单的产出 $1+1+1>3$ 的应用效果。而司法财物保障信息化项目管理要求纳入司法机关信息化系统工程的总体布局之中，同时包括司法财物保障在内的应用部门对项目进度、质量、变更沟通的全过程进行管控。

为达到以上管理效能，省以下地方法院、检察院司法财物保障信息化项目管理可以归纳为："一个平台""两个阶段""三项任务""四方参与"的信息化管理体系。具体而言，"一个平台"，即省以下地方法院、检察院应建立统一应用的信息平台，司法财物保障以所涉预（决）算支付、财务监管、审计监督、财务网络、计算机实务操作等为切入点，着力构建以省级法院、检察院司法财物保障为主体结构，实行上与最高法、最高检内部财物专网相连，下与各市（州）、县（区）法院、检察院内部相连的统一信息平台对接，形成预（决）算、工资核算、项目采购、国库集中收付、涉案款物管理、资产监管六个岗位平台;"两个阶段",即项目建设过程管理阶段和运维管理阶段;"三项任务",即构建完善的司法财物保障信息化项目管理业务流程体系,制定规范统一的司法财物保障信息化项目管理数据标准,建设全面支撑司法财物保障信息化项目管理的应用系统;"四方参与",即以审判、检察机关为主体,同时引入咨询、实施、监理四者独立的建设模式。从而,为司法财物保障信息化项目集成实施提供管理服务和考核服务设定实施步骤和考核基准线,定期对项目计划和阶段目标进行检查,促进项目的顺利完成,降低实施风险。应当看到,随着信息化建设的快速发展和省以下地方法院、检察院人财物统管改革的全面推进,司法机关财物保障体制的信息化不仅可以提高司法财物保障效率,更能有效完善司法财物保障的相关制度。司法财物省级统管后,省以下地方司法机关财物保障活动统一纳入财政专网一体运行、管理、服务和监督,而信息化建设则能够使司法机关的财物使用公开透明化,方便监管部门查询资金使用情况,以减少地方不当干预,确保公正司法,不断增强司法的公信力。与此同时,信息化技术也能因分级授权、岗位区别授权的访问密码技术的应用,使得不同层级、不同级别、不同权限的管理人员只能在授权范围内处理司法财物事项,接触与授权事项相关的财物保障信息,从而既保证了司法财物保障信息的安全性,又保障了司法财物保障信息的公开性、透明性。

参考文献

[1] 恩格斯：《给奥·倍倍尔的信》，引自《马克思恩格斯选集》（第3卷），人民出版社1995年版。

[2] 江泽民：《高举邓小平理论伟大旗帜，把建设有中国特色社会主义事业全面推向二十一世纪》——江泽民在中国共产党第十五次全国代表大会上的报告（1997年9月12日），中国共产党历次全国代表大会数据库。

[3] 江泽民：《全面建设小康社会，开创中国特色社会主义事业新局面》，参见《十六大报告》（辅导读本），人民出版社2002年版。

[4] 胡锦涛：《高举中国特色社会主义伟大旗帜，为夺取全面建设小康社会新胜利而奋斗》——胡锦涛在中国共产党第十七次全国代表大会上的报告（2007年10月15日）。

[5] 胡锦涛：《坚定不移沿着中国特色社会主义道路前进，为夺取全面建成小康社会新胜利而奋斗》——胡锦涛在中国共产党第十八次全国代表大会上的报告（2012年11月8日）。

[6] 习近平：在党的十八届三中全会上作《关于〈中共中央关于全面深化改革若干重大问题的决定〉的说明》，载于《〈中共中央关于全面深化改革若干重大问题的决定〉辅导读本》，人民出版社2013年版。

[7] 习近平：《坚持严格执法公正司法深化改革 促进社会公平正义保障人民安居乐业》，载于《人民日报》2014年1月9日第01版。

[8] 习近平：《关于〈中共中央关于全面推进依法治国若干重大问题的决定〉》的说明，载于《〈中共中央关于全面推进依法治国若干重大问题的决定〉（辅导读本）》，人民出版社2014年版。

[9] 习近平：《以提高司法公信力为根本尺度 坚定不移深化司法体制改革》，载于《人民日报》2015年3月26日第01版。

[10] 习近平：《增强改革定力保持改革韧劲 扎扎实实把改革举措落到实

处》，载于《人民日报》2015年8月19日第01版。

［11］习近平：《中央政法工作会议上的讲话》，载于《习近平关于全面推进依法治国论述摘编》，中央文献出版社2015年版。

［12］习近平：《决胜全面建成小康社会 夺取新时代中国特色社会主义伟大胜利》，载于《党的十九大报告辅导读本》，人民出版社2017年版。

［13］习近平：《坚定不移推进司法体制改革 坚定不移走中国特色社会主义法治道路》，2019年3月7日。

［14］中国共产党第十六届中央委员会第四次全体会议通过的《中共中央关于加强党的执政能力建设的决定》，2004年9月19日。

［15］第十届全国人民代表大会常务委员会第十四次会议通过的《关于司法鉴定管理问题的决定》，2005年2月28日。

［16］《中共中央关于全面深化改革若干重大问题的决定》：参见《中共中央关于全面深化改革若干重大问题的决定》（辅导读本），人民出版社2013年版。

［17］中央全面深化改革领导小组审议通过《关于司法体制改革试点若干问题的框架意见》，2014年6月30日。

［18］中共中央宣传部：《习近平总书记系列重要讲话读本》（2016年版），学习出版社2016年版。

［19］《中共中央关于进一步加强人民法院，人民检察院工作的决定》，2006年5月。

［20］中共中央办公厅、国务院办公厅：《关于加强政法经费保障工作的意见》，2009年7月23日。

［21］最高人民法院、财政部：《最高人民法院、财政部关于法院业务费开支范围的规定》，1985年9月20日。

［22］公安部、财政部：《公安业务费开支范围和管理办法的规定》的通知，1991年9月20日。

［23］最高人民检察院、财政部：《检察业务费开支范围和管理办法的规定》，1992年9月22日。

［24］最高人民检察院：《最高人民检察院人民检察院办案用房和专业技术用房建设标准》，2002年6月。

［25］财政部：《中央政法补助专款管理办法》，2006年10月。

[26] 最高人民法院：《人民法院基础设施建设项目管理办法》，2010年2月发布。

[27] 公安部：《公安基础设施建设标准》，2010年6月。

[28] 财政部行政政法司：《英德美巴司法经费保障情况》，2015年7月15日。

[29] 汪翰章：《法律大辞典》，大东书局1934年版。

[30] 朱远群编著：《事业行政财务管理》，中国经济出版社1992年版。

[31] 罗志田：《权势转移—近代中国的思想、社会和学术》，湖北人民出版社1997年版。

[32] 范愉：《司法制度概论》，中国人民大学出版社2003年版。

[33] 王志坚：《财务管理学》，立信会计出版社2003年版。

[34] 杨天宇：《周礼译注》，上海古籍出版社2004年版。

[35] 范忠信、陈景良：《中国法制史》，北京大学出版社2007年版。

[36] 韩苏琳编译：《美英德法四国司法制度概况》，人民法院出版社2008年版。

[37] 梁三利：《法院管理模式研究》，法律出版社2010年版。

[38] 牛淑贤：《英国近现代司法改革研究》，山东人民出版社2013年版。

[39] 徐汉明编：《中国检务保障体制改革研究》，知识产权出版社2013年版。

[40] 徐汉明，李满旺，刘大举：《中国检务保障理论与应用研究》知识产权出版社2013年版。

[41] 吴祖谋：《法学概论》，法律出版社2013年版。

[42] 杨洛新主编：《财务管理——理论与实践》，清华大学出版社2014年版。

[43] 徐汉明、金鑫等著：《检察官职务序列研究》，中国检察出版社2017年版。

[44] 贵州省政协社会与法制委员会课题组：《关于贵州省司法改革情况的调研》，参见《贵州蓝皮书·法治》，贵州省社会科学院与社会科学文献出版社联合发布，2017年5月13日。

[45] 徐汉明：《司法管理体制改革基础理论研究》，教育部哲学社会科学重大攻关项目"司法管理体制改革研究"阶段性成果。

[46] S. 斯普林克尔著：《清代法制史导论——从社会学角度加以分析》，

张守东译,中国政法大学出版社2000年版。

[47] 凯斯·R. 桑斯坦、毕竞悦译:《权利的成本:为什么自由依赖于税》,北京大学出版社2004年版。

[48] P. S. 阿蒂亚,R. S. 萨默斯:《英美法中的形式与实质——法律推理、法律理论和法律制度的比较研究》,金敏、陈林林、王笑红译,中国政法大学出版社2005年版。

[49] 苏力:《论法院的审判职能与行政管理》,载于《中外法学》1999年第5期。

[50] 孙业群:《论司法行政权》,载于《中国司法》2005年第10期。

[51] 贺正强:《财物二重性视角下的企业财物治理及相关问题研究——兼论财物管理主体、客体与目标》,载于《财贸研究》2006年第3期。

[52] 贾新怡,唐虎梅. 借鉴有益经验构建符合我国国情的司法经费保障机制,载于《财政研究》2006年第4期。

[53] 陈光中、崔洁:《司法、司法机关的中国式解读》,载于《中国法学》2008年第2期。

[54] 修丽英:《浅析财务会计与审计的关系》,载于《江苏商论》2008年第32期。

[55] 梁三利、郭明:《法院管理模式比较——基于对英国、德国、法国的考察》,载于《长江师范学院学报》2010年第1期。

[56] 韦正富、李敬:《论西南民族地区基层公共服务系统建设》,载于《云南民族大学学报(哲学社会科学版)》2010年第6期。

[57] 刘晶晶:《我国检察机关经费保障体制改革研究》,湖南师范大学硕士学位论文,2011年。

[58] 周玉:《我国法院经费体制问题研究》,江西财经大学硕士学位论文,2011年。

[59] 贺小荣:《依法治国背景下司法改革的路径选择》,载于《人民法院报》2014年10月31日。

[60] 徐隽:《让司法去除地方化》,载于《人民日报》2014年8月6日。

[61] 谢鹏程:《司法省级统管改革路径》,载于《中国改革》2014年第2期。

[62] 徐汉明、林必恒、徐晶等:《深化司法体制改革的理念、制度与方

法》，载于《法学评论》2014年第4期。

［63］汤洁茵：《论预算审批权的规范与运作——基于法治建构的考量》，载于《清华法学》2014年第5期。

［64］唐虎梅、曹云、李海军：《美国加拿大司法行政装备管理制度概况及启示》，载于《人民司法》2014年第15版。

［65］邓新建：《广东公布司法体制改革试点方案》，载于《法制日报》2014年11月28日。

［66］左卫民：《中国基层法院财政制度实证研究》，载于《中国法学》2015年第1期。

［67］左卫民：《省级统管地方法院法官任用改革审思——基于实证考察的分析》，载于《法学研究》2015年第4期。

［68］徐汉明、刘尧成等：《关于湖北、上海、广东等七省（直辖市）检察机关经费保障与改革情况调研报告》，2015年第13期。

［69］徐汉明：《论司法权和司法行政事务管理权的分离》，载于《中国法学》2015年第4期。

［70］王庆丰：《省以下地方法院人财物统一管理中的四个关系》，载于《人民司法》2015年第5期。

［71］邓七一：《奋力吹响司法体制改革的号角——湖北司法体制改革试点工作进入实施期》，湖北省检察院网，2015年5月8日。

［72］徐硙：《聚焦省以下法院、检察院人财物统管：多措并举助深化》，载于《人民法院报》2015年7月27日。

［73］周斌、李豪：《司法改革亮点：探索省以下法院检察院人财物统管体制》，载于《法制日报》2015年7月31日。

［74］李霞：《事业单位财务审核工作的创新刍议》，载于《经营者》2015年第9期。

［75］宁杰：《加强法院信息化建设规划　全面提升信息化水平》，载于《人民法院报》2016年2月24日。

［76］徐汉明、王玉梅：《我国司法职权配置的现实困境与优化路径》，载于《法制与社会发展》2016年第3期。

［77］陈春梅：《域外法院经费制度的五大通行规则》，载于《人民法院报》

2016年5月13日。

[78] 徐海星：《贵州法院司法体制改革观察》，载于《当代贵州》2016年第9期。

[79] 张子剑、吴舟：《省以下法院检察院经费省级统管改革实施》，人民网，2017年1月24日。

[80] 赵媞：《论刑法中的财物》，山东大学硕士毕业论文，2017年。

[81] 侯兆晓、刘国彬：《贵州司改纪实》专题报道之二，载于《民主与法制》2017年5月27日。

[82] 金晶、周杨：《贵州法院司法体制改革工作综述》，载于《人民法院报》2017年7月11日。

[83] 郭丰、韩玉忠：《域外法院经费体制概览及启示》，载于《中国应用法学》2018年第1期。

[84] 湖北省人民检察院计划财务装备局：《关于财物统管后检务保障工作调研的报告》，2018年2月。

[85] 陈春梅：《域外法院经费制度的五大通行规则》，法制中国网，2019年1月8日。

[86] The Federal–Provincial Fiscal Arrangements Act 1985 as Amended.

[87] the Section 1of Agency Budget Statements (High Court of Australia) of the Attorney—General' Portfolio 2002Budget.

[88] Fish P. Graham. The Politics of Federal Judicial Administration. Princeton University Press, 2015.

[89] James C. Duff, Director's Annual Report 2017, Washington: Administrative Office of the U. S. Courts.

[90] The Crown Prosecution Service, CPS Annual Report 2017–2018. London.

[91] The Auditor General Act 1977 as amended (AGA).

本书作者分工

一、课题主持人

徐汉明：写作大纲策划、承担重点章节撰稿、执行与统稿

二、撰写分工

导言部分：徐汉明、王玉梅
第一章：杨中艳、曹永新
第二章：徐汉明
第三章：徐汉明、武　乾、覃冰玉
第四章：徐汉明、徐　晶
第五章：徐汉明、曹永新、杨中艳、孙逸啸
第六章：徐汉明、杨中艳、曹永新
第七章：徐汉明、张　荣

后　记

正值我国司法体制综合配套改革如火如荼进行之际，我有幸受领并直接主持了司法财物管理改革的相关课题研究。怀揣为司法财物管理改革提供理论支撑的学术憧憬和期望，由我主持全程策划，曹永新具体组织、武乾副教授、杨中艳博士、覃冰玉博士、徐晶副教授倾力合作，圆满完成了本课题的撰写任务。作为教育部哲学社会科学重大攻关项目"司法管理体制改革研究"（项目批准号14JZD024）子课题之"司法财物管理制度研究"的一项研究成果，本书从国情出发，对司法财物管理制度相关问题进行系统梳理，细细推敲，旨在寻找缘由，探讨对策，完善管理，不断提高司法保障质量与水平。基于法制度经济形态学的视角对我国司法财物管理改革的背景意义、基本制度、要素流程、历史沿革、试点经验等方面逐一进行梳理剖析，努力在历史追述与国际综观、理论研究与实践比较等多重脉络中形成较为系统、完整的叙事链条，为全面推进司法体制综合配套改革，优化司法机关财物保障提供有益借鉴。

按照司法改革的顶层设计和整体部署，去"地方化""行政化"是2014年7月以来全面推进司法体制改革后谈得最多的话题，也曾一度被认为是这场声势浩大的改革能否取得成功的关键一环。其中，司法行政事务管理权向省级集中，是去"地方化""行政化"推进司法改革的一项重要举措，也是保障司法的国家性、统一性和独立性的重大战略步骤。2013年，党的十八届三中全会首次正式提出改革司法管理体制，推动省以下地方法院、检察院人财物统一管理，探索建立与行政区划适当分离的司法管辖制度。次年6月，中央政法委指定在广东、湖北、上海、海南等七个省（直辖市）开展司法体制改革的先行试点工作。经过2年全面推广试验后，司法机关人财物省级统管体制改革业已在全国范围内展开，形成了一批可复制、可推广的实践经验，这也意味着目前我国司法财物管理体制改革踏入攻坚期。

新的改革实践迫切需要新的理论来指导，反之，理论研究亦应紧密联系社会实际。作为理论研究的学术目标和方向，本书力求为深入推进司法财物管理制度及其改革提供理论支撑，客观分析现实性、可行性、必要性，重点回答和解决"为什么""是什么""怎么办"等问题。在急剧变化的时代背景下，以司法财物管理权性质作为理论研究的切入点和着力点，从历史视觉探源中国司法财物管理之脉络，寻迹中华司法财物管理思想之烙印，又比照国内外司法财务管理之模式，汇集中西司法财务管理行动之实践，并以制度建设为重要依托建构现代化司法财务管理新理念、新模式。书中既有时间上的纵向梳理，亦不乏国别区域的横向比较，总结丰富的经验事实，以"历史时间"纵轴和"现实实践"横轴为两条基本线索，探源比堪，在感性的经验提炼中寻求学术理论突破，进行理论反思以反哺改革实践。

此项课题涉猎我国司法体制改革的重大问题。既要对当前司法机关经费、装备、基础设施和人员职业等方面政策、现状、难题以及努力方向、解决途径等问题作一次全面系统总结与梳理，又要对中央司法体制改革精神进行全面准确把握，了解全国司法体制改革试点地区的总体情况，发现一些带有全局性、普遍性、根本性的问题，寻求新时代司法机关财物保障新路径、新方法。同时，要了解不同地区的经济社会发展现状，掌握当地党委、政府对司法机关人财物的保障理念、扶植力度、保障水平和传统做法，以及改革后出现的新情况、新问题。在摸清实行省以下财物统管后，针对不同区域司法财物保障面临的实际困难和问题，抽丝剥茧，寻求各地发展不统一、不平衡、不充分的历史和现实根源。这些问题千丝万缕，错综复杂，急待研究，逐步解决，这在无形中给我们的研究增添了不少压力，也在一定程度上激发了我们进行深度调研和发现问题的动力。

将司法财物管理制度作为重大课题研究，具有一定的专业性、知识性、实践性。其中既有中国财物管理制度的共性问题，也有司法机关因其职业性、特殊性而存在的诸多差异性。更为重要的是，要把司法财物管理上升到理论层面去描述、界定、并深化，是一件较难的事情。一方面，课题撰写人员由于各自从事理论研究、接触工作实际的局限性，对司法财物管理制度问题涉猎不深，加之司法改革实施过程中由于检察机关职能部分调整变更，部分检察人员转隶、分流，财物保障范围有些变动，工作体制机制尚待理顺，规章制度需要立改废等诸多因素，增加了调研、撰写的困难和难度。另一方面，目前我国对司法财物管理没有一本系统研究的专著,即便是有些专家学者、实务工作者偶尔有类似文章见诸报端,也是零打碎敲,就事论事,论述单一。诚然,我们在撰写过程中,耗费大量时间,翻阅了不少文献资料,进行了一些研究探索。但难免有些粗糙、肤浅、稚嫩,甚至可能存在疏漏之处。

值得庆幸的是,我们在受领课题任务之后,得到司法界领导、专家学者的大力支持与帮助,这为顺利完成课题奠定了良好基础和条件。在缺乏司法实务人员之时,我们得到了湖北省人民检察院领导的帮助,得到检察长王晋等领导同志的重视与支持,明确要求该院司法行政管理局积极协助配合,并指定曹永新同志担任课题执行人,使得本课题得以顺利组织实施;在书稿初步形成之后,该院又安排具有较强研究能力和财务实战经验的刘大举、刘尧成、吴方春、肖伟等同志帮助审稿,提出了很好的意见和建议,在此对他们的辛勤付出表示衷心感谢!

课题组骨干成员湖北省社会科学院助理研究员杨中艳博士克服怀孕、哺乳等诸多实际困难,她的真诚付出、勤奋作为为课题的如期完成做出了突出贡献。湖北省人民检察院副厅级干部曹永新、广东海洋大学法政学院讲师覃冰玉博士、中南财经政法大学法制史知名专家武乾、武汉海事法院侯伟博士、中南财经政法大学法治发展与司法改革研究中心暨教育部社会治理法治建设创新团队国际交流部部长、周凌副教授,中南财经政法大学法治发展与司法改革研究中心暨教育部社会治理法治建设创新团队研究员徐晶副教授、东湖学院张荣教授给予了大力支持,中南财经政法大学法治发展与司法改革研究中心暨教育部社会治理法治建设创新团队研究员、武汉学院王玉梅副教授,中南财经政法大学社会治理法学博士生孙逸啸主动承担部分章节内容的撰写与修改,他们加班加点,投入了大量时间和精力;国家检察官学院湖北分院财会人员燕娟等为本课题提供相关资料,在此对他们的专业素养和责任担当表示谢忱。对于湖北大学杨海军副教授及研究生们前期开展的烦琐又复杂的资料收集工作,我们也难以忘怀。

在实地调研中,调研组将东部广东、中部湖北、西部贵州三个具有代表性的试点省份作为研究对象。一路以来,得到了广东省人民检察院、湖北省人民检察院、贵州省人民检察院以及所辖单位的莫大重视与支持,及时安排领导和工作人员协助配合调研,如实介绍司法体制改革试点情况,提供了大量素材资料,传授了很多好经验、好做法,使调研人员了解到情况、收集到资料、获得宝贵数据、取真经，在此谨致谢意。

在本课题即将结项之际，我们参与课题撰写的人员看着沉甸甸的书稿，内心终于感到稍稍平静和踏实。本书的编写人员全程通力合作，从拟订计划、勾勒大纲到书稿的撰写、修改与定稿都付出了艰辛的努力；大家全程同心协力，始终保持态度明确，认识统一，意见通达，做到群策群力，互为弥补，体现了良好的团队合作精神。借项目研究的总结性成果作为著作出版的机会，特向参与本项课题研究的全体成员表示由衷的感谢。

徐汉明
于武汉市东湖高新区绣球山庄